HISTOIRE

DE LA

PEINTURE EN ITALIE.

IMPRIMERIE DE FERD. RAMBOZ ET Cie, RUE DE L'HOTEL-DE-VILLE, 78.

HISTOIRE

DE

LA PEINTURE

EN ITALIE

GUIDE DE L'AMATEUR DES BEAUX-ARTS

PAR

JOHN COINDET

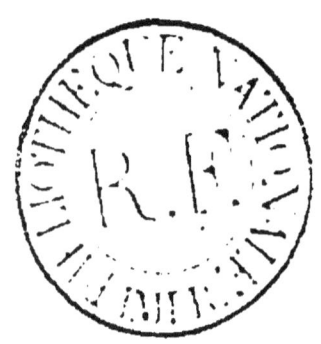

TOME SECOND

GENÈVE

JOËL CHERBULIEZ, LIBRAIRE

PARIS

MÊME MAISON, PLACE DE L'ORATOIRE, 6

1849

DU PAYSAGE.

C'est un fait digne de remarque, qu'avant le seizième siècle, le paysage tenait, dans la peinture, une place si inférieure encore que c'est à peine si on peut le citer même comme accessoire.

L'Eglise, presque exclusivement, faisait travailler les peintres ; les riches et les puissants ne songeaient pas encore à orner leurs demeures par des œuvres de pure fantaisie, mais le clergé élevait chaque jour de nouveaux autels, et les décorait des images propres à stimuler la dévotion des fidèles. La peinture était donc uniquement religieuse et, par conséquent, ne représentait que des figures.

Quelquefois, mais rarement, le fond des tableaux était un paysage ; dans le musée du Louvres, il y a un tableau de Van Eyck[1], le *Couronnement de la Vierge*, avec un fond d'architecture ; entre les colonnes, on voit un paysage dont les différents plans sont bien indiqués[2].

[1] Jean de Bruges, le premier qui ait pratiqué la peinture à l'huile.
[2] Probablement de 1450 ou environ.

On trouve de semblables essais dans les œuvres de Mantegna, du Pérugin, de Jean d'Udine, de Polydore de Caravaggio, etc., etc., mais le paysage n'y a qu'une importance tout à fait secondaire. Nous pouvons donc établir comme un fait incontestable que, depuis la Renaissance, tous les efforts des peintres s'étant dirigés vers l'étude de la figure, le paysage au temps de Raphaël ne formait pas encore une branche distincte.

Ce ne fut qu'à la suite et par l'effet de l'impulsion donnée par Léonard de Vinci, Michel-Ange, Raphaël, et surtout par le développement de l'école vénitienne, que le paysage, ainsi que toutes les autres branches de la peinture, telles que les scènes familières, les marines, les sujets mythologiques, la nature morte, les bambochades, etc., prit rapidement une importance presque égale à celle du haut style. Le changement qui s'était opéré dans les idées religieuses ne fut pas sans influence sur cette direction de l'art.

C'est à l'école vénitienne qu'appartient le mérite d'avoir ouvert cette nouvelle carrière. Giorgione et le Titien, et après eux, le Bassano et le Tintoret, c'est-à-dire les plus grands maîtres de cette brillante école, commencèrent ce qu'on a appelé depuis *le paysage historique*. Dès le début, le Titien fit le chef-d'œuvre du genre ; c'est le magnifique tableau du *Martyre de saint Pierre, dominicain*, qui décore l'église des saints Giovanni et Paolo, à Venise.

Dans cette peinture, l'importance du paysage est presque égale à celle des figures ; mais il y a une autre particularité qui fait de ce tableau l'un des monuments les plus remarquables dans l'histoire de l'art, c'est l'abaissement de la ligne horizontale. Accoutumés que nous sommes aux productions de l'art moderne, il n'y a, dans ce fait, rien qui nous étonne au premier moment ; l'aspect de ce magnifique tableau est en harmonie si parfaite avec ce que nous avons l'habitude de voir, que l'amateur ne se doute pas que ce soit là un mérite extraordinaire.

Avant le Titien, les paysages ressemblaient assez à ce que nous voyons en ce genre dans les peintures chinoises, où toutes les lignes montent, de telle sorte que les plans, au lieu de fuir, s'élèvent les uns au-dessus des autres ; la perspective linéaire, science toute nouvelle au quinzième siècle, n'était pas généralement appliquée à toutes les branches de la peinture; l'architecture seule, par ses formes positives, semblait susceptible d'une application des règles de la géométrie ; il ne venait pas à la pensée que le ciel, dans les formes vagues des nuages, le paysage, composé d'objets dont la nature et la place qu'ils occupent semblent déterminées par le caprice, fussent également soumis aux lois de la perspective. Dans les premiers essais de paysage, la ligne horizontale est placée très-haut, sans doute parce que l'artiste croyait s'assurer par là un plus grand développement de son sujet; l'ensemble de la peinture présentait l'aspect d'une vue topographique, prise à vol d'oiseau, au lieu d'une scène pittoresque, dans laquelle le spectateur est, pour ainsi dire, introduit, comme si lui-même en faisait partie.

Il résultait de cette position élevée de la ligne horizontale, mille obstacles aux beaux effets de la perspective et du jeu des ombres et de la lumière. Le Titien choisit un sujet qui fut la démonstration victorieuse des erreurs de l'ancienne école et de la supériorité de son nouveau système. Le tableau représente un paysage vu de hauteur; sur la droite, des arbres immenses s'élancent au plus haut des cieux; au centre et sur la gauche, un terrain creux, sauvage, qui fait pressentir au delà une descente qu'on ne voit pas, et qui doit séparer le lieu où se passe l'action, des montagnes dont on aperçoit seulement la cime dans le lointain. La composition est d'une extrême simplicité, et l'on peut dire, qu'à l'inverse de ce qui s'était fait jusqu'alors, ce tableau offrait à l'imagination beaucoup plus d'objets qu'il n'en montrait en réalité. Nous aurons l'occasion d'y revenir.

L'école vénitienne était plus particulièrement propre à cultiver un genre où les richesses du coloris peuvent se développer en toute liberté, et qui ne restreint pas l'artiste dans les limites d'un dessin rigoureusement sévère, ni dans celle d'une vérité matérielle, comme c'est le cas pour la figure humaine.

Déjà le maître du Titien, G. Bellini, avait fait quelques paysages ; il y a de lui, à Rome, dans la galerie Camuccini, un tableau intitulé « le Repos des dieux, » qui est une des plus belles productions qu'on puisse voir en ce genre.

Cependant ces premiers essais, quelque grand qu'eût été leur succès, ne furent suivis presque d'aucun résultat ; l'école vénitienne ne s'en occupa qu'accidentellement ; ce furent des étrangers qui recueillirent les fruits des travaux de Giorgione et du Titien.

En Italie, ce fut à Rome que le paysage prit enfin tout son développement. Il y fut porté par un Lombard, MUZIANO — 1528 — 1590 ou 92 — élève de l'école de Venise, et surnommé *le jeune homme aux paysages*, parce qu'il fut le premier qui y fit connaître ce nouveau genre. On lui donna la direction des travaux du Vatican.

Un peintre flamand, PAUL BRIL — 1554 — 1626 — arriva à Rome presqu'à la même époque que Muziano ; son frère aîné, établi avant lui dans cette ville, avait décoré de paysages quelques salles du Vatican. Paul fut chargé de décorer en ce genre cette partie du palais qui est désignée sous le nom de « Tour aux vents. » Ses œuvres y existent encore ; il suffit d'un seul coup d'œil pour s'assurer de l'immense distance qui sépare les productions de ce premier paysagiste de celles des deux Poussin et de Claude Lorrain, cinquante ans plus tard.

Les Hollandais et les Flamands arrivaient en foule en Italie ; il s'en trouvait dans toutes les écoles. Les deux frères Bril, introduisant à Rome la culture du paysage, n'avaient fait que rapporter à sa source un genre de peinture qu'ils avaient étudié dans leur patrie. Il y avait eu, parmi les élèves de Raphaël, un artiste de Bruxelles, nommé Van Orley, qui, avant de venir à Rome, avait étudié le paysage à Venise. C'est lui que Raphaël chargea de surveiller la fabrication des tapisseries commandées à Bruxelles, d'après ses fameux cartons. De retour dans son pays avec une mission aussi honorable, Van Orley y fut bientôt rejoint par un autre de ses compatriotes, Van Oost, élève du Tintoret. Ces deux artistes répandirent dans les Flandres le goût du paysage ; les Bril sortirent de leur école pour aller s'établir à Rome.

Paul Bril fit du paysage un genre tout à fait distinct, et c'est à dater de ce peintre qu'on peut en tracer l'histoire sans interruption jusqu'à nos jours.

Les progrès dont l'art lui fut redevable, reçurent une nouvelle impulsion du concours d'Annibal Carrache, dont le coloris plus animé, le pinceau plus noble, l'imagination plus féconde, donnèrent à cette branche des beaux-arts toute son importance. L'école de Bologne, et plus particulièrement le Dominiquin, l'Albano et les deux Mola, suivirent cette impulsion. Il s'établit une sorte de lutte, de rivalité, entre les Italiens et les Flamands.

Les premiers étaient des artistes décidément supérieurs aux seconds ; mais, imbus des idées de l'école de Raphaël sur le haut style, ils ne cherchèrent pas tant la vérité, dans un genre où elle doit toujours dominer, que des beautés de convention.

Les Flamands, au contraire, se firent naturalistes. C'était leur tendance dans les compositions historiques et religieuses ; elle devait l'être à bien plus forte raison dans des sujets que la nature leur offrait souvent si complets qu'il n'y avait plus qu'à copier.

Elzheymer, né en 1574, leur chef, créa ce style que les écoles hollandaise et flamande ont poussé jusqu'à une merveilleuse perfection. Il a excellé dans les clairs de lune. Son chef-d'œuvre est une *Fuite en Egypte*, petit tableau qui offre le jeu de trois lumières : au centre, la Sainte-Famille traverse à gué une rivière, à la lueur d'une branche de pin allumée que tient saint Joseph ; vers la gauche, des bergers se chauffent auprès d'un feu, tandis que des troupeaux paissent sur la lisière d'une forêt éclairée par la lune, qui se reflète dans des eaux, dont la surface limpide est d'une admirable transparence.

Pœlenbourg, Breughel et d'autres peintres de leur pays, se vouèrent dès lors avec un grand succès à la peinture du paysage. Mais nous sommes arrivés à l'époque où les deux Poussin, Claude Lorrain et Salvator Rosa éclipsent tous les autres artistes par l'éclat de leur renommée.

Nicolas Poussin est né en Normandie, aux Andelys, en 1594, d'une famille noble, sans fortune et sans crédit. Il eut à surmonter tous les obstacles et tous les dégoûts que la misère oppose aux débutants dans une carrière qu'il faut parcourir longtemps avant d'y recueillir aucun fruit. Sa vocation était ardente et son courage inébranlable. Deux fois il se mit en route pour Rome, et deux fois les forces et l'argent lui manquèrent en chemin. Il avait étudié Raphaël et Jules Romain dans les gravures de leurs œuvres[1] ; Poussin, jeune, artiste obscur, mais déjà d'un talent mûr, fit la connaissance du chevalier Marini, alors le commensal de Marie de Médicis, et il fut chargé par le poëte italien d'illustrer (le mot n'était pas

---

[1] Probablement celles de Marc-Antonio.

encore inventé, mais Poussin fit une véritable illustration) son poëme d'Adonis. De là une relation d'amitié qui profita à Poussin lorsqu'enfin arrivé à Rome, en 1624, il y retrouva Marini qui le fit connaître aux protecteurs des arts. Pendant longtemps encore, il fut réduit à vendre ses productions à vil prix, pour avoir de quoi vivre. Il étudia avec la plus sérieuse attention les ouvrages de Raphaël, du Titien, et principalement ceux du Dominiquin, pour lequel il eut toujours une prédilection prononcée.

Enfin, il eut des commandes importantes; il fit la *Mort de Germanicus*, la *Peste des Philistins* et les *Sept Sacrements*, ouvrages qui lui firent une si belle réputation que Louis XIII le rappela en France, le nomma son premier peintre, et lui accorda, avec le logement au Louvres, une pension de trois mille livres.

Il semblait que les rudes épreuves par lesquelles Poussin venait de passer étaient finies; il se crut heureux, et commença les peintures de la galerie du Louvres, qui devaient représenter les *Travaux d'Hercule*. Des jalousies et des intrigues d'artistes [1] le dégoûtèrent à ce point que, sous le prétexte d'aller chercher sa femme, il retourna à Rome (1642) et n'en revint plus.

Ce n'est pas seulement pour avoir fait le *Testament d'Eudamidas*, *Moïse trouvé sur les eaux*, la *Chute de la manne dans le désert*, le *Jugement de Salomon*, la *Femme adultère*, la *Peste chez les Philistins*, etc., etc., que Poussin s'est placé au premier rang des artistes les plus célèbres; il mériterait encore cette place, n'eût-il fait autre chose que ses paysages.

En effet, Nicolas Poussin est généralement reconnu pour

---

[1] Simon Vouet, qui avait étudié en Italie sous le Caravaggio, en fut le principal instigateur.

le créateur d'un style, dont on trouve, à la vérité, la première idée dans les paysages du Dominiquin, mais qu'il s'est approprié par l'originalité, la grandeur et la noblesse de ses conceptions, élevant le paysage à la hauteur des compositions historiques.

Ce style, dans lequel il a eu des imitateurs et jamais de modèles, ne consiste pas à composer des paysages d'imagination, comme l'a fait le célèbre Martins dans ses illustrations de Milton; ni à choisir de beaux sites pour les copier fidèlement, et y introduire des personnages historiques.

Poussin avait un tout autre système. Il étudiait la nature dans tous ses détails et dans toutes les circonstances; arbres, rochers, broussailles, plantes, courants d'eau, fabriques, ciel, tout, absolument tout, était pour lui le sujet d'études faites sur place avec un soin extrême. En général ces études ne furent que des dessins, cela se comprend aisément à la faiblesse du coloris de Poussin.

Il se meublait ainsi la mémoire d'une telle abondance de matériaux, qu'il était sûr d'établir une parfaite harmonie entre le lieu de la scène et le sujet, sans jamais manquer à la vérité.

Doué d'un esprit naturellement observateur et contemplatif, aimant passionnément la solitude, nourri de la lecture des poëtes et des historiens, et joignant à une grande variété de connaissances un goût sûr et délicat, Nicolas Poussin devait se frayer un chemin à lui. Comment ne pas reconnaître dans ses paysages, les belles inspirations d'un génie créateur et les réminiscences fidèles d'un observateur de la nature, qui, heureusement combinées, reproduisent une nature, idéale par son caractère grandiose, mais frappante de vérité par la forme des objets?

Le tableau de *Diogène jetant son écuelle* en est un parfait modèle. Quelle richesse dans la composition! quelle majesté dans l'ensemble! Si l'on examine en détail les diverses parties de cet ensemble, que de beautés réunies! La simplicité du sujet, l'expression du principal personnage, la pureté de la lumière, la limpidité des eaux, la variété et l'élégance des arbres, le style des fabriques, le balancement des lignes, la perspective linéaire et aérienne, la franchise de l'exécution, en un mot, tous les mérites, y compris celui du coloris qui ne se retrouve pas dans les autres peintures de Poussin, mettent celle-ci en première ligne dans le paysage historique.

Comme fidèle imitation de la nature, il faut citer particulièrement cette tempête où l'on voit l'éclair sillonner la nue; la foudre brise un arbre en éclats, et renverse des bœufs attelés à un chariot, dont le conducteur, saisi d'effroi, s'est précipité à terre.

Pyrame et Thisbé offre un effet analogue; l'impétuosité du vent fait ployer les arbres, et des rayons de soleil qui, par une échappée entre les nuages, frappent une ville bâtie sur les hauteurs, répandent sur ce plan éloigné une lumière d'autant plus vive, qu'elle est en opposition avec la teinte généralement sombre du tableau.

Ainsi que Raphaël, Nicolas Poussin ne vise pas à charmer l'esprit, mais prétend à élever l'âme; il ennoblit les moindres sujets, et sait répandre dans ses paysages cet attrait que la nature a pour les esprits enclins à la réflexion et à la philosophie. C'est là son principal mérite et la cause de la grande renommée qu'il s'est acquise, en dépit d'un coloris peu séduisant.

Toutefois, puisque je suis ramené sur ce point, il est juste de dire que les tableaux de Nicolas Poussin n'ont sûrement pas été, dès le premier jour, aussi ternes qu'ils le paraissent aujourd'hui; les couleurs ont poussé au noir, et quoique ces peintures n'aient jamais eu l'éclat du coloris de Claude Lorrain, il paraît certain qu'elles avaient, du moins dans leur jeunesse, de la fraîcheur et de la transparence.

Nicolas Poussin avait acquis cette culture intellectuelle sans laquelle le talent du peintre, même du paysagiste, est toujours incomplet. Il était poëte, historien, philosophe, et c'est à cette source qu'il puisa la chaleur, le sentiment et la science qui donnent la vie aux œuvres de l'artiste et lui assurent l'immortalité.

Dans son *Polyphème*, l'originalité piquante du paysage, dont l'aspérité pittoresque caractérise les beaux sites de l'antique Sicile, fait de ce tableau l'une des plus charmantes compositions de ce style poétique qui reporte l'imagination aux temps de la mythologie.

Dans un autre tableau il représente Athènes, dominée par l'Acropolis; ses principaux monuments montrent sa splendeur, mais, sur le premier plan, en un lieu solitaire et retiré, près d'une fontaine cachée sous d'épais ombrages, une femme de Mégare vient cacher les restes inanimés de Phocion, auxquels son ingrate patrie refuse même la sépulture, à lui, qui l'avait défendue par sa vaillance et honorée par ses vertus! Voilà quelles associations d'idées Poussin se plaît à faire naître.

A la simplicité des moyens que parfois il emploie, et dont la puissance ne saurait cependant être méconnue, on ne peut se méprendre sur la véritable intention de l'artiste qui est de laisser au spectateur le soin de découvrir lui-même le sens que renferment ses compositions, et d'ajouter à l'effet par ses propres réflexions.

Par exemple, dans son *Paysage d'Arcadie*, pour faire envisager au milieu de ce paradis terrestre à quoi aboutissent les projets de félicité dont se berce le cœur de l'homme, il ne présente pas la mort sous une forme qui troublerait la belle harmonie du tableau, il découvre une pierre tumulaire avec cette simple inscription *et in Arcadiá ego* qui frappe les regards de deux jeunes pasteurs; ils erraient dans le vallon, se racontant leurs amours, ils s'arrêtent devant cette pierre, et les pensées sérieuses remplacent sur leurs fronts les riantes illusions du jeune âge.

Cet exemple résume très-clairement la nature du talent de Nicolas Poussin, et me dispense d'entrer dans une énumération qui tournerait au catalogue.

Mais il est encore un ouvrage que je dois mentionner, car il renferme ce tableau du *Déluge*, une des plus belles pages dans l'histoire de la peinture, et que les Français considèrent même comme la plus belle en ce genre.

Le duc de Richelieu lui avait demandé quatre tableaux représentant *les Saisons*. Poussin prit pour sujet du *Printemps* « Adam et Eve dans le paradis terrestre, » jeunesse, bonheur et innocence ; l'*Eté* fut l'entrevue de Booz et de Ruth ; l'*Automne*, les fruits de la terre promise, « les messagers rapportent la fameuse grappe de raisin. » Le *Déluge* représenta l'*Hiver*.

Poussin n'a pas commis, en traitant un si vaste sujet, la faute que j'ai reprochée au *Jugement dernier* de Michel-Ange, et à *la Gloire du paradis* du Tintoret. Il n'a pas tenté de faire une peinture apocalyptique : tout le genre humain englouti sous les écluses des cieux.—Non ; l'arche de Noé est portée sur les plus hautes eaux, à peine éclairées par les faibles lueurs d'une lune à demi effacée ; ici, l'épisode d'une famille qui périt ; là, le serpent emblème du mal, qui s'efforce d'atteindre les derniers sommets dominant encore ces eaux qui couvrent et les villes et les campagnes. Ce tableau ne se décrit pas, car aucune parole ne peut rendre l'effet de la teinte sombre et uniforme qui le recouvre.

Nicolas Poussin mourut le 19 novembre 1665. Sa vie avait été celle d'un homme de bien, d'un vrai philosophe, cultivant l'art par amour de l'art ; faisant du bien sans chercher la reconnaissance ; vivant dans la médiocrité, sans gloriole et sans envie. Il s'était marié en 1629, et n'ayant point d'enfants, il avait en quelque sorte adopté un des jeunes frères de sa femme, Gaspard Duguet, connu sous le nom de Guaspre, et plus encore sous celui de Poussin, qu'il prit par affection pour Nicolas.

Claude Lorrain (né en 1600, à Chamagne, près de Mirecourt, en Lorraine, mort en 1682) ou plutôt Claude Gélée, car tel est son véritable nom, comparé à Gaspard Poussin et à Salvator Rosa, est celui de ces trois peintres dont le mérite est le plus généralement reconnu, le plus populaire, quoique de son vivant la renommée de Salvator Rosa ait eu plus d'éclat que la sienne.

Toutes les biographies du Lorrain racontent que son père l'ayant mis en apprentissage chez un pâtissier, il se montra si stupide que jamais il ne put apprendre à pétrir la pâte, pas même à bien chauffer le four. On voulut en faire un prêtre, mais si Claude ne pouvait apprendre à chauffer un four, il était plus difficile encore de lui enseigner le latin. Son incapacité ne laissant aucun espoir, le rendit à charge à ses parents qui vivaient dans la pauvreté; ils le lui firent cruellement sentir. La maison paternelle devint insupportable à l'enfant, il prit la fuite et arriva chez son frère à Fribourg, en Brisgau; celui-ci, graveur sur bois, lui enseigna les premiers rudiments de son métier; Claude montrait sur ce point un instinct et une ardeur qui lui firent faire de rapides progrès dans le dessin. Il avait alors douze ou treize ans.

Quelques années plus tard, il se remit un beau jour en route, avec deux ou trois pauvres peintres qui entreprenaient ensemble le pèlerinage de Rome.

Dans cette nouvelle société, Claude déploya des talents que son père n'avait pas su découvrir; la nature l'avait fait naître cuisinier, et Agostino Tassi, ce galérien peintre qui, libre encore, faisait déjà de fort belles marines, le prit à son service, en lui donnant double paie pour être à la fois son cuisinier et son broyeur de couleurs.

Ce fut dans l'atelier de son nouveau maître que Claude Gélée reçut les premières inspirations de la peinture. Mais avant d'en tirer parti, il mena encore pendant plusieurs années cette vie vagabonde qui paraît avoir eu pour lui de grands charmes. On le retouve en 1628 ou 1629 à Nancy, occupé à peindre la voûte d'une église. Il avait parcouru l'Allemagne, lorsqu'il reprit la route de l'Italie; une tempête le jeta sur les côtes de Civita-Vecchia. Il avait trente ans lorsqu'il revint à Rome, où il devait passer le reste de ses jours.

Cet artiste, qui allait se trouver tout à coup l'une des célébrités du jour, admis dans la société intime des personnages les plus éminents, ne savait pas même écrire son nom. Dans sa vieillesse, malgré ses rapports journaliers avec l'élite de la société, il n'avait acquis aucune instruction quelconque.

En 1630, lorsqu'il revint à Rome, Claude Lorrain avait étudié sous différents maîtres; tout ce qu'il avait retiré de leurs conseils lui servait à peine pour débrouiller ses idées; quel succès pouvait-il donc espérer dans une ville où les talents et le savoir étaient appréciés avec discernement, où les artistes accouraient de toutes les contrées pour s'y perfectionner, pour y recevoir les encouragements dus à leurs efforts, ou les récompenses méritées par leurs talents?

Sans moyens d'existence et sans talent, tout accès à la fortune et à la considération publique semblait devoir lui être interdit, et cependant il était à la veille d'acquérir l'un et l'autre de la manière la plus brillante; il allait sortir tout à coup d'une obscurité si profonde, que jamais un rayon du soleil de la prospérité ne semblait pouvoir y pénétrer, et se montrer sur le théâtre du monde comme le favori de la fortune et de la renommée.

Celui qui n'avait pas eu assez d'intelligence pour faire une tarte ou réciter une homélie, allait résoudre par une sorte de révélation les problèmes les plus difficiles, et jusqu'alors insolubles, de la perspective aérienne Cet artiste, dont l'intelligence obtuse avait repoussé jusqu'aux premiers rudiments de l'école primaire, allait montrer un goût exquis, toujours infaillible dans le choix et l'harmonie des diverses parties de la nature la plus riche, sous le ciel le plus lumineux, le plus étincelant. Ai-je eu tort de dire précédemment que l'imbécillité de Claude Lorrain devait faire considérer son génie artistique comme une révélation plutôt que comme le résultat de l'étude et de la réflexion?

Jamais Claude Lorrain ne peignit d'après nature, mais souvent il passait des heures entières à contempler la campagne, et il revenait ensuite chez lui peindre de souvenir. Il effaçait continuellement son travail, glaçait tous ses fonds, et recouvrait l'ouvrage de la veille.

L'habitude de contempler la nature, une sorte d'instinct à la bien choisir, et sa persévérance à comparer attentivement les divers effets de la lumière, selon les différentes heures du jour, l'initièrent enfin aux secrets des phénomènes qui frappaient sans cesse ses regards; son intelligence en fait d'art se développa tout à coup, son imagination s'agrandit, et ses ouvrages le placèrent de prime abord au premier rang des plus célèbres paysagistes.

Cet exemple de Claude Lorrain, à demi imbécile et grand peintre, n'est pas unique dans l'histoire des beaux-arts, mais c'est le plus remarquable, en raison du talent de Claude, de son immortel renom et des sujets qu'il a traités. Au point de vue de la psychologie, il en est un autre, beaucoup moins connu, mais tout aussi extraordinaire, c'est celui de Mind, peintre bernois, à peu près crétin, et que dans toute l'Europe les amateurs connaissent sous le nom de *Raphaël des chats*. On trouve ses dessins dans les plus belles collections; ils se vendent à des prix énormes, et pourtant cet artiste était un idiot, à qui il ne restait pas même assez d'intelligence pour veiller à ses propres besoins.

Il est mort de misère, exploité par des brocanteurs qui le tenaient enfermé dans un grenier, le faisant travailler beaucoup et manger fort peu.

Dans sa trente-sixième année, Claude grillait des côtelettes et broyait des couleurs; dix ans plus tard, le Lorrain est l'ami de l'élégant cardinal Bentivoglio, le favori d'Urbain VIII; courtisé de celui que tout le monde courtisait, le chevalier Bernini; enfin le peintre à la mode parmi l'aristocratie de l'Europe. « Sa galerie, dit un de ses historiens, était fermée à tous ceux qui n'occupaient pas le plus haut rang dans l'État. Le pape, les souverains, les princes avaient seuls le droit d'aspirer aux productions de son pinceau. Ses prix énormes bornaient ses acheteurs aux possesseurs de richesses énormes, et le public était de fait exclu du marché de ses tableaux, dont trois papes et deux souverains cherchèrent à obtenir le monopole. »

Les compositions de Claude Lorrain sont, en effet, les plus riches et les plus savantes que l'on connaisse.

Dans un espace en général assez restreint, il offre aux regards du spectateur une immense variété d'objets; il fait naître une telle multitude de pensées, d'impressions, qu'il faut s'arrêter à une foule de détails; ses lointains sont à une distance immense; ses accessoires sont choisis avec un goût qui tient de l'inspiration; tout y est naturel; tout enchante un amateur, tout instruit un artiste. Il n'y a point d'effet de lumière qu'il n'ait imité; les changements successifs du jour ne sont chez aucun peintre aussi bien rendus que chez lui.

Mais quelle description pourrait donner seulement un faible aperçu des talents d'un paysagiste qui, choisissant habituellement pour sujets de ses compositions les moments où la nature se montre avec le plus d'éclat, n'a pas craint de lutter contre les plus grandes difficultés de l'art, et, sans recourir à aucun moyen factice, à aucune opposition exagérée, est parvenu à s'approcher de la perfection de son modèle, et à rendre ses plus sublimes beautés !

Claude Lorrain, uniquement épris des scènes paisibles, n'a pas pris pour sujets les grands bouleversements de la nature, les tempêtes, les inondations, les désastres ; ses tableaux n'éveillent que des émotions douces. Il suivait en cela les impressions de son caractère doux et contemplatif. Fidèle à la vérité, ne cherchant pas à être autre chose que ce que la nature l'avait fait, il atteignit à la perfection en obéissant à ses instincts.

Hélas ! c'est une vérité bien rebattue, bien banale et bien inutile, une vérité que la vie de Claude Lorrain démontre à chaque page, mais qui ne profite qu'aux *simples* comme lui, que, pour être grand, l'artiste doit avant tout être vrai. L'ambition de frapper l'imagination a fait plus de peintres de décor que de paysagistes ; il n'est pas donné à tous ceux qui manient un pinceau de pouvoir embellir la nature en lui restant fidèle : et mieux vaut encore être vrai et prosaïque comme Vynantz, que de faire violence à ses instincts, pour paraître ce qu'on n'est pas.

Dans ses marines, Claude se borne à représenter des ports dont les constructions resserrent sur le devant le lit de la mer ; les premiers plans sont enrichis de palais d'une architecture élégante, ornés de portiques et de colonnades dont les entablements se dessinent majestueusement sur le ciel ; quelquefois de beaux arbres ombragent ces édifices et opposent les teintes riches et variées de leur feuillage aux masses uniformes de l'architecture.

Mais ce ne sont pas là ses plus belles compositions, bien qu'en ce genre, il y ait de lui quelques tableaux, au Louvres, par exemple, qui ne le cèdent à aucun autre pour la magie du coloris.

Inimitable dans ses paysages du matin et du soir, où il rivalise avec l'éclat du soleil, le Lorrain n'y est pas moins admirable par le choix des sites que par l'ordonnance de la composition. Ces soleils qui éblouissent, ces eaux qui ne semblent ridées que par des vents d'été, ces torrents de lumière brillante, tombant sur des scènes dignes du paradis terrestre, la magnificence de l'architecture, la beauté des troupeaux ruminant sous des ombres épaisses, ou rafraîchissant leurs membres brûlants dans de limpides ruisseaux, tous ces objets paraissent épuiser, dans leur variété infinie, la puissance de la nature, et défier toute rivalité. Les atmosphères des tableaux de Claude Lorrain ont presque toujours le caractère du ciel de Rome, ardent, vaporeux, rougeâtre ; cependant il y a de lui quelques sujets d'une couleur grise dont l'harmonie n'est pas moins parfaite.

Ce profond sentiment de la nature, cette poésie de l'âme, étaient si bien un instinct chez ce grand peintre que, hors de cette sphère, son talent était au-dessous de la médiocrité ; ainsi il ne put jamais peindre dans ses propres tableaux une figure qui fût passable ; il lui fallut recourir à l'aide d'autres artistes[1], tandis qu'il excellait dans les animaux de tous genres, dont il ornait ses peintures. C'est de lui que vient peut-être ce proverbe si malheureusement adopté de nos jours, et plus particulièrement dans l'école anglaise, que les figures sont toujours assez bonnes pour un paysagiste, « always good enough for a landscape painter. » Claude disait qu'il vendait ses paysages et donnait ses figures par-dessus le marché.

---

[1] Ce furent principalement Lauri et Jacques Courtois qui firent ses personnages.

Il y a de lui, à Rome, à Paris et à Madrid, un grand nombre de tableaux, mais c'est en Angleterre qu'ils sont le plus nombreux et que se trouvent les meilleurs.

Dans les musées d'Italie, celui de Florence, degli Uffizi, la galerie Doria à Rome et les *Studi* à Naples, sont les plus riches en tableaux de Claude. Le premier possède une marine au soleil couchant, avec la vue du palais Médicis, l'une des œuvres les plus magnifiques et les plus caractéristiques de son talent; dans la galerie Doria est le fameux *Moulin*, dont un duplicata est à Londres ; le *temple de Delphe* et trois petits paysages. A Naples, sa célèbre nymphe Egérie, et une marine au soleil couchant, avec grand encadrement d'architecture, sujet qu'il a particulièrement affectionné.

Il eut pour élève Adrien Van der Wert, que quelques écrivains ont confondu avec Adrien Van den Velde, qui n'a jamais été en Italie. La similitude des noms a produit l'erreur.

Claude Lorrain et Nicolas Poussin furent pour le paysage ce que Raphaël avait été pour la peinture de haut style, et ils trouvèrent dans Urbain VIII et Clément IX des encouragements qui firent de cette époque l'*âge d'or* des paysagistes, comme l'avaient été, pour la peinture de haut style, les règnes de Jules II et de Léon X.

Dans les ouvrages de ces deux grands peintres, tout est différent et tout est vrai. C'est entre eux deux que se partagent les préférences des amateurs. Ceux qui obéissent à leurs premières impressions plus qu'à la réflexion, mettent Claude Lorrain fort au-dessus du Poussin ; au contraire, ceux qui sont plus enclins à l'analyse qu'à l'enthousiasme, n'hésitent pas à placer celui-ci au premier rang ; mais ce sont les moins nombreux : de tout temps les séductions du coloris ont été plus puissantes que les qualités sérieuses d'une composition savante.

Tous deux ont le rare mérite d'éveiller chez le spectateur

plus de pensées qu'ils n'en expriment. Dans la plupart de leurs paysages, l'imagination est amenée à voir au delà de ce que l'artiste y a mis; de même que chez les grands orateurs un seul mot en dit souvent infiniment plus que ne le comporte le sens littéral.

Le paysage, ainsi qu'ils l'ont traité, est aussi loin de la vérité prosaïque des écoles flamande et hollandaise, que du style noble, mais conventionnel, de l'école italienne.

Tandis qu'à Venise d'abord et à Bologne ensuite, les grands maîtres qui ont fait du paysage le subordonnent toujours aux figures et le ramènent, par la touche et la couleur, à ce style plus ou moins conventionnel adopté pour les draperies et les accessoires; tandis qu'en Hollande et en Flandre on s'attachait, au contraire, à l'imitation matérielle, cherchant, par exemple, non-seulement à rendre l'aspect général d'un arbre, d'un rocher, mais jusqu'aux détails les plus minutieux du feuillé, de l'écorce et des rugosités de la pierre; Nicolas Poussin et Claude Lorrain tenaient un milieu entre ces deux systèmes si diamétralement opposés. Leurs paysages sont une fidèle représentation de la nature, mais nullement à la manière du daguerréotype. C'est l'impression, c'est le sens moral qu'ils s'attachent à reproduire, non la matière; ils s'adressent à l'âme, et, de même que Raphaël, en reproduisant dans ses études la nature avec une scrupuleuse fidélité, s'élevait ensuite de la beauté individuelle à la beauté idéale, de même ces deux grands paysagistes donnèrent aux diverses parties qui composent un paysage, aux arbres, aux eaux, aux rochers, aux plantes, aux terrains, le caractère général qui réunit toutes les beautés de l'espèce.

Ce système a longtemps prévalu en France, grâce à la grande réputation et au mérite plus grand encore du Poussin. C'est celui que l'Académie des beaux-arts s'efforce de maintenir dans ses concours; mais si c'est le plus noble, c'est aussi le plus dangereux; rien ne convient mieux à la médiocrité qu'un style qui s'éloigne plus ou moins de l'étude positive de la nature, telle qu'elle s'offre à nos regards, pour s'attacher à des généralités qui dégénèrent facilement en style de convention; on couvre du nom d'esthétique des pauvretés et des négligences de dessin et de composition.

Le duc de Devonshire possédait (car je crois que ce trésor a passé dans d'autres mains) un énorme volume de dessins d'après nature, reproduisant presque toutes les compositions dont Claude Lorrain a fait des tableaux; ces esquisses sont faites sur papier de couleur et rehaussées de blanc. Cette collection avait été léguée par Claude aux enfants de ce frère aîné qui l'avait reçu à Fribourg, lorsqu'à l'âge de douze ans il s'enfuit de la maison paternelle; elle formait une sorte de majorat dans la famille. Louis XIV en avait offert une somme très-considérable; mais les conditions du testament n'en permirent pas la vente. La substitution étant éteinte, le duc de Devonshire en fit l'acquisition au poids de l'or.

Claude mourut à quatre-vingt-deux ans, laissant à ses héritiers une très-grande fortune, dont il avait usé noblement pour sa famille et pour les malheureux. La simplicité de ses mœurs, l'aménité de son caractère, lui avaient concilié l'estime publique et l'affection de tous ceux qui le connurent.

Gaspard Poussin ou le Guaspre, né en 1613, fut l'élève de Claude Lorrain et de Nicolas Poussin. Instruit à si bonne école, soutenu du crédit de ces éminents artistes, fortement recommandé par Bernini, l'homme le plus en crédit, il commença sa carrière sous des auspices si favorables, qu'il faut lui tenir grand compte de ne s'être pas laissé enivrer par le succès.

Il aimait passionnément la chasse et la campagne; ce goût détermina sa vocation, il se fit paysagiste, et pour mieux étudier la nature, il loua en même temps quatre maisons dans des localités d'un aspect fort différent; deux sur les hauteurs de Rome, une à Tivoli et la quatrième à Frascati. Il alla aussi à Florence et à Naples, étudier les plus beaux sites de ces magnifiques contrées; l'habileté qu'il acquit dans la pratique fut si grande, qu'il pouvait en un seul jour peindre un tableau d'assez grande dimension et l'orner de figures.

Considéré pour ses talents, fort recherché pour son esprit et son aimable caractère, il se faisait rapidement une très-belle fortune par son travail, quoique son style n'eût pas l'éclat du coloris de Claude Lorrain, ni la pensée profonde et savante de Nicolas Poussin.

C'est à Rome qu'on peut le mieux apprécier le talent du Guaspre; dans l'église de San-Martino, dans les palais Doria et Colonna, il y a de lui des peintures à l'huile et à fresque, dans les plus grandes dimensions. La touche brille plus par la franchise que par la légèreté. Le coloris est harmonieux mais monotone; le style a de la noblesse, de la grandeur; on y retrouve quelques traces de l'idéal qui forme le caractère distinctif de celui de Nicolas Poussin.

En comparant entre elles les productions de ces deux peintres, il est aisé de reconnaître, que l'élève n'a pas su, au même degré que le maître, s'inspirer de la nature pour la retracer embellie de tout ce que l'élévation du génie et la richesse de l'imagination peuvent ajouter à ses charmes, sans en altérer la vérité; il a rarement songé à animer ses sites par des personnages historiques, ou à inventer des sujets dont l'action intéressante par elle-même, répandît sur ses tableaux un nouvel attrait.

Cependant, sous ces différents rapports, si le Guaspre ne peut être assimilé à Nicolas Poussin, il n'en est pas moins un des meilleurs modèles pour le paysage historique. Observateur exact de la nature, il choisit avec goût les sujets et les détails ; il reproduit les aspects les plus variés avec une merveilleuse facilité, réussissant également à grouper des massifs d'arbres, à les faire ployer sous le poids de la pluie et des vents, ou à représenter leurs cimes élégantes et légères qui s'élancent sur un ciel argenté. La variété qu'il met dans ses effets en faisant jouer la lumière sur des campagnes, ici éclairées par le soleil, là par un pâle reflet, ailleurs assombries par l'ombre d'un nuage qui passe, révèle cette étude approfondie et intelligente de l'artiste passionné pour son modèle.

Et pourtant, je le répète, dans aucune de ses productions, le Guaspre ne brille par un génie transcendant ; nulle part il ne subjugue, il n'entraîne ; il n'excite pas même ces émotions vives qui naissent du concours fortuit de la surprise et de l'admiration. Ses sites ont de la grandeur et de la vérité, il les a choisis avec goût, mais il ne les a pas créés ; ses effets sont justes et variés, mais ils n'ont pas la verve, l'énergie de l'inspiration ; ses personnages ne sont point dépourvus de noblesse, ses bergers rappellent un peu les pasteurs de l'Arcadie ; mais rarement ils représentent une action, ils ont un caractère qui saisisse l'imagination.

On se demande par quel mérite un peintre, dont l'imagination ne prend jamais un essor bien élevé, dont les conceptions ne sont remarquables ni par la profondeur, ni par l'énergie, a obtenu une place distinguée parmi les meilleurs paysagistes ?

On résout cette question en examinant avec soin les œuvres de Gaspard Poussin. Au premier aspect ses tableaux plaisent à la vue, mais plus on les examine, plus ils séduisent l'imagination, à ce point que bientôt on oublie l'artiste, pour ne plus voir dans la peinture que la nature même qu'elle représente.[1] C'est

---

[1] Lanzi. Desperthes.

là, soyez en certains, le meilleur critérium de l'art : un tableau qui produit au premier coup d'œil tout son effet, est un tableau de décor, mais celui qui supporte un long examen, et dans lequel, plus l'examen se prolonge, plus on découvre de beautés, est un chef-d'œuvre : il est mieux que la représentation matérielle de la nature, il en reproduit l'âme; et quel que soit le style, le procédé, la partie mécanique, c'est de l'art dans la belle et noble acception du terme.

SALVATOR ROSA (1615—1673) fut, en tous points, l'opposé des artistes dont je viens de parler.

Ce peintre est le héros d'une espèce de roman historique, écrit par lady Morgan, et qui a servi à cet auteur de prétexte à des déclamations d'un libéralisme fort à la mode, il y a une trentaine d'années, quoique fort creux de sa nature. Les jugements sur les arts et les artistes sont empruntés aux meilleures sources, et par conséquent, sont la meilleure partie de l'ouvrage.

Quant à la mise en scène, elle appartient en entier à lady Morgan qui, sauf les nuances que la nationalité, le sexe et l'éducation ont nécessairement marquées entre eux, est, dans ses ouvrages sur la France et sur l'Italie, le précurseur d'Alexandre Dumas dans ses impressions de voyages. On peut dire de cette vie de Salvator Rosa, qu'elle renferme beaucoup de choses nouvelles et beaucoup de bonnes choses, mais le bon n'est pas nouveau et le nouveau n'est pas bon. Toutefois elle est agréable à lire, et quand on est sur ses gardes, les opinions de l'auteur ne sont pas dangereuses; il suffit d'y regarder pour les réduire à leur juste valeur.

Salvator était d'une famille pauvre et obscure, circonstance plus favorable au développement du génie qu'on ne le pense en général, quand le génie a assez de vigueur pour résister à l'épreuve. Le bien-être de la maison paternelle, un patrimoine assuré, sont des oreillers de paresse sous lesquels ont été étouffées plus de généreuses dispositions que n'en ont flétri l'obscurité et la misère.

Salvator était donc pauvre et obscur, de plus il fut contrarié dans sa vocation d'artiste; ses parents voulaient le faire entrer dans l'Eglise; ils y voyaient pour eux et pour lui un sort assuré; on le contraignit, mais sa vocation fut plus forte que les contraintes. Histoire banale, tant elle s'est souvent reproduite de siècle en siècle, mais qui n'intéresse que lorsque le génie et le succès donnent gain de cause à la résistance.

Le noviciat de Salvator fut rude. Les plus belles années de sa jeunesse se passèrent à lutter contre la faim et la volonté paternelle; il mena la vie de lazzaroni, non par l'insouciance et la fainéantise, mais par l'abandon et la misère.

Il avait commencé quelques essais de peinture sous la direction du mari de sa sœur, honnête homme et peintre médiocre, qui l'encourageait de son mieux. Salvator Rosa avait ce besoin de solitude, cette humeur sombre et taciturne qu'éprouve tout homme en proie à l'inspiration, qui ne peut y céder faute de savoir exprimer ce qui est en lui; véritable tourment, rude expiation du génie! Il fit une petite provision de couleurs, prit ses crayons et son portefeuille et, sans but arrêté, sans savoir ni où il allait, ni ce qu'il ferait, il s'enfonça dans les sauvages solitudes de la Calabre; c'était alors un pays presque abandonné, couvert des ruines des colonnies grecques; riche d'une végétation où la nature a prodigué toutes ses magnificences, mais à peu près désert et servant de refuge aux brigands.

Salvator Rosa avait environ dix-huit ans. On dit qu'il fut pris et emmené par une troupe de bandits; qu'il resta plusieurs mois avec eux comme prisonnier, les suivant dans leurs expéditions, et continuant dans cette étrange société ses études d'artiste. Quoi qu'il en soit de ce fait, qui a été contesté, il est évident que ce premier pèlerinage laissa dans son esprit d'ineffaçables traces. Le caractère sombre, la sauvage grandeur des sujets qu'il traita de préférence à l'apogée de son talent, sont aussi les traits distinctifs de ses premières études. De même que la grâce paisible et douce du Guaspre s'explique aisément par sa vie fleurie et facile dès le début ; de même l'abandon, la misère de la jeunesse de Salvator, l'énergie qu'il dut déployer pour se frayer un chemin, les scènes de la Calabre, si en harmonie avec lui-même, n'expliquent que trop la tendance de son talent.

Au premier aspect, ses paysages impressionnent fortement ; le ciel n'est pas ce brillant et pur azur de Claude Lorrain ; sa couleur est plombée, sa lumière est incertaine, blafarde, elle tranche vigoureusement avec la noirceur des ombres ; les arbres n'offrent pas ces frais ombrages qui appellent les bergers et les troupeaux ; d'énormes troncs noueux, dépouillés en partie de leur écorce et de leurs branches, élèvent audacieusement leurs cimes battues par les vents et les tempêtes. Les eaux ne s'épandent pas en nappes limpides sur de frais gazons ; elles s'échappent d'une caverne au sein d'une montagne inculte ; elles se frayent un passage à travers des quartiers de roches éboulées et se précipitent dans un abîme.

Au milieu de ces déserts, nulle sécurité pour l'homme ; point d'habitations, pas de vestiges de culture. Si quelque être vivant anime de sa présence ces effrayantes solitudes, c'est un chasseur qui épie sa proie, ou un voyageur qui tremble pour ses jours, précipite sa marche et va tomber dans une embuscade de brigands [1].

De telles conceptions, il faut l'avouer, sortent de la classe ordinaire des sujets qui se présentent habituellement à la pensée,

---

[1] Desperthes.

mais plus elles diffèrent de celles-ci, dans leurs moyens et leurs effets, plus il faut y reconnaître une originalité qui n'est point sans attrait ; n'eussent-elles eu que le mérite de contraster avec la généralité des productions des paysagistes, contemporains ou prédécesseurs de Salvator Rosa, ces peintures auraient été déjà intéressantes en elles-mêmes, mais, de plus, elles se recommandaient par une vigueur de coloris et d'exécution portée au plus haut degré. Elles eurent, de son temps encore plus que du nôtre, un immense succès. Mais j'anticipe sur mon sujet.

Après avoir vécu dans la solitude et la misère, peut-être dans la compagnie des bandits, Salvator revint à Naples ; il n'avait pas encore vingt ans. Son père mourut, et il eut alors à soutenir sa famille.

Il se mit à peindre à l'huile et entreprit tous les genres à la fois, comme un homme qui frappe à toutes les portes pour trouver des secours. Il vendait pour quelques sous de petits tableaux pleins de verve et d'originalité, à des brocanteurs juifs qui tenaient boutique sur le marché public. Un jour, le chevalier Lanfranc, peintre appelé à la cour et qui vivait en grand seigneur, remarqua par hasard un des tableaux ainsi exposés, c'était l'*Agar dans le désert* qui fait aujourd'hui partie de la galerie de Florence ; il l'acheta sans marchander, on ne lui en avait demandé que trois ou quatre écus. Cet incident donna pendant quelque temps un peu de crédit à Salvator, puis on l'oublia, et cet encouragement si inattendu fut pour lui comme le rayon passager qui disparaît aussitôt derrière les nuages.

Cependant, la famille de Salvator s'était dispersée ; la mère avait abandonné les enfants ; les enfants délaissèrent le foyer domestique ; trois filles et trois garçons se placèrent comme ils purent, les uns bien, les autres mal ; les uns honnêtement, les autres honteusement. Salvator resta seul dans cette misérable demeure, et n'ayant plus qu'à pourvoir à sa seule existence, sans protecteur, sans ami, sans un seul souvenir riant, il quitta Naples pour venir à Rome, ce port que rêvaient tous les artistes.

Il y vécut comme à Naples, difficilement et laborieusement; bientôt l'ardeur excessive de ses travaux, la misère, le découragement mirent sa santé en si mauvais état, qu'il revint à Naples, un peu par l'espoir que l'air natal lui rendrait des forces, beaucoup par le désir de revoir avant de mourir les lieux où il avait tant souffert.

C'était à l'époque où la peinture fut le plus en faveur à Naples. Lanfranc, l'Espagnolet, le Dominiquin y étaient successivement appelés pour y achever de vastes travaux, mais Salvator Rosa n'y eut aucune part.

Il travailla dans l'atelier de Falcone, où il s'adonna presqu'exclusivement à peindre des batailles, de tous les genres celui qu'il affectionnait le plus, parce qu'il pouvait y déployer librement l'énergique et originale âpreté de son caractère.

Plusieurs années se passèrent à ces travaux qui ne profitèrent qu'à son talent. L'image de Rome venait souvent s'offrir à son esprit; Rome redevenait le but de tous ses désirs; encouragé par les offres d'un ancien ami, intendant de la maison d'un cardinal, il quitta Naples, mais avec un talent incomparablement supérieur à ce qu'il était lors du premier voyage de Salvator à Rome. Il étudia avec moins d'enthousiasme peut-être, mais avec plus de profit; il pouvait se rendre compte de l'art, et relever les beautés et les défauts de chaque maître, en les comparant entre eux. Génie neuf et indépendant, il dédaigna de suivre les traces des autres, aussi resta-t-il encore plusieurs années dédaigné ou inconnu de la foule des amateurs.

Son premier ouvrage qui lui valut quelque renommée, est le

Prométhée, qu'on voit aujourd'hui à Florence dans le palais Pitti. Ce sujet, il est permis de le croire, exprimait sous le voile de l'allégorie les souffrances de l'âme de Salvator, si poétiquement rendues par Byron :

« A silent suffering and intense,
The rock, the vulture, and the chain! etc. »

Je traduis cette strophe. « Une souffrance profonde et silencieuse; le rocher, le vautour et la chaîne! Tous les tourments d'une âme fière, l'agonie qu'elle renferme en elle-même, cette accablante douleur qui ne s'exhale que dans la solitude, et là, craint encore d'être entendue par quelque esprit des cieux, et n'ose soupirer tant que des échos répondent à sa voix. »

Le Prométhée fut exposé au Panthéon en 1637 ou 1638; c'est dans cet antique édifice que se faisaient les expositions des beaux-arts, deux fois par année. Un ouvrage si différent du style alors à la mode, devait exciter, quel que fut son mérite, une vive polémique. C'est ce qui arriva, les uns portant aux nues le talent de Salvator, les autres le ravalant au-dessous de la médiocrité. Les *cognoscenti* restèrent indécis; ils attendaient qu'une autre peinture vint fixer leur opinion.

Salvator Rosa n'aurait peut-être jamais réussi à obtenir quelque commande assez importante pour attirer sur lui l'attention publique, du moins de bien des années, s'il n'avait appelé à son aide les talents très-remarquables qu'il avait reçus de la nature comme poëte, musicien et comédien.

Il ne monta pas sur le théâtre, mais il parut sur la scène la plus vaste qui existe; il se montra à Rome pendant le carnaval, à cette époque de l'année, surtout alors, où chacun, vieux et jeunes, hommes et femmes, riches et pauvres, savants, grands seigneurs et gens de métier, en un mot, la population tout entière, se masque et joue toute espèce de farces et de comédies.

Vers la fin du carnaval de 1639, quand les beaux esprits romains, comme cela arrivait ordinairement dans ces occasions, redoublaient d'efforts pour animer la représentation de la dernière semaine, un char richement orné, traîné par des bœufs et rempli d'une troupe masquée, attira l'attention générale par sa singularité. Le principal personnage s'annonçait comme un certain signor Formica, acteur napolitain qui, dans le rôle du charlatan Coviello, déployait tant d'esprit et de verve, lançait des épigrammes si piquantes et si gaies, que rendaient doublement plaisantes son accent napolitain et ses lazzis nationaux, que tous les autres spectacles furent abandonnés. Toute la population romaine se pressait autour de l'inimitable Formica. Le peuple applaudissait à ses traits satiriques lancés contre les grands, et les classes supérieures se plaisaient à entendre l'improvisateur qui, pendant les entr'actes, chantait en s'accompagnant d'un luth dont il jouait admirablement, les ballades napolitaines si pleines d'originalité et de gaîté.

Le contraste entre ses improvisations musicales et poétiques et ses plaisanteries napolitaines, lorsque, après avoir déposé son luth, il se mettait à débiter ses fioles et ses talismans à la foule ravie, prouvait une flexibilité de talent qu'on ne pouvait attribuer à aucun individu connu à Rome. Lorsqu'en quittant la place Navonne pour rentrer chez lui, Salvator et ses amis se démasquèrent, et qu'on reconnut dans Coviello l'auteur du Prométhée, l'enthousiasme fut au comble [1].

Le succès fut si immense, qu'à dater de ce moment Salvator devint l'une des curiosités les plus populaires de la société ro-

[1] Lady Morgan.

maine. Il fut recherché, invité, choyé; on admira ses peintures autant que ses poésies; il fut accablé de prévenances et de commandes, comblé d'honneurs et de richesses. En un mot, ce fut l'homme à la mode par excellence, le lion du jour; le mot n'était pas encore inventé, mais l'engouement populaire l'était depuis longtemps.

« Rosa, dit Baldinucci, allait d'une *conversazione* (salon) à l'autre, chantant et récitant *all' improviso*, étendant ainsi sa réputation en se livrant à la société. Il voyait tout le grand monde romain désireux de le posséder, et il lui était aisé de faire connaître son génie original, non-seulement comme poëte, mais aussi comme peintre. »

Malheureusement pour Salvator, l'adversité ne l'avait pas rendu bienveillant, et si la nature l'avait richement doué en fait de poésie, elle avait été plus libérale encore en fait de vanité. Comme improvisateur, nul ne l'a surpassé; don funeste pour lui, parce que sa vanité le rendant toujours mécontent de sa position, qu'il ne trouvait jamais à la hauteur de son mérite, il lui échappa souvent dans ses improvisations des mots blessants, ou de trahir des prétentions ridicules; les uns lui firent d'irréconciliables ennemis, les autres lui attirèrent un méprisant dédain.

Salvator Rosa est un des types les mieux caractérisés des défauts qu'à tort ou à raison, on reproche au *genus irritabile* des lettres et des arts. Sans éducation, et parti des classes les plus infimes de la société, il dut tout à lui-même; mais au lieu d'en ressentir le légitime orgueil d'un esprit élevé, il en conçut toute la vanité d'un parvenu; son indépendance était de l'insolence; pour prouver qu'il ne reconnaissait aucune supériorité, il se montrait grossier envers les grands personnages qui venaient visiter son atelier; et, cependant, jamais artiste ne fut moins indépendant par caractère, jamais homme ne mit plus de prix aux distinctions que la société accorde au rang, à la fortune, à l'intelligence. Avide de louanges, il les recherchait, il les sollicitait, et jamais ne les trouvait à la hauteur de son mérite ; il ne vivait que dans l'opinion d'autrui, c'était sa constante préoccupation, et la moindre critique, la plus légère piqûre à son amour-propre, le rendait insensible au plus brillant succès.

Un jour, un cardinal qui était venu visiter son atelier s'arrêta de préférence devant de petits tableaux, sortes de *pochades* dans lesquelles Salvator Rosa excellait ; puis, passant devant un grand tableau d'histoire, il en demanda négligemment le prix. « Un million, » s'écria Rosa, rouge de colère de l'indifférence que le cardinal avait montrée pour son œuvre capitale. Le cardinal se le tint pour dit ; il s'en alla et ne revint plus.

Une autre fois, un grand seigneur marchande un tableau et ne se décide pas à l'instant à en donner le prix que demandait Salvator. Le lendemain il revient, et Salvator demande cent écus de plus ; le surlendemain, nouvelle augmentation ; l'acheteur s'étonne, et Salvator lui répond : « Nous ne nous entendrons jamais, et, pour en finir, vous n'aurez pas ce tableau, » disant cela, il creva la toile.

De pareils traits font comprendre combien fut malheureuse la vie de ce peintre, malgré ses succès, malgré les richesses qu'il recevait de toutes parts ; mais, en même temps, on entrevoit aussi quels puissants stimulants Salvator dut trouver dans l'excessive vanité et la susceptibilité jalouse qui le dévoraient. C'était une ardeur incessante qui lui fit faire dans sa carrière d'artiste des pas de géant ; malheureusement elle lui fit aussi négliger les études sérieuses qui auraient légitimé et assuré ses succès.

Rosa peignit de verve, et il fut toujours faible dessinateur ;

il y a dans ses compositions une fougue fiévreuse, une hâte de faire, qui saisit l'imagination au premier coup d'œil ; mais qui diminue considérablement l'intérêt du tableau lorsqu'on l'examine avec soin ; alors ce ne sont pas des beautés qui apparaissent, ce sont des négligences, des défauts. La vérité dans la forme et dans la couleur est souvent sacrifiée au besoin de saisir l'imagination, comme dans l'improvisation, la précision et la correction du langage font place aux mots à effet. Ce qui charme l'artiste vraiment passionné pour la nature, cette recherche des harmonies, cette poursuite du beau jusque dans les moindres détails, c'est précisément ce que Salvator Rosa sacrifie aux caprices de son imagination désordonnée. On ne peut pas lui contester le mérite d'être un grand artiste, et l'on ne saurait cependant le citer comme un modèle.

Toutefois, il faut remarquer que ces défauts si caractéristiques de son talent, ne se trouvent presque pas dans ses marines ; il y en a de fort belles.

C'est surtout dans les sujets de bataille que son mérite est le plus grand, soit que la fougue de Salvator y soit plus congéniale, soit qu'il ait mis plus de soin dans l'exécution de compositions où il prétendait être sans rival.

Le musée du Louvres possède de lui cette *Grande bataille* que Rome envoya en cadeau au roi de France, Louis XIV. De quelque côté que la vue se porte sur ce vaste théâtre de carnage et de désolation, elle n'aperçoit qu'une horrible mêlée d'hommes avides de sang, luttant corps à corps, et dont la férocité se peint sur les traits du vaincu avec une expression de rage qui défie le vainqueur ; le premier plan est jonché de cadavres et de débris d'armures ; tout près s'élève une colonnade en ruine, et non loin du champ de bataille, à l'extrémité d'une plaine dominée par des montagnes incultes, des vaisseaux embrasés dans une anse exhalent une épaisse fumée dont les tourbillons, épars dans l'atmosphère, étendent sur le lieu de la scène un voile funèbre qui semble n'intercepter la lumière du ciel que pour redoubler l'horreur de l'action. C'est un chef-d'œuvre supérieur à tout ce que Rosa a fait comme paysagiste.

De son temps, il eut une réputation fort au-dessus de celle des Poussin et de Claude Lorrain ; aujourd'hui les connaisseurs le placent fort au-dessous de ces artistes.

Tous les quatre vivaient à Rome en même temps, dans le même quartier et, pour ainsi dire, porte à porte. Salvator Rosa, dans l'année 1652, époque de sa plus grande prospérité, acheta sur le Monte Pincio une magnifique maison, placée entre celles de Nicolas Poussin et de Claude Lorrain, en face du palais que Fédérigo Zuccaro, ce premier président de l'Académie de Saint-Luc, avait fait bâtir à l'angle de la place de la Trinité. « On pourrait à peine imaginer, dit lady Morgan, un site mieux calculé pour la demeure d'un peintre que ce Monte Pincio qui, dans le cercle de son vaste horizon, offrait à la fois les vues les plus magnifiques et les plus pittoresques. Des monuments qui évoquent le souvenir des événements les plus importants de l'histoire : le Capitole et le Champ de Mars, les bosquets du mont Quirinal et le dôme de Saint-Pierre ; les palais ruinés des césars et les fastueuses maisons de plaisance des princes de l'Église. Tel était alors, comme à présent, le tableau des objets incomparables que présentait le Pincio. Mais la noble terrasse qui couronne ses avenues et rappelle la mémoire d'Aurélien et les fêtes de Bélisaire, offrait, dans ces temps, un aspect bien différent d'aujourd'hui. Alors, tout était frais et splendide dans ce site enchanteur ; les salles de la villa Médicis, dont les échos ne répètent maintenant que les pas de quelques étudiants français, étaient la demeure brillante et splendide du cardinal Carlo de Médicis, surnommé le cardinal de la Toscane. Ses serviteurs et ses courtisans remplissaient les cours, les jardins et les portiques, mêlant les uniformes éclatants et les riches livrées à l'humble vêtement des moines du couvent de la Trinité. Les bois délicieux et les jardins de la villa Médicis couvraient presque une lieue d'étendue, et parmi les ombres des cyprès, au milieu des arbrisseaux arrosés par des sources limpides, toutes les statues antiques qui forment aujourd'hui les plus précieux trésors de la galerie de Florence, étaient exposées aux regards du public : la Niobé, les Lutteurs[1], la Vénus, et aussi ce magnifique vase connu sous le nom de Médicis.

En sortant des berceaux ombragés et des agréables terrasses de la villa Médicis, la villa Borghèse s'offre aux regards et attire les pas vers son brillant paradis. La voluptueuse résidence des Borghèse se présentait sous un tout autre aspect qu'elle ne le fait aujourd'hui ; l'abandon n'avait pas laissé ternir les belles fresques des pavillons ; la négligence n'avait pas souffert que ses sources tarissent, et que les eaux de ses belles fontaines se corrompissent en mares pestilentielles. Dans cette délicieuse retraite du cardinal Borghèse, tout respirait, tout exprimait cette pompe et ce faste que les grands de l'Eglise déployaient à l'envi les uns des autres. »

C'est dans cet admirable site, au milieu de tant de souvenirs propres à inspirer les plus grandes et les plus poétiques pensées, en face de la nature la plus splendide, que vivaient les quatre plus grands peintres dont Rome pouvait alors s'enorgueillir.

La vie que Salvator Rosa menait dans sa magnifique maison du Pincio était fort différente de celle des Poussin ; ceux-ci vivaient simplement, mais entourés des hommes les plus dis-

---

[1] Les *Lutteurs* sont un groupe de deux fils de Niobé ; on suppose que l'artiste grec les a représentés jouant, au moment où la même flèche les transperce tous deux.

tingués par l'éducation et l'esprit ; ils se souciaient peu du bruit du monde ; en un mot, ils étaient dans leur vie domestique ce qu'ils se montrèrent dans leurs œuvres : des artistes aimant l'étude, pleins de noblesse et de probité, de vrais philosophes.

On raconte que Nicolas Poussin, reconduisant à sa porte un prélat qui s'était oublié à causer avec lui jusque fort avant dans la nuit, s'excusa de n'avoir pour l'éclairer qu'une chandelle qu'il tenait à la main : « Je vous plains, lui dit le prélat, de n'avoir pas un seul domestique. »—« Et moi, répondit Poussin, je plains bien davantage Votre Eminence d'en avoir un si grand nombre. » Nicolas Poussin demandait pour ses tableaux souvent moins qu'on ne les lui payait. Salvator trouvait que jamais les siens ne lui étaient assez payés. Il menait un train de prince, et semblait, par son luxe et ses mœurs relâchées, vouloir braver ses ennemis, autant qu'il se plaisait à les exciter par ses satires et ses bons mots.

Dans ses œuvres littéraires, il attaquait de front l'esprit faux et maniéré de son époque. Le chevalier Marini était mort depuis peu d'années — 1625 — mais son influence était encore toute-puissante, et Bernini la continuait dans les arts et dans les lettres. Salvator se mit avec lui en hostilité ouverte. C'était chez lui beaucoup moins l'amour du beau et du bon, le désir d'une réforme, que le besoin de critiquer ; esprit âcre et ardent, il saisissait tout les sujets pour donner essor à son mécontentement.

Dans ses satires, il attaquait les mœurs et la société ; dans ses improvisations, il mettait souvent en scène ses ennemis ; dans ses essais dramatiques, il prétendait réformer toute la littérature ; la musique et les musiciens furent aussi l'objet de ses amères critiques.

Sans doute il y avait beaucoup à dire, et les exemples que nous avons vus précédemment du puéril esprit des *seicentisti*, nous ont prouvé qu'il y avait ample matière à réforme. Si Salvator Rosa y eût apporté un esprit sage et bienveillant, son nom serait resté honoré dans les lettres autant qu'il est célèbre dans les arts. Sa versification est facile, la hardiesse de la pensée est saisissante, l'expression est souvent heureuse, et l'indépendance avec laquelle il attaque le vice et les abus excite une généreuse sympathie; mais, de même qu'en tournant en ridicule les *concetti* des *maristes*, il tombe souvent dans le même défaut; en attaquant les vices et les ridicules de son époque, il laisse trop percer que son inspiration provient souvent des mêmes vices qu'il blâme chez son prochain.

Son influence ne s'est pas fait sentir davantage sur les mœurs et la littérature que sur les arts. Ses satires et ses peintures sont des productions pour ainsi dire isolées ; rien en ce style ne les avait précédées, rien ne les a suivies. Son mérite provenait tout entier de son impulsion individuelle ; il n'était pas le résultat de l'étude, ni d'un système mûrement réfléchi ; Salvator a toujours improvisé, c'est-à-dire cédé à l'inspiration du moment, soit qu'il tînt le pinceau, soit qu'il se servît de la plume.

Les principaux tableaux de Salvator Rosa ne sont pas en Italie; c'est l'Angleterre qui possède les plus précieux, entre autres *Job, Régulus, les Devins, Moïse sauvé des eaux* qui appartenait à la galerie d'Orléans, et que le duc de Buckingham acheta, lors de la première révolution française, 62,000 francs; à Paris, au Louvres, se trouvent sa fameuse *Bataille, Saül et la Pythonisse, Tobie et l'Ange;* à Florence, au palais Pitti, *Prométhée* et la *Conjuration de Catilina* (1663) qui est son chef-d'œuvre, une bataille et deux marines, les plus grandes, peut-être aussi les plus belles, qu'il ait peintes. A Rome, on trouve de ses œuvres dans toutes les principales galeries. En général ce sont des sites sauvages, de sombres forêts, des haltes de bandits. « Il avait, dit sir Joshua Reynolds, cette sorte de dignité qui appartient à la nature brute, mais rien de véritablement grand. Dans ses paysages, sa manière était en harmonie parfaite avec le sujet : rochers, arbres, ciel, tout, jusqu'à son *faire,* porte ce caractère de force et de verve qui domine dans ses figures. »

Salvator Rosa mourut le 15 mars 1673.

En 1647, il s'était trouvé à Naples au moment de l'insurrection de Masaniello, et y avait pris une part active. Salvator était jeune, ses amis étaient engagés dans l'insurrection ; la conduite et le caractère de Masaniello, durant les premiers jours de la révolte, étaient bien faits pour séduire un esprit généreux ; il s'enrôla dans la *Compagnie de la mort,* composée en grande partie des élèves de Falcone et commandée par cet artiste lui-même, le meilleur ami de Salvator. Masaniello, à demi-empoisonné, fou furieux par accès, ou profondément mélancolique, quelques jours plus tard fut assassiné dans l'église du couvent del Carmine ; l'insurrection fut vaincue, et ceux qui y avaient joué un rôle s'exilèrent pour échapper à de plus rudes châtiments C'est alors que Salvator vint se fixer définitivement à Rome.

Cette époque a de singuliers rapports avec la nôtre. A deux cents ans de distance, ce sont presque les mêmes événements, seulement quelques-unes des scènes se passent en d'autres lieux.

En 1649, les Anglais proclament la république ; en 1848, ce sont les Français. Mais à ces deux époques, nous voyons l'empire d'Allemagne en proie à de terribles convulsions ; l'Espagne est le théâtre de la guerre civile ; insurrection en Catalogne, insurrection en Sicile, insurrection à Naples. Dans toute l'Europe se manifeste un esprit de révolution. « Presque partout, dit Sismondi, parlant de l'état de l'Europe au milieu du dix-septième siècle, presque partout l'inquiétude et la souffrance avaient soulevé les peuples contre des abus intolérables, avant qu'ils eussent assez de connaissances pour réformer leurs gouvernements ou en fonder de nouveaux sur d'autres principes. La populace se mit à la tête des insurrections et leur donna un caractère effrayant. Les hommes d'un ordre supérieur qui, plus qu'elle encore, avaient besoin de liberté, abandonnèrent cependant une cause trop souvent souillée par des crimes; ils voyaient d'une part l'étendard du despotisme, de l'autre celui de l'anarchie, et ils ne savaient sous lequel se ranger[1]. » —Ces paroles de notre illustre concitoyen ne s'appliquent-elles pas aussi bien à l'année 1848 qu'à l'an 1648, si ce n'est que, de nos jours, l'étendard du despotisme n'est pas du côté des princes?

RÉSUMÉ.

Selon toute probabilité les anciens, ou n'ont pas connu la peinture du paysage, ou ne l'ont pas envisagée comme un genre distinct; on ne voit même d'après aucun document authentique que, depuis la renaissance de l'art chez les modernes, jusqu'au temps de Giorgione et du Titien, c'est-à-dire dans l'espace du treizième siècle au commencement du seizième, le paysage ait été traité autrement que comme accessoire, ou simplement pour servir de fond à des compositions historiques.

Giorgione et le Titien, créateurs de l'école de Venise, furent les premiers qui firent du paysage proprement dit, surtout le Titien, qui a laissé en ce genre d'admirables productions.

---

[1] Sismondi, Histoire des Républiques italiennes.

C'est donc vers le commencement du seizième siècle, et dans l'école vénitienne, que le paysage est pour la première fois traité comme un genre distinct, et que, sous les pinceaux du Titien, de Schiavone et principalement de Campagnola, il tend à s'affranchir de l'état d'infériorité où il était resté jusqu'alors.

Sur ces entrefaites, Muziano, peintre d'histoire (originaire de Brescia) vient à Venise étudier le coloris; il s'instruit en même temps dans la pratique du paysage et, se fixant à Rome, il y introduit cette nouvelle branche de peinture, que le Baroccio et Fédérigo Zuccaro perfectionnent après lui.

Ce genre n'était pas cependant tout à fait inconnu à Rome. Du temps même de Raphaël, Van Orley, et bientôt après lui Van Vos, élève du Tintoret, l'y avaient pratiqué. Tous deux le portèrent en Flandres, où il fit de rapides progrès. Parmi leurs élèves étaient Mathieu et Paul Bril, qui vinrent à Rome comme le faisaient presque tous les peintres en Europe. Matthieu, par ses ouvrages au Vatican, donna au paysage une importance qu'il n'avait pas encore eue, et son frère cadet, Paul, le perfectionna par la fraîcheur de son coloris, le choix des sujets et son style.

C'est encore à l'école de Venise que les Carrache, fondateurs de l'école bolonaise, étudient la science du paysagiste. Annibal, celui d'entre eux qui a le plus fait en ce genre, se trouve à Rome en même temps que Paul Bril; tout en indiquant à celui-ci une manière plus large, il réforme aussi la sienne; il envisage sous un jour plus vrai la peinture du paysage, et tout en conservant le style élevé qui caractérise l'école bolonaise, il se rapproche de la nature, que Bril, à son tour, traduisait trop littéralement.

Parmi les artistes de l'école des Carrache, le Dominiquin, l'Albane et les deux Mola se distinguent comme paysagistes, le Dominiquin surtout, qui contribua puissamment aux progrès du paysage, en embellissant ses sujets de figures historiques, et plus encore en se rapprochant beaucoup de l'imitation de la nature, sans jamais lui sacrifier l'élégance ni la noble simplicité de ses compositions.

Ainsi, au commencement du dix-septième siècle, en Italie c'est l'école bolonaise qui, par le nombre de ses paysagistes et l'excellence de leurs œuvres, cultive avec le plus de succès ce nouveau genre en lui donnant le caractère élevé qui est désigné sous le nom de *paysage historique*. L'école flamande, nombreuse à Rome, suit la voie que Elzheimer et les deux Bril lui avaient tracée. Poelenburg et Breughel dit *Velours* en sont les principaux maîtres; elle s'attache à l'imitation exacte de la nature; elle cherche exclusivement la vérité.

C'est au moment où ces deux systèmes, fort opposés l'un à l'autre, se développent, que paraît Nicolas Poussin qui, dès son début, atteint la perfection dans le paysage historique en combinant les deux manières, et place ce genre au second rang dans la hiérarchie des diverses branches de l'art.

Claude Lorrain va beaucoup plus loin que Poussin dans le coloris, et sans se rapprocher plus que lui de l'école *naturaliste*, il donne à la représentation de la nature un charme et une valeur qu'elle n'a jamais dépassés.

Tandis que la France s'enorgueillit de la réputation d'artistes, français il est vrai, mais dont le talent s'était formé et se développait en Italie, la Hollande devenait une pépinière de peintres, dont la renommée devait bientôt, sinon éclipser, du moins égaler celle de l'école romaine. Quelques efforts infructueux avaient été tentés à Florence, à Gênes et en Allemagne; le paysage ne s'acclimatait pas dans ces pays.

Persévérant dans cette double voie qu'il suivait en Italie et en Hollande, le paysage *historique* a pour maître Nicolas Poussin; le paysage *naturaliste* prend pour modèle Wynantz.

Ce second genre commence à se subdiviser en plusieurs branches : les pastorales de Stella, les fêtes de village de Téniers, les scènes d'intérieur, les animaux, les fruits et les fleurs.

Autrefois on avait vu les grands maîtres embrasser non-seulement toutes les branches d'un art, mais plusieurs arts. Raphaël, Michel-Ange, Jules Romain et tant d'autres, étaient à la fois peintres, architectes, statuaires, et nous avons vu que Léonard de Vinci réunissait de plus des connaissances très-supérieures en médecine, en mathématiques, en philosophie, en musique, en physique, en poésie ; c'était, selon l'expression moderne, un homme encyclopédique.

Mais plus nous avançons, plus nous voyons au contraire se rétrécir le domaine que cultive chaque artiste. Claude Lorrain ne savait pas peindre la figure, et bientôt après lui, tel autre artiste ne savait peindre ni la figure ni les animaux ; tel qui excellait à faire un ciel, ne pouvait pas peindre un arbre ou représenter un ruisseau. D'artistes dans le sens le plus général du mot, les peintres devinrent des hommes spéciaux ; de là ces associations de deux ou trois peintres pour faire un tableau ; de là ces séparations de genre qui eussent bien étonné l'école romaine dans ses beaux jours. Comme Raphaël aurait haussé les épaules si on lui avait proposé de peindre pour lui ce lion que l'Amour conduit en laisse[1] ! Snyders n'eût pas fait mieux, et pourtant Raphaël ne se donnait pas pour peintre d'animaux. Que Benvenuto Cellini eut ri de bon cœur, si on lui eût proposé de faire dessiner par un autre les sujets qu'il devait ciseler ! La division du travail a fait des merveilles dans l'industrie, mais dans les arts c'est autre chose.

Dans le milieu du dix-septième siècle, le paysage continua à prendre plus d'importance. En Hollande et en Flandre, à

---

[1] A la Farnésina.

côté de Wynantz et de Téniers, on voit paraître Cuyp, Ostade, Booth et Asselyn; ces deux derniers, sans s'écarter de la vérité, profitent de leurs études à Rome pour ennoblir leur style.

Gaspard Poussin et Salvator Rosa soutiennent l'école romaine, non pas à la hauteur où Nicolas Poussin et Claude Lorrain l'ont portée, mais à un degré de mérite inconnu avant ces deux grands maîtres. Le Guaspre retrace des lieux dont l'aspect tour à tour riant ou solitaire, touche le cœur et l'émeut agréablement; moins savant que Nicolas, moins brillant que le Lorrain, il satisfait le goût et la raison. Salvator Rosa, génie audacieux et bizarre, n'ambitionne point de plaire; il aspire à étonner, à subjuguer, à épouvanter.

La France commence à se former une école. Sébastien Bourdon, de retour de Rome, peint le paysage avec succès. Original dans ses compositions, il est trop étranger à l'étude de la nature; il peint de convention, mais avec talent.

Pierre Patel imite Claude Lorrain; ses paysages ont de l'élégance, de la fraîcheur, mais ce ne sont là que des essais.

C'est la Hollande, c'est la Flandre qui l'emportent sur toutes les écoles. La décadence de l'école romaine est complète; l'Italie ne compte plus en ce genre qu'un seul artiste digne d'être cité, c'est Canaletto. La France, dont le goût a été dépravé par la régence et Louis XV, ne voit plus que les bergeries de Vatteau, qui valent, au point de vue de l'art, ce que valent dans la littérature les bergeries de Mme Deshoulières, ou celles de Florian.

L'école hollandaise voit successivement les clairs de lune de Vander-Neer; les chasses de Wouwermans, ses combats de cavalerie; les troupeaux de Berghem; les animaux de Paul Potter; les marines de Backuisen, de Van den Velde; les places publiques de Heyden; les pâturages d'Adrien Van den Velde, de Karel du Jardin; les forêts et les chutes d'eau d'Everdingen, de Ruisdaël, d'Hobbéma. Et combien d'autres artistes, sans avoir comme ces derniers créé chacun un genre spécial dans les scènes familières de la nature, contribuent néanmoins à la célébrité de cette école : Weenix, Becker, Moucheron, Van Hagen, Van Oost, Snyders et beaucoup d'autres, tous compatriotes et contemporains ; ce sont, après Nicolas Poussin et Claude Lorrain, les plus brillants modèles du paysagiste dans toutes les branches de l'art. Le milieu du dix-septième siècle est l'époque où le paysage a atteint son plus haut degré de perfection, comme le commencement du seizième l'a été pour la peinture de haut style.

Immédiatement après on entre dans la période de décadence. Il y a bien encore des artistes d'un incontestable mérite, mais l'originalité leur manque ; ils ne continuent pas l'impulsion que leurs prédécesseurs ont donnée à l'art, ils la reçoivent ; ils imitent, et l'on sait à quoi aboutit l'imitation : à la médiocrité.

Quand le dernier paysagiste hollandais, Van Huisum (né en 1690) vint au monde, Wynantz, Wouwermans, Paul Potter, Van den Velde, Karel du Jardin, Ruisdaël, étaient tous descendus dans la tombe.

L'Italie avait également à déplorer la perte de N. Poussin, du Guaspre, de Salvator Rosa ; Claude Lorrain les avait suivis de bien près, et avec lui le paysage historique avait perdu son dernier maître.

ÉCOLE DE NAPLES.

La culture des arts était beaucoup plus ancienne à Naples qu'à Rome; les beaux-arts dans l'antiquité avaient acquis un développement plus complet dans la *grande Grèce* et la Sicile que dans tout le reste de l'Italie; ce qu'on y a retrouvé d'anciens monuments, de vases, de mosaïques, surpasse en nombre tout ce qui a été découvert ailleurs. L'origine de cette école remonte donc jusqu'aux Grecs; on prétend même que le dessin s'était perfectionné à Naples et en Sicile longtemps avant de l'être à Athènes.

Mais si, dans l'antiquité et même jusqu'au douzième siècle, Naples fut supérieure à tout le reste de l'Italie dans la culture des beaux-arts, elle perdit cette prééminence à dater de la Renaissance; et, une fois l'art arrivé à sa perfection au seizième siècle, le mérite de l'école napolitaine ne fut plus qu'un mérite d'emprunt; les artistes éminents que leur naissance classerait dans l'école napolitaine, appartiennent de fait, par leurs ouvrages et leur séjour hors de leur patrie, à d'autres écoles. D'un autre côté, les artistes qui ont le plus illustré Naples par leurs travaux, Giotto, le Caravaggio, Lanfranc, Guido Reni, Annibal Carrache, l'Espagnolet, le Dominiquin, sont tous étrangers à cette ville, où ils n'ont séjourné qu'accidentellement.

Ainsi, l'éclat de l'école napolitaine est un éclat d'emprunt, ou, pour mieux dire, il n'y a pas d'école napolitaine, en ce sens qu'il n'y a pas eu une doctrine, un système sanctionné par un nom illustre, adopté par un certain nombre d'artistes et constituant ainsi un style original, comme cela est arrivé à Léonard de Vinci, Michel-Ange, Raphaël, Correggio et le Titien; plus tard, à Nicolas Poussin, Claude Lorrain et les Carrache : l'histoire de l'école napolitaine n'est, à vrai dire, que la biographie de quelques peintres célèbres, souvent en opposition directe les uns avec les autres sur les théories de l'art, comme l'ont été Annibal Carrache et M.-A. Caravaggio.

Le premier monument de l'art à l'époque de la Renaissance, Naples le dut à un peintre étranger, à Giotto. C'étaient les fresques de l'église de Sainte-Clair, qu'il peignit, en 1325, dans toute la maturité de son talent, à la demande de Robert II, troisième roi de la ligne d'Anjou, quand Jeanne Ire de Naples, la Marie Stuart de l'Italie, dont plus tard Giotto fit le portrait, était une enfant de huit ou neuf ans. Ces fresques étaient une des œuvres capitales de Giotto et l'un des monuments les plus intéressants dans l'histoire de l'art; malheureusement, au commencement du siècle dernier, l'abbesse de Sainte-Clair s'imagina que l'église était trop sombre et que ses splendeurs gagneraient beaucoup à avoir un peu plus de lumière ; on recouvrit de blanc les murailles qu'assombrissaient les fresques de Giotto, et l'on vit beaucoup plus clair, du moment qu'il n'y eut plus rien à voir. Il n'est resté de ces peintures qu'une figure de madone. Tous les autres ouvrages que Giotto fit à Naples ont également disparu, sauf à l'Incoronata.

Le Florentin Giotto avait introduit à Naples le style de la Renaissance, le Pérugin y fut le précurseur de l'art moderne. Il peignit dans la cathédrale une *Assomption de la Vierge*, qu'on y voit encore, et qui servit longtemps de modèle aux artistes napolitains.

Parmi ceux-ci, il y eut des hommes de talent, mais aucun ne s'est élevé bien haut. Il y a dans le caractère national une fougue, une verve, très-favorables sans doute au goût des beaux-arts, mais écueils dangereux dans la pratique, car rien n'est moins sympathique à cette ardeur que l'étude sérieuse et approfondie.

Le Zingaro est le seul peintre napolitain digne d'être nommé dans ce quinzième siècle, si riche en talents, surtout en talents fructueux, en véritable science, en esprit progressif. Sa vie très-romantique a de singuliers rapports avec celle de Quintin Metzis, l'auteur du célèbre tableau des Avares (the Misers), qui est à Windsor[1] : comme lui, il était forgeron et devint amoureux de la fille d'un peintre; comme lui, il se fit peintre pour obtenir la main de sa belle; et pour que rien ne manquât au roman, on dit que la reine de Naples intervint, dea ex machinâ, pour couronner la fidélité du Zingaro, revenu dans son pays, riche et célèbre, après dix années d'exil, de travaux et d'épreuves. Le Zingaro a laissé un grand nombre de peintures, dont le style original a reçu d'après lui le nom de Zingaresque.

Au moment où il mourut, Antonello de Messine, fils et petit-fils de peintre, rapportait en Italie le secret de la peinture à l'huile. C'est à Naples qu'il avait vu, en 1442 ou 1443[2], à la cour de Robert, le tableau que Van Eyck venait d'envoyer au roi : il était aussitôt parti pour la Flandre pour découvrir le secret de ce merveilleux procédé; on se rappelle qu'à son passage à Venise, lors de son retour, il l'avait communiqué à son ami Domenico, lequel, à son tour, en fit part au Florentin Andréa del Castagno, et que celui-ci assassina Domenico, pour rester seul possesseur du secret.

[1] Qu'on ferait mieux de nommer les *Usuriers*.

[2] Évidemment Lanzi fait erreur en disant 1440, puisque le tableau pour le roi de Naples ne fut fait qu'en 1442.

Vers le milieu du seizième siècle, après que la peinture eut pris son plus grand, son plus beau développement, non-seulement à Rome, mais à Florence, à Venise, à Mantoue, à Vérone, à Ferrare, à Milan, à Parme, partout où il y avait une école, celle de Naples offrit moins d'originalité que les autres, mais non pas moins d'éclat; elle reproduisit les principales qualités des meilleures écoles, selon que ses artistes rapportaient dans leur patrie le style des maîtres étrangers sous lesquels ils avaient été se perfectionner, ou que le roi, les seigneurs et les corporations religieuses appelaient à Naples les meilleurs peintres de l'Italie.

A cette époque, comme aux temps de Giotto et du Pérugin, c'est encore l'influence étrangère qui domine dans l'école napolitaine. Grâce à quelques-uns des élèves de Raphaël, auxquels vinrent se joindre, vers le milieu du siècle, quelques imitateurs de Michel-Ange, Naples fut une des premières villes à profiter des progrès que les travaux au Vatican et à la chapelle Sixtine avaient fait faire à la peinture. Polydore et Penni (il Fattore), ces deux artistes si distingués parmi les nombreux collaborateurs de Raphaël, chassés de Rome par les désastres qui dispersèrent l'école dans toute l'Italie, se réfugièrent, le premier en Sicile, à Messine, où il fonda une école; le second à Naples, où il mourut l'année suivante (1528). Quelque court qu'ait été son séjour à Naples, la peinture en ressentit vivement l'influence.

Penni avait apporté avec lui une copie de la *Transfiguration*, un parfait fac-simile de l'original; cet immortel chef-d'œuvre servit ainsi de modèle aux peintres napolitains [1].

Au commencement du dix-septième siècle, ce n'était plus

---

[1] Cette copie avait été faite pour François Ier, mais Penni la vendit à Naples, d'où elle a été emportée en Espagne.

de Michel-Ange, de Raphaël et du Titien que s'inspiraient les beaux-arts à Naples, mais du Tintoret et du Caravaggio ; commencement de décadence, si l'on compare le Tintoret et le Caravaggio à leurs prédécesseurs, mais époque brillante par rapport à la génération qui suivit.

Le Caravaggio avait fait à Naples un séjour dont je dirai tout à l'heure quelques mots. Son influence fut toute-puissante. L'école napolitaine était riche d'invention, mais trop ignorante du dessin et trop peu versée dans les hautes connaissances de l'art, pour s'élever à la hauteur de l'école de Rome ou de Florence. La plupart de ses peintres s'adonnèrent exclusivement à l'imitation de la nature; à l'exemple du Caravaggio, ils prirent leurs modèles chez le peuple, cherchant le pittoresque plutôt que le beau, s'attachant à rendre avec vérité l'expression des physionomies, mais sans choix et jamais avec cette pureté de goût, cette élévation de pensée si admirable chez Raphaël qui, lui aussi, ne faisait cependant rien que d'après nature.

L'école napolitaine a varié dans ses principes quant au coloris ; sous ce rapport, le Caravaggio était l'un des plus grands maîtres, non-seulement parmi ses contemporains, mais aussi entre tous ses prédécesseurs.

Presqu'en même temps que le Caravaggio, Annibal Carrache était venu à Naples ; de sorte que les trois grandes écoles qui florissaient alors, celle de Venise, de Bologne, et le naturalisme du Caravaggio qui s'introduisait partout, eurent des représentants à Naples. Ces trois styles furent adoptés par les trois peintres les plus accrédités : Corenzio, Ribéra et Caracciolo.

Ribéra seul, plus connu sous le nom de l'*Espagnolet*, mérite d'être mentionné comme artiste, mais la ligue que formèrent ces trois peintres, les violences inouïes qu'ils commirent sur leurs rivaux, ne permettent pas de passer les deux autres sous silence. Pendant qu'ils florissaient, le Guide, le Dominiquin, Lanfranc, vinrent à Naples et y formèrent quelques élèves.

Le temps qui s'écoula de Correnzio à Giordano, est l'époque la plus brillante dans l'histoire de l'école napolitaine ; elle en fut aussi la plus funeste si l'on considère, d'un côté le nombre des artistes distingués et leurs productions, de l'autre, les intrigues méprisables, les actions abominables qui la signalèrent. J'emprunte sur ce sujet quelques détails à lady Morgan ; les faits qu'elle raconte sont exacts, et elle les a groupés d'une manière intéressante.

Dans la première moitié du dix-septième siècle, le style de l'école napolitaine était purement caravagesque ; l'influence de cet homme brutal et colérique, comme l'appelle l'historien Bellori (uomo intrattabile e brutale), provenait de l'affaiblissement de l'école qui l'avait précédé ; il fallait, pour relever l'art, un style nouveau, énergique, un coloris puissant, capable de fasciner les regards, en un mot, ce contraste vif entre ce qui est et ce qui va être, qui éveille l'imagination. La peinture du Caravaggio offrait tout cela ; elle devait d'autant plus séduire les peintres napolitains, qu'ils étaient plus enclins à cette vulgarité inhérente à ce système, dont le fond est l'imitation exacte mais sans choix du sujet : *la vérité et l'expression* aux dépens de la beauté.

Le Caravaggio était venu à Naples (en 1605 ou 1606), fuyant de Rome pour se soustraire aux conséquences d'un homicide ; il ne se défit pas en route de ses violentes passions, et ses succès à Naples, la haute position que lui donnèrent ses talents, enflammèrent encore l'orgueil et l'irascibilité de cet homme, d'autant plus ombrageux qu'il était parti de plus bas, et sans éducation.

C'était un duelliste de profession, ou plutôt un spadassin, mais loin de lui faire du tort auprès des artistes napolitains, ce lui fut un élément de succès de plus.

Le Caravaggio se rendit à Malte ; il y fut créé chevalier, et à la suite d'une nouvelle querelle dans laquelle il blessa grièvement son adversaire, il fut jeté en prison. Après s'être échappé de son cachot, il revint à Naples. Ce second séjour fut très-court. A peine arrivé, le Caravaggio se prit de querelle avec des militaires, dans un cabaret ; le sang coula, lui-même fut blessé et obligé de se sauver dans une felouque, qui mit aussitôt à la voile, et le débarqua à Porto-Ercole, sur les frontières de la Toscane.

Ses élèves napolitains prirent, avec son style, ses manières et ses mœurs, et comme lui se servirent du poignard aussi bien que du pinceau.

Il fallut, bon gré malgré, applaudir à leurs ouvrages ; malheur à qui les critiquait, et surtout malheur à l'artiste étranger qui acceptait des commandes à Naples ! Les artistes napolitains formèrent ainsi une troupe de véritables bandits, dont les trois peintres que je viens de nommer, Corenzio, Ribéra et Caracciolo furent les chefs : Corenzio était Grec, Caracciolo, Napolitain, Ribeira, Espagnol, d'où lui est venu le surnom d'*Espagnolet*.

Ribéra (ou Ribeira) est un des plus grands artistes du dix-septième siècle ; on voit de lui, dans la chapelle royale à Naples, le *Martyre de saint Janvier ;* c'est une magnifique peinture ; mais, comme si les mauvaises passions et les mœurs brutales de ses associés, aussi bien que les siennes, avaient influé jusque sur le choix de ses sujets, il se complut à représenter tout ce que l'imagination peut suggérer de plus hideux et de plus cruel.

La partialité nationale du vice-roi espagnol qui gouvernait le royaume de Naples, distingua bientôt l'*Espagnolet* entre tous les autres artistes, auxquels, il faut le dire, il était grandement supérieur, Ribéra fut nommé peintre de la cour, comblé d'honneurs, richement rétribué, et il se trouva ainsi placé à la tête de sa profession, exerçant une sorte de suprématie sur tous les peintres, plus encore par son crédit que par ses talents.

Une si brillante position, due surtout à la faveur, excitait l'inquiétude de Ribéra, qui voyait dans tout artiste de talent un rival aspirant à le supplanter.

Son esprit jaloux se communiquant à tous ceux qui s'étaient attachés à son sort, il en résulta que bientôt ces artistes formèrent une sorte de ligue offensive contre quiconque n'était pas des leurs. Tous les moyens leur étaient bons, jusqu'à l'assassinat. Corenzio fut le membre le plus actif de cette association.

C'était un artiste de quelque habileté, astucieux, fin, ne reculant devant aucun crime, pas plus que devant la honte, et pas assez supérieur dans son art pour ne point redouter la concurrence. Il fut l'exécuteur des sinistres complots de Ribéra. Ce que le peintre de la cour, devenu un grand personnage, n'aurait pu risquer lui-même, Corenzio le faisait pour lui. Il fut son *alter ego*, ou, pour me servir d'une locution populaire et singulièrement à propos ici, il fut son *âme damnée*.

Ribéra voulait chasser de Naples tous les hommes à talent qui ne sortaient pas de son école ou ne le reconnaissaient pas pour chef. Soutenu par son crédit auprès du vice-roi et par ses élèves spadassins prêts à tout entreprendre pour la cause commune, il donna pleine carrière à ses mauvaises passions.

L'exécution des ouvrages publics, les tableaux d'autel et la décoration des églises était l'objet de la plus haute ambition des peintres ; outre le profit, c'était le plus sûr moyen de s'illustrer ; or, à l'époque dont nous parlons, il y avait à Naples de très-grands travaux en ce genre, commencés ou prêts à l'être. Les grandes églises du « Spirito santo » et du « Gesù nuovo » et le chœur de la Chartreuse devaient être décorés de peintures, mais l'entreprise la plus vivement convoitée, et qui échappait à l'influence de la cabale, c'était la chapelle royale du *Duomo*, Saint-Janvier, l'église populaire, l'objet de la vénération nationale.

Annibal Carrache avait été appelé à Naples, pour faire les fresques des églises de *Spirito santo* et de *Gesù nuovo*. Annibal Carrache était alors la plus grande illustration parmi ses contemporains; la voix publique l'avait désigné pour une œuvre qui touchait à l'honneur national; tout le peuple napolitain se passionnait pour ses travaux; mais la cabale était puissante; les intrigues, les persécutions, les violences de Ribéra et de ses acolytes l'emportèrent; Annibal Carrache fut abreuvé de dégoûts; le dédain et l'injustice que lui témoignèrent les artistes et les membres de la *fabrique* le décidèrent à quitter Naples; il y était arrivé malade de chagrin du traitement qu'il avait reçu du cardinal Farnèse, celui qu'il éprouva à Naples l'acheva; à peine de retour à Rome, il y mourut, en 1609.

Le chevalier d'Arpino fut chargé des travaux de la chapelle royale, mais il était encore bien loin d'avoir terminé les premières fresques, lorsqu'il fut forcé de prendre la fuite, pour échapper aux violences dont il était journellement menacé.

Guido Reni, élève d'Annibal Carrache, fut nommé pour remplacer d'Arpino. Peu de jours après son arrivée, deux inconnus rouèrent de coups son valet et lui firent dire, par cet infortuné, que, s'il ne repartait sur-le-champ, il n'avait qu'à se préparer à mourir. Guido partit.

Son élève Gessi eut le courage d'écrire de Rome pour demander de continuer les travaux qui avaient été confiés à son maître; on accepta son offre, et il arriva à Naples accompagné de deux artistes qui devaient lui servir d'aides. Un jour, ceux-ci se promenant sur le port avec des gens dont ils avaient fait la connaissance la veille d'une manière fort agréable, furent invités par eux à visiter une galère qui venait de jeter l'ancre à l'entrée de la rade. Cette politesse est acceptée avec plaisir ; on se rend à bord, et aussitôt la galère de mettre à la voile ; jamais on ne l'a revue ; jamais on n'est parvenu à découvrir ce que devinrent les deux malheureux artistes. Gessi comprit le sort qu'on lui préparait ; il retourna à Rome.

Les *cavalieri deputati*, c'était le titre des administrateurs de la fabrique, se tinrent pour vaincus ; la cabale l'emportait de haute main ; ils donnèrent l'entreprise au formidable triumvirat. Corenzio et Caracciolo eurent les fresques, Ribéra les grands tableaux d'autel. Mais bientôt la faiblesse des deux premiers fut si évidente, par la comparaison de leur travail avec celui des grands artistes qui avaient commencé l'œuvre, que la voix publique, trop unanime pour être comprimée par la cabale, exigea le renvoi de Corenzio et de Caracciolo. Les administrateurs firent effacer les fresques et appelèrent à Naples le Dominiquin, le plus grand peintre vivant, « comme le seul capable — ce sont les termes de leur lettre — d'accomplir une œuvre qui devait répondre à la piété d'un peuple dévot et honorer la munificence et le bon goût d'un ordre religieux opulent. » En effet, les administrateurs fixèrent un prix extrêmement généreux pour le travail du Dominiquin : cent ducats pour une figure entière, cinquante pour une demi-figure, vingt-cinq pour chaque tête, prix inouïs à cette époque.

Malgré des offres si brillantes, le Dominiquin accepta avec répugnance (1629). Il se rendit à Naples avec la résignation d'un martyr ; le triste pressentiment qui accablait son esprit ne le préparait que trop aux épreuves qu'il allait subir. Placé sous la protection spéciale des membres de la fabrique, logé dans le palais archiépiscopal, adjacent à l'église, le premier jour après son arrivée à Naples, il trouva en rentrant chez lui, dans la serrure de sa porte, un billet à son adresse dans lequel on lui déclarait que s'il ne repartait à l'instant pour Rome, jamais il n'y retournerait vivant.

A l'instant le Dominiquin se rend au palais du vice-roi, demande une audience, et est introduit dans la salle de réception, où les courtisans, et parmi eux les chefs de la cabale, faisaient cercle autour du gouverneur. Le Dominiquin remet à celui-ci le papier qu'il vient de lire, et réclame sa protection au nom de l'Eglise, au service de laquelle il est employé. La publicité de la démarche, et encore plus la publicité des violences dont avaient été victimes les prédécesseurs du Dominiquin, ne permettaient pas au vice-roi d'hésiter. Déjà un des élèves de Ribéra, Francanzani, avait été condamné pour meurtre, à être pendu, et tout le crédit de la cabale n'avait pu obtenir d'autre adoucissement à la sentence que la permission de faire mourir cet assassin par le poison, dans l'intérieur de la prison, pour éviter à ses collègues la honte d'une exécution publique, selon un mode réputé infâme.

Le comte de Monterei donna sa parole de grand d'Espagne que le Dominiquin serait protégé, et déclara que s'attaquer à l'artiste, serait attaquer le gouverneur lui-même.

Dès ce moment, le Dominiquin fut à l'abri des violences ouvertes, mais il devint le but de toutes les tracasseries que l'envie et la malignité peuvent inventer pour empoisonner les jours de ceux qu'elles veulent détruire. Les calomnies contre son caractère, les critiques amères contre ses tableaux, des menaces anonymes, de la cendre qu'on mêlait au crépi sur lequel il devait peindre ses fresques, d'où il arrivait que sa peinture en séchant s'écaillait et tombait; tels furent quelques-uns des misérables moyens que ses ennemis employèrent, en corrompant tous ceux qui vivaient autour du Dominiquin.

Celui-ci toujours bon, mais toujours craintif, s'isolait de plus en plus pour se soustraire à ces persécutions journalières; elles n'étaient pourtant que le prélude de procédés bien autrement graves et calculés avec une infernale habileté.

Rien ne décourageant le Dominiquin, la cabale imagina de le détourner de ses travaux; à cet effet elle engagea le vice-roi à lui commander des tableaux pour la cour de Madrid, c'était placer le Dominiquin sous les ordres de l'Espagnolet qui avait le titre de peintre du roi. Aussitôt que les tableaux étaient un peu plus qu'ébauchés, Ribéra se les faisait apporter au palais sous le prétexte d'inspecter l'œuvre de son subordonné; il ordonnait au Dominiquin de retoucher tantôt une partie, tantôt une autre, puis, sans attendre que les tableaux fussent achevés, il les envoyait à Madrid ainsi défigurés et mutilés.

Le Dominiquin comprit fort bien que c'était sa ruine qu'on avait résolue. Détourné de ses grands travaux par une autorité despotique, poursuivi d'un autre côté par les plaintes des administrateurs de Saint-Janvier qui voyaient les travaux de leur église négligés, enfin, à bout de patience par des persécutions de tous genres et continuelles, il s'enfuit secrètement et se réfugia à Rome.

Il alla chercher un asile sous les ombrages de Frascati, où il résida quelque temps protégé par le cardinal Aldobrandini. Mais sa femme était retenue à Naples comme otage; il avait espéré qu'elle pourrait venir le rejoindre; les administrateurs s'y opposèrent; ils la retinrent, convaincus que c'était le meilleur moyen de forcer le Dominiquin à revenir terminer ses tableaux. En effet, il se résigna à remplir son fatal engagement, il se remit en route l'esprit et le corps malades des persécutions que lui faisaient éprouver ses soi-disant amis et ses ennemis déclarés.

Il travailla pendant trois ans à la coupole, si malheureux, si découragé qu'il n'avait plus de confiance en personne, pas même en sa femme. Lui-même il apprêtait sa nourriture de peur d'être empoisonné; on avait corrompu ses ouvriers, ses domestiques et jusqu'à son neveu, qui demeurait avec lui.

Enfin, en 1641, le Dominiquin mourut *frà mille crepacuori*, dit Passeri..., il paraît que ses ennemis parvinrent à l'empoisonner.

Aussitôt qu'il fut mort, la cabale fit jeter à bas tout son ouvrage de la coupole, et Lanfranc, son ennemi d'enfance, fut chargé de la repeindre ; il n'est resté du Dominiquin que les angles et les tableaux du bas.

Je n'ai pas voulu interrompre le récit des odieuses violences et des intrigues de l'école napolitaine envers les grands maîtres étrangers, pour entrer dans l'appréciation du talent et des travaux de ses principaux artistes. Deux seulement méritent de fixer notre attention, et tous les deux sont étrangers à Naples, c'est Ribéra et Lanfranc; celui-ci, élève des Carrache, appartient essentiellement à l'école bolonaise ; nous en reparlerons quand nous nous occuperons plus spécialement de cette école.

L'Espagnol RIBÉRA, avant de venir à Naples, avait étudié la peinture dans sa petite ville natale, Xativa [1], dans le royaume de Valence, sous un élève d'Annibal Carrache ; on voit qu'au dix-septième siècle, la réputation des artistes italiens s'étendait déjà au loin et n'était plus, comme au commencement du siècle précédent, renfermée dans les limites de l'école ou de la province. Ribéra était donc fort jeune lorsqu'il devint à Naples l'élève du Caravaggio ; ce nouveau style lui fut particulièrement congénial, il était en parfaite harmonie avec les sujets terribles que l'Espagnolet affectionnait de préférence à tous les autres. Plus tard, il alla à Rome ; il y vit les œuvres de Raphaël, les principaux ouvrages d'Annibal Carrache, et ceux du Corrége ; il éleva son style, améliora son dessin, rectifia l'exagération de ses compositions et de ses effets de clair-obscur, mit plus de

---

[1] Maintenant San-Philippo.

choix dans ses modèles; en un mot il devint, sous beaucoup de rapports, supérieur au Caravaggio. Ce fut pour rivaliser avec son maître qu'il fit à la Chartreuse [1] cette belle *Descente de Croix* qui seule, disait Giordano, suffirait pour illustrer un grand artiste et le mettre au niveau des premiers maîtres. La madone agenouillée derrière le Christ est d'une rare beauté.

Cette magnifique peinture, qu'on admire toujours, rappelle encore une de ces mauvaises et ignobles actions dont Ribéra s'est si souvent rendu coupable. En face de ce tableau il y avait une autre *Descente de croix* par un artiste peu connu aujourd'hui, STANZIONI, contemporain de Ribéra, et même un peu son élève. Stanzioni avait merveilleusement réussi dans ce sujet. Ribéra persuada un jour aux moines que cette peinture avait besoin d'être nettoyée, et mêlant à l'eau des substances corrosives, il fit disparaître toutes les nuances délicates; le tableau était détruit. Stanzioni refusa de le restaurer, voulant laisser ainsi un monument de l'infamie de son rival.

Les peintures de l'Espagnolet sont très-nombreuses en Italie et en Espagne.

Dans le chœur de San-Martino, il y a une Sainte-Cène dans le style de Paul Véronèse qui est admirable de couleur et d'expression. Dans le musée de Berlin se trouve un de ses chefs-d'œuvre représentant les préparatifs du martyr de saint Barthélemy. C'est en ce genre que l'Espagnolet excellait, il se complaisait dans les plus horribles spectacles, les exécutions, les tortures, les martyrs, en un mot les boucheries humaines.

Carracciolo était mort peu de temps avant le Dominiquin. Deux ans après, en 1643, Corenzio, vieux, abandonné, décrédité, voulut retoucher une de ses fresques; il était monté sur un échafaudage très-élevé, lorsque, saisi d'un vertige, il

---

[1] San-Martino.

tomba sur le parvis de l'église ; son corps se brisa de la manière la plus affreuse, mais l'artiste vécut encore quelques heures dans les plus atroces douleurs.

Ribéra n'eut pas une fin moins malheureuse ; à la suite d'un violent chagrin de famille, le déshonneur de sa fille, il s'abandonna à une tristesse augmentée par le sentiment des infâmes actions dont il avait souillé sa vie, il ne lui restait dans le cœur ni espoir, ni consolation. Naples lui devint un séjour intolérable ; il s'embarqua, tomba entre les mains des pirates, et jamais on n'a connu sa fin.

C'est ainsi que ces trois hommes ambitieux qui, tantôt par la violence et tantôt par la ruse, avaient formé contre tant d'artistes distingués et honorables le nœud d'une tragédie aussi déplorable que compliquée, ne recueillirent, lorsqu'ils en furent au dernier acte, qu'un fruit amer de leur perfidie.

L'histoire aussi a sa moralité.

Après l'Espagnolet, l'école napolitaine ne compte plus que deux ou trois peintres, de mérite sans doute, mais trop peu transcendants pour que nous devions faire plus que les mentionner ici ; ce sont Aniello Falcone, le maître de Salvator Rosa, Solimène et Giordano ; celui-ci seul mérite une exception.

L'école napolitaine, toujours sous l'influence de l'étranger, adopta le style de Pierre de Cortone, et sa décadence fut encore plus rapide, plus complète que celle de l'école de Florence.

Giordano — 1632 — 1705 — a imité tous les grands maîtres, avec un succès si complet, qu'il est difficile de n'y être pas trompé. Mengs dit qu'il avait peint une sainte Famille dans le style de Raphaël[1] de manière à tromper les plus habiles connaisseurs. Il avait imité avec la même habileté Paul Véro-

---

[1] Ce tableau est Madrid.

nèse, Bassano et le Titien, les plus grands coloristes de l'école vénitienne; Albert Durer, Rubens, Guido Reni, etc. On voit qu'il avait du moins le mérite de bien choisir ses modèles.

Il n'y a presque pas une église, pas un palais à Naples, où l'on ne trouve quelque peinture de Giordano. Sa fécondité égalait sa facilité. Il affirmait que pendant son séjour à Rome, où il avait passé quelques années de sa jeunesse à étudier sous Pierre de Cortone, il avait copié douze fois les *stanze* et les *loggie* de Raphaël, près de vingt fois la bataille de Constantin par Jules Romain, sans parler des fresques de Michel-Ange, de Polydore, et de toutes les études qu'il avait faites pour son propre compte, car la plupart de ces copies lui étaient commandées par de riches étrangers qui voulaient emporter un souvenir de Rome.

La rapidité d'exécution de Giordano est un véritable phénomène; dans toute l'histoire des artistes il ne se trouve rien qui lui soit comparable, et l'on raconte à ce sujet des anecdotes qui ressemblent beaucoup à des plaisanteries d'atelier.

Ainsi, un écrivain rapporte que le père de Giordano, peintre aussi, mais fort médiocre, très-avide de tirer parti du talent de son fils, ne lui accordait pas un instant de repos, et qu'un jour Lucas (c'était le nom de baptême de Giordano) relevant d'une grave maladie et affamé comme un jeune homme et un convalescent peuvent l'être, n'ayant pas la permission d'interrompre son travail pour prendre ses repas, ouvrait la bouche comme l'*aurait fait un merle ou un passereau dans son nid,* et que son père y introduisait les aliments, lui criant toujours dans les oreilles, ces mêmes mots: *Luca fa presto (fais vite).* Cette expression est devenue un sobriquet qui a remplacé le nom de l'artiste, à ce point que dans plusieurs catalogues il n'est pas désigné autrement.

La *Biographie Universelle* raconte une autre anecdote, digne pendant de celle-ci : un jour que Giordano était occupé à peindre un tableau représentant Jésus et ses disciples, il fut interrompu par son père qui l'appelait pour dîner « Lucas, criait le père par une fenêtre, descends tout de suite la soupe va refroidir. — Je suis à vous, répondit le fils, je n'ai plus à faire que les douze apôtres. »

Giordano mourut en 1705.

Dans l'histoire de la peinture il occupe une place très-inférieure, bien qu'il ait eu évidemment presque toutes les qualités qui font les grands maîtres ; mais il lui en a manqué une, la plus essentielle, l'originalité. Sa facilité à concevoir un tableau était aussi grande que sa facilité pour l'exécuter, seulement c'étaient des réminiscences d'autres artistes, sinon des plagiats ; ce n'est pas en lui-même qu'il puisait son inspiration, quoiqu'on ne puisse douter que, bien doué comme il l'était, il n'y eût trouvé toutes les ressources d'un grand talent, si seulement il avait pris la peine de les cultiver. Ses œuvres justifient pleinement cet axiome énoncé plusieurs fois déjà, que la facilité est le plus dangereux écueil que puisse rencontrer un homme de talent.

ÉCOLE DE VENISE.

Que, de tout temps, il y ait eu des peintres à Rome et à Florence, il n'y a là rien qui étonne ; l'art était dans ces villes une tradition plus ou moins effacée de l'antiquité, mais enfin c'était une tradition non interrompue, et quand on parle des écoles de Rome et de Florence au quinzième siècle, nous nous représentons sans peine une succession d'artistes marchant vers le progrès par des voies diverses, tantôt directes, tantôt détournées.

Dans ces foyers de la civilisation, l'art nous paraît la conséquence toute naturelle du développement de la société ; il en suit les phases, il marche de front avec le luxe et la richesse.

Il n'en est pas de même à l'égard de Venise, ville moderne, comparativement parlant, et où l'art n'a pu être une tradition des anciens, comme à Rome et à Florence.

Aussi, lorsqu'on remonte à l'origine de son école, on est frappé d'étonnement en découvrant que dans toutes les villes, dans toutes les bourgades des Etats vénitiens, il y avait des peintres, et en grand nombre, et parmi eux de très-habiles, relativement à leurs contemporains.

Mais entre Venise et Rome, surtout Florence, il y avait cette différence importante que la peinture n'était pas chez les Vénitiens un objet de luxe, ni un art d'agrément; elle n'était pas cultivée pour elle-même, mais pour ses intimes rapports avec le culte religieux. Qu'au seizième siècle l'école vénitienne ait été précisément le contraire, c'est ce que personne ne peut nier; alors son principal trait est le caractère ornemental, qui lui manqua totalement dans son origine; mais au quinzième siècle, et jusqu'aux beaux jours des deux Bellini, elle ne se soutint que par sa connexion avec le culte religieux.

Les peintres travaillaient pour la propagation de la foi; leurs œuvres étaient offertes à l'adoration des fidèles; aussi, à cette époque, l'art n'était-il pas absolument libre de suivre ses inspirations, il y avait des types consacrés par le temps, dont on ne se serait pas écarté peut-être, sans encourir le reproche d'hérésie. On obéissait donc à la routine.

Partout où s'élevait un monument religieux, n'eût-il été qu'un de ces rustiques oratoires placés à l'embranchement d'une route, ou l'une de ces stations en l'honneur du patron de la rue, si fréquentes encore en Italie, le peintre était appelé à le décorer. Sur chaque autel il fallait une représentation de la divinité, ou de la sainteté, sous l'invocation de laquelle il était placé; les murs des églises, même à l'extérieur; les monastères, jusque sous les arcades de leurs cloîtres, jusque dans leurs réfectoires; les oratoires, les chapelles, les crucifix, tout, absolument tout ce qui tenait au culte, de loin ou de près, était du domaine de la peinture.

Bassano, Trévise, Vérone, Brescia étaient des pépinières de peintres; Venise, nous l'avons vu en nous occupant des mosaïstes, n'avait jamais cessé, depuis le dixième siècle, d'encourager les arts. Les îles qui l'entourent, Murano surtout, marquaient par l'excellence de leurs artistes.

Déjà dans ces temps reculés on remarque dans l'école vénitienne une tendance tout à fait différente de ce qu'elle était ailleurs, c'est par l'étude de l'antiquité et la tradition byzantine qu'à Rome et à Florence les artistes de la Renaissance s'approchent de la perfection du *siècle d'or;* c'est par l'étude de la nature que les peintres vénitiens arrivent au même but.

Pour expliquer ce phénomène il faut tenir compte des différences que l'esprit littéraire présente aussi dans ces foyers de la civilisation. La langue vénitienne, le plus euphonique de tous les dialectes italiens, mais d'une naïveté un peu enfantine, ne convenait pas à la haute éloquence, aux œuvres sérieuses, aux actes officiels. C'est le latin qui remplit ce rôle; c'est en latin que les annales de la république furent écrites, en latin que furent prononcés les discours dans les occasions solennelles; cette langue fut si bien considérée comme la seule qui convînt aux sujets sérieux et aux pensées élevées, que le poëme du Dante, la *Divina comedia* fut, à Venise, traduit en latin.

Il se forma ainsi une poésie savante, réservée aux classes privilégiées, et dont l'inspiration, prenant sa source dans les classiques de la Rome païenne, devait être passablement imbue de paganisme et devenir de plus en plus étrangère aux mœurs nationales. Le peuple en fut donc exclu; il eut sa poésie à lui, fondée sur les légendes, comme toute poésie populaire, mais, plus que partout ailleurs, inspirée par un esprit éminemment gracieux, riant, inventif pour la forme et le fonds. Chaque temple, chaque monastère, chaque monument religieux ou national avait son cortége de légendes, qui allait se grossissant de siècle en siècle, et, comme si les traditions locales avaient été insuffisantes, le peuple en rapportait de nouvelles de ses conquêtes en Egypte, dans l'Asie Mineure et la Grèce, qu'il naturalisait dans ses lacunes, avec les reliques des saints et des martyrs, enlevées par lui aux outrages des infidèles.

L'ardeur des Vénitiens pour ce genre de conquêtes, continua pendant tout le moyen âge ; on peut dire que, sous ce rapport, aucun peuple européen ne s'est tant enrichi des dépouilles étrangères, sans rien perdre, cependant, de l'originalité et de la fécondité de son génie individuel. Loin de là, à Venise, la fusion des éléments indigènes avec les éléments étrangers, a donné naissance à une poésie plus riche qu'aucune autre par la variété de ses légendes, et de plus, réunissant le sens profond des traditions italiennes et germaniques aux brillantes créations de l'imagination orientale [1].

Dans les arts on retrouve la même influence que dans les lettres ; il y a simultanément deux systèmes de peinture, et de même qu'on distinguait alors la langue officielle de la langue populaire, on distingua aussi la peinture du peuple, de celle de l'Etat. Au quinzième siècle la richesse et le pouvoir l'emportèrent sur la popularité ; les artistes naturellement se soumirent au goût de ceux qui les faisaient travailler, mais l'esprit national ne fut pas privé de toute influence, il modifia sensiblement l'esprit classique ; de là, le caractère plus poétique que religieux, plus romantique que sévère, le sacrifice continuel de la vérité au style éminemment oriental, que nous aurons occasion de remarquer dans l'école de Venise.

La peinture officielle était en quelque sorte réservée aux étrangers ; ceux qui la cultivaient, étaient les artistes grecs, florentins, ou ombriens, que le sénat appelait à Venise pour y orner les édifices publics et les églises. En parlant des mosaïstes, j'ai signalé à l'attention cette foule d'artistes byzantins qui, dès le dixième siècle, étaient fixés à Venise, et dont le nombre s'accrut considérablement après la catastrophe de Cons-

---

[1] A. F. Rio.

tantinople, en 1204 [1]. Ils s'y naturalisèrent si bien, qu'à dater de cette dernière époque, les traditions introduites par eux à Venise n'en ont jamais disparu entièrement, et lorsqu'enfin l'école nationale les éclipsa pour jamais dans le siècle d'or, elles se réfugièrent en la petite église grecque de Saint-Georges, derrière le palais ducal, où, de nos jours encore, lors des fêtes solennelles, on expose des tableaux de style byzantin, parmi lesquels il y en a de très-modernes, peints dans la même manière que les anciens.

Il y eut donc chez les Vénitiens deux systèmes de peinture avant le quinzième siècle ; l'un vivace, poussant de profondes racines dans tous les États de la république ; l'autre, exotique, vivant dans les serres chaudes de l'État, acclimaté, mais non pas nationalisé.

Au quinzième siècle se créa l'école de Venise proprement dite ; l'éclat éblouissant dont elle brilla dès la première génération, fit disparaître les différences jusqu'alors caractéristiques entre les deux systèmes. Il fit plus. La littérature vénitienne fut éclipsée par la peinture ; l'art absorba les lettres ; il n'y eut plus d'autre poésie que celle des beaux-arts. Le peuple garda ses légendes, insuffisantes pour illustrer une nation, bien que merveilleusement propres à entretenir l'esprit national ; mais les lettres ne produisirent aucun de ces chefs-d'œuvre qui ennoblissent et immortalisent tout un peuple. « Venise, selon l'expression d'un auteur moderne, Venise, dépouillée de sa grandeur politique et commerciale, n'a pas même obtenu le genre d'hommage qui est dû aux nations les plus avancées dans leur déclin, quant elles ont fait dans leurs beaux jours des provisions de gloire et de dignité pour leur vieillesse. »

La formation de l'école de Venise est un fait qui se re-

---

[1] Voyez tome I*er*, page 31.

trouve dans toute l'Italie à peu près dans les mêmes circonstances de spontanéité et de rapide développement. La lumière se fait partout et tout à coup, comme au moment où le soleil franchit l'horizon. A Rome, à Florence, ses rayons illuminent une ou deux sommités; c'est Léonard de Vinci, c'est Michel-Ange, c'est Raphaël. A Venise, c'est une multitude de sommités resplendissantes de couleur, aux formes capricieuses; ce sont les deux Bellini, Giorgione, Tintoret, Paul Véronèse, Sébastiano, Bordone, Bassano, Pordenone, les Palma, enfin tous ces maîtres presque égaux en talent, brillants par leur coloris, et au milieu desquels s'élève le Titien qui les domine tous.

D'où vient cette simultanéité? Comment est-il arrivé qu'à Venise, qui n'avait, à la fin du quinzième siècle, que peu ou point de rapports avec Florence par suite de la guerre (je parle de rapports entre individus, et non entre gouvernements), il s'opéra dans les arts une révolution absolument semblable à celle de Florence, quant au développement du talent, quoique évidemment dans un tout autre esprit, car rien n'est plus en opposition que les écoles de ces deux villes? Est-ce la découverte de la peinture à l'huile qui explique ce phénomène? Antonello de Messine, le premier qui rapporta ce secret de Flandre en Italie, arriva à Venise en 1474, l'année même de la naissance de Michel-Ange, trois ans avant celle du Titien.

Il est évident que cette découverte, qui a changé si complétement la physionomie de la peinture, a dû exercer une influence directe et puissante sur ses progrès, mais il est à remarquer, et c'est ici un fait digne d'attention, que ce n'est pas à ce nouveau procédé que sont dus les plus beaux chefs-d'œuvre de l'art.

Ces chefs-d'œuvre appartiennent à la fresque. Les œuvres capitales de Raphaël et de Michel-Ange au Vatican, celles de

SUPÉRIORITÉ DE LA FRESQUE.

Jules Romain à Mantoue, d'Andréa del Sarto à Florence, du Dominiquin à Naples, à Fano, d'Annibal Carrache à Rome sont peintes à fresque, et ce sont les plus grands chefs-d'œuvre que l'art ait jamais produits.

Le mérite de Raphaël est d'une nature si élevée ; il est si complétement identifié aux plus nobles qualités de la pensée, que les moyens, les procédés disparaissent dans l'examen de ses œuvres ; cependant il est permis de dire que ses tableaux à l'huile ne sont pas à la hauteur de ses peintures à fresque, bien qu'il ait perfectionné, embelli son style jusqu'à son dernier jour.

La rapidité d'exécution qu'exige la peinture à fresque, ne lui laissait d'autre préoccupation possible que le style ; le précieux, le fini, que permet la peinture à l'huile, et dont il a donné un exemple dans la *Transfiguration*, sont des accessoires qui plaisent à l'œil, mais qui n'ajoutent rien à la grandeur de la pensée ; c'est probablement dans ce sens que Michel-Ange parla avec dédain de la peinture à l'huile. Raphaël n'avait pas non plus cette magie du coloris qui est la qualité dominante dans l'école vénitienne, et pourtant au point de vue de l'art, dans la plus haute et la plus complète acception du mot, quelle œuvre du Titien peut être égalée à celles de Raphaël ? Je vais plus loin : est-il bien sûr que, dans le style de la peinture d'autel, le coloris des Vénitiens ait été le meilleur ?

Il résulte de ces diverses considérations que, si le procédé à l'huile a donné un nouvel attrait à la peinture, et de plus grandes facilités pour les collections, il n'a pas eu d'influence sur l'art, en tant que considéré dans ses qualités intellectuelles.

Il faut donc chercher ailleurs l'explication de la simultanéité dans les progrès de la peinture au commencement du seizième siècle, et je crois en avoir déjà indiqué la source en signalant ce fait, qu'à cette époque les beaux-arts ne firent que suivre l'impulsion générale que reçurent à la fois presque toutes les branches des connaissances humaines. La civilisation monta tout à coup, comme le flot de la marée, les beaux-arts au sommet, mais non pas isolés, bien qu'ils atteignissent une hauteur à laquelle depuis lors ils n'ont jamais touché.

Les encouragements que Jules II et Léon X prodiguèrent aux grands artistes de Rome et de Florence, n'eurent aucune influence à Venise, et c'est probablement là une des circonstances qui expliquent le caractère si différent de cette école, comparée aux autres.

Rome, redevenue savante sous Léon X, Florence toute dévouée à l'étude des antiques, devaient prendre une direction différente de Venise, ville de commerce, de luxe oriental et de plaisir. Chez celles-là l'art devait être savant, érudit ; l'influence de l'Eglise, qui le protégeait magnifiquement, devait le rendre noble et sérieux, il fut tout cela. A Venise, il s'efforça de plaire aux regards ; comme un marchand qui étale ses étoffes, il chercha à séduire les yeux par l'éclat des couleurs et l'élégance du sujet, et il atteignit merveilleusement son but. Jamais l'école de Venise ne s'est piquée de pratiquer le haut style ; jamais elle n'a eu cette sévérité qui eût été incompatible avec le genre que Paul Véronèse, surtout, a rendu caractéristique, pas même le Tintoret, dont les immenses pages et les sujets ambitieux, semblent prétendre à rivaliser avec les fresques de Michel-Ange.

Me serait-il permis de dire que l'école vénitienne est à l'école de Raphaël, ce que l'éloquence moderne est à l'éloquence du dix-septième siècle, en prenant pour modèle de celle-là Châteaubriand et Lamartine? L'éclat de la parole couvre au premier moment le vide de la pensée ; les rapprochements ingénieux, les antithèses, les paradoxes, les mots sonores, l'éclat du style, éblouissent l'esprit comme ces miroirs que fait briller au soleil l'oiseleur qui aveugle sa proie, mais ne l'attire pas. Sous cette surface étincelante, l'homme instruit, l'homme dont le goût est pur et le jugement éclairé, veut trouver quelque profondeur, et, n'y parvenant pas, il n'éprouve plus que la satiété. Il faut excepter de cette comparaison le Titien, pour qui le procédé n'a pas été un but, mais simplement un moyen, comme les mots le sont pour le véritable orateur. Montesquieu a dit avec raison : « On peut comparer Raphaël à Virgile, et les peintres vénitiens à Lucain; Virgile, plus naturel, frappe d'abord moins, pour frapper ensuite plus; Lucain frappe d'abord plus pour frapper ensuite moins. »

Le langage du peintre ne peut pas être refusé à l'école vénitienne[1], mais ce ne furent pas de profonds penseurs, et pour se fortifier dans la connaissance du beau, un artiste ne prendra pas plus ses exemples dans cette école, qu'un chrétien ne cherchera dans Voltaire des arguments à l'appui de sa croyance, quelque magnifiques que soient les lambeaux de poésie religieuse qui se rencontrent çà et là dans ses œuvres.

Ce ne sont pas les grands maîtres qui ont donné ces directions différentes; l'école vénitienne était coloriste longtemps avant le Titien et Paul Véronèse, de même que Léonard de Vinci et Michel-Ange obéirent à l'influence des premiers fondateurs de l'école de Florence, et n'imposèrent pas la leur.

Remarquons en passant que c'est à Venise que les Flamands et les Hollandais ont appris ce magnifique coloris que leur refusait leur nébuleux climat. Les paysagistes flamands y vinrent en grand nombre, déjà longtemps avant que Raphaël eût achevé ses immortels ouvrages du Vatican[2].

Ainsi, dès son commencement l'école vénitienne a eu, sous le

---

[1] Sir Joshua Reynolds.
[2] Albert Durer a séjourné à Venise vers la fin du quinzième siècle.

rapport de la couleur, un système à elle, dont il faut chercher la cause dans le caractère national, puisque l'art n'était pas encore assez avancé pour raisonner des théories, et que les peintres de cette école ne furent cependant pas sans aucune connaissance de ce qui se faisait ailleurs. Giotto avait peint à Padoue plusieurs fresques incomparablement supérieures à tout ce qui se faisait alors, soit à Venise, soit dans toute autre école, et qui auraient dû, ce semble, exercer une très-grande influence sur la peinture vénitienne; on retrouve bien quelques traces d'imitation, mais l'ensemble des ouvrages vénitiens du quatorzième et du quinzième siècle, a un caractère local très-facile à reconnaître, et tout à fait original.

« A cette époque, dit Lanzi, le coloris est à la fois simple et vrai. La composition des tableaux d'autel est surtout remarquable par sa simplicité. Rarement ces artistes imaginèrent un sujet historique; ils se contentaient de placer une madone sur un trône, et de l'environner de quelques saints. Cependant on ne représentait plus ces personnages, comme par le passé, debout, à des distances égales, et absolument nuls d'action. On cherchait déjà à produire quelque opposition pittoresque. Ainsi, tandis qu'un saint paraissait occupé à contempler la Vierge, un autre tenait un livre, et semblait donner toute son attention à sa lecture; ou si l'un était agenouillé, l'autre était figuré debout. Le caractère national se manifestait déjà par un coloris plus brillant que celui de toutes les autres écoles. »

A Florence, Cimabue, Giotto et plus tard Filippino Lippi, Beato-Angelico, Masaccio, s'étaient attachés à l'étude de l'antique; leurs œuvres témoignent de leurs constants efforts pour arriver à la pureté du dessin, à l'expression dans les têtes, à une inspiration noble, sérieuse. Les Vénitiens, au contraire, n'étudient pas la statuaire — les modèles manquaient — ils copient la nature, prenant pour bon tout ce qui s'offre à leur pinceau.

Il s'ensuivit qu'à Florence et à Rome, pendant l'époque de transition de Giotto à Michel-Ange, les compositions sont roides, pédantes, froides ; sous le rapport de l'expression les têtes atteignent la perfection, mais le nu, et surtout les draperies, manquent de naturel ; on sent qu'habiles à dessiner les statues, ces artistes ne connaissent presque rien aux mouvements du corps, encore moins au jeu des muscles.

Chez les Vénitiens, l'art ne prend pas un essor si élevé, mais il a de la grâce, du naturel ; les figures ne sont pas nobles, elles sont vraies ; le coloris est de convention, tout autant qu'à Rome et à Florence, mais il séduit ; les ciels, les fonds, ont une teinte grisâtre, froide, qui double l'éclat des figures et des vêtements ; les peintres vénitiens égaient leurs compositions par des images gracieuses, en introduisant dans les sujets sacrés de petits anges, gais, riants, légers, occupés les uns à chanter, les autres à jouer de quelque instrument, d'autres à porter des corbeilles de fleurs et de fruits. Les accessoires ne furent pas non plus négligés ; l'on voit dans les tableaux de cette époque des trônes ornés avec la plus grande richesse, des paysages, des fragments d'architecture, seulement il y a souvent manque d'accord entre les fonds et les sujets.

On le comprend, le mérite de ces artistes est tout à fait relatif ; c'est la tendance que je signale, et non pas le talent ; entre le point de départ et la perfection, la distance est immense, mais elle fut franchie avec une étonnante rapidité. Je ne puis comparer la marche que les progrès ont suivie dans toutes les écoles de peinture, qu'à celle d'un fleuve qui s'avance vers une cataracte ; d'abord lent et régulier, c'est à peine si le courant se fait sentir, les eaux s'avancent insensiblement jusqu'à l'endroit où la pente se faisant vivement sentir, elles se précipitent avec une rapidité toujours croissante, et que l'œil suit à peine. Que de temps pour arriver à Masaccio, et quelle rapidité du Masaccio à Raphaël ! Il en est de même dans l'école vénitienne ; ce sont les mêmes années, presque les mêmes jours qui marquent le progrès dans les deux écoles, sauf que des Bellini au Titien, le fait est encore plus saillant, parce que le mouvement dans l'école vénitienne est plus précipité. Une seule génération, celle du maître et de ses élèves, vit s'accomplir cette révolution. C'est Jean Bellini qui a été le premier peintre de cette école si riche en grands artistes, tous à peu près contemporains.

Son père, JACOPO BELLINI, avait été élève de Gentile da Fabriano, peintre de cette école d'Ombrie, dont le Pérugin a été la plus haute et la plus noble expression. Ce Gentile avait été appelé à Venise par le sénat pour y décorer le palais des doges, vers l'an 1420 ; pour honorer son talent, le privilége de porter un habit de sénateur lui avait été accordé. De tous ses travaux, il ne subsiste plus aujourd'hui le moindre vestige, mais avant qu'on les eût détruits pour faire place à ceux des grands maîtres qui fleurirent dans le seizième siècle, ils avaient été pendant plus de cent ans un objet d'admiration et d'émulation pour les artistes nationaux habitués à le considérer comme le fondateur de l'école des Bellini.

Les deux fils de Jacopo Bellini, Gentile (ainsi nommé en souvenir de Fabriano) et Giovanno (Jean) suivirent d'abord dans un même esprit la route qui leur avait été tracée par leur père, puis ils se séparèrent, sans cesser pour cela d'être très-unis de cœur. C'est à eux que remonte l'histoire de l'école vénitienne. Mais avant de parler de leurs travaux, il importe de signaler les relations qui s'établirent vers cette époque entre les artistes de l'Allemagne et des Pays-Bas, et ceux de Venise.

Ces rapports commencèrent par Van Eyck (Jean de Bruges) et son élève Hemmelink. Autrefois, il y avait à Venise, du premier de ces artistes, un grand tableau représentant l'enfant Jésus adoré par les rois-mages [1], et plusieurs autres peintures qu'il avait faites pour des collections particulières [2]. Quant à Hemmelink, le plus gracieux et le plus mystique des peintres de cette école, son nom ne pouvait manquer d'être très-populaire à Venise, à cause des incomparables miniatures qui ornaient le fameux bréviaire du cardinal Grimani, lequel passait, même en Italie, pour l'une des plus grandes merveilles de l'art [3]. Il y avait aussi, dans les collections particulières, des paysages, encore bien naïfs, d'Ouwater et de Patenier; des compositions fantastiques de Boss; des ouvrages de Gérard de Harlem, et surtout d'Albert Durer, qui vint plus tard.

Ces œuvres d'art excitaient à Venise une si vive admiration, que bon nombre de peintres vénitiens quittèrent leur patrie pour aller en Allemagne et dans les Flandres, étudier sous la direction de ces maîtres.

Cette influence germanique se conserva surtout dans la famille des Vivarini, peintres de père en fils, établis dans l'île de Murano, où l'art s'était maintenu complétement affranchi des traditions byzantines.

Il faut convenir que Venise était plus heureusement située qu'aucune autre ville d'Italie pour cette œuvre d'assimilation. Au fond de ses lagunes, devenue le centre des relations com-

---

[1] Dans l'église des Servites.—Sanzovino : Descrizione di Venezia, p. 57, cité par Rio.

[2] Notizia d'opere di disegno, p. 14 et 45, de même.

[3] Ce bréviaire, conservé à Venise, est à la fois la plus authentique et la plus merveilleuse collection de miniatures sorties de l'école flamande.

merciales en Europe, elle pouvait donner à ses artistes les moyens de faire des conquêtes dans toutes les directions, et de recevoir des quatre points cardinaux des inspirations qu'ils s'appropriaient en les modifiant selon leurs instincts ou le caractère national. D'une main ils pouvaient puiser aux écoles allemandes et flamandes, pleines d'originalité, de jeunesse et de vie, et de l'autre dans l'école ombrienne, plus intimement religieuse, et même mystique, mais noble et élégante dans son style. En même temps ils empruntaient à l'école de Padoue les traditions allégoriques que Giotto y avait laissées.

De ce mélange devait naître ce style éminemment riche, mais surtout ornemental, qui caractérise l'école vénitienne. Ce choix entre des beautés de genres si divers, cette adoption de principes pris çà et là, cette inspiration cherchée en dehors de soi-même, n'annoncent pas une foi vive, ni cet enthousiasme, cette aspiration intime de l'âme qui ont donné à Raphaël une si noble individualité [1].

La série des artistes qui participèrent au grand mouvement de l'art à Venise, commence par les frères Bellini; ils furent l'un et l'autre les représentants les plus complets de la double tendance que je viens de signaler, d'où il s'ensuivit que l'admiration publique se partagea entre les deux frères, selon la diversité des goûts. Dans un ouvrage contemporain dédié au doge Léonard Lorédan, l'auteur Francesco Negri, parlant de ce qui contribue à la gloire d'un bon gouvernement, dit que le

---

[1] Rio, à qui j'ai emprunté plusieurs des faits relatifs à cette époque, en tire une conclusion toute différente de la mienne; il pense que de cet amalgame, vivifié par la tendance religieuse de l'esprit national à Venise, devait résulter un développement plus magnifique et plus grandiose que dans aucune autre école, même celle de Florence! En tous cas, l'histoire des beaux-arts ne vient pas à l'appui de cette opinion.

sénat vénitien, outre « tous les genres de lustre qui rejaillissent sur lui, a le bonheur de posséder deux frères, ministres de la nature, admirables, l'un pour la théorie, l'autre pour la pratique, lesquels non-seulement décorent le palais ducal de leurs magnifiques productions, mais en remplissent pour ainsi dire toute la ville[1]. »

C'est Jean Bellini qui a été le véritable chef de l'école vénitienne; Gentile était l'aîné, mais quoique son talent ne fût en aucune manière inférieur à celui de son frère, son influence fut moins grande et moins directe, en raison du long séjour qu'il fit à l'étranger.

Ce JEAN BELLINI, né en 1426, mort en 1516, à 90 ans, décora de ses peintures le palais des Cornaro; il y connut enfant la célèbre reine de Chypre, cette fille de la République, dont la vie agitée et romanesque a fourni le fond de tant de récits et de romans, et que le Titien a représentée sous les attributs de sainte Catherine martyre[2]. Retenue dans son palais d'Asolo (1489), elle y charmait les ennuis de l'isolement et de la captivité par la vue des peintures de Bellini et les lettres du cardinal Bembo, plus connu par les dissertations sur l'amour qu'il lui adressait[3], ses petits vers galants et sa liaison avec Lucrèce Borgia, que par ses homélies.

Nul artiste ne résume mieux dans ses œuvres son époque que ne le fait Jean Bellini; dans sa vieillesse il est à la hauteur des grands maîtres de l'art moderne, dans ses premières années c'est l'art en son enfance; les progrès se suivent pas à pas dans les nombreuses peintures de lui que possède Venise.

---

[1] Morelli, Notizia, etc., p. 99, cité par Rio.

[2] Magnifique portrait qui orne aujourd'hui la galerie d'*Egli Uffizi* à Florence.

[3] Les Asolani.

Il avait cinquante ans lorsque Antonello de Messine apporta aux Vénitiens le secret de la peinture à l'huile; il fut un des premiers à employer le nouveau procédé, et c'est à dater de cette époque qu'il commença cette série de chefs-d'œuvre qui l'ont placé si haut. A quatre-vingts ans il fit le magnifique tableau de la Madone, qui est encore le principal ornement de la belle église de Sainte-Zacharie. On ne conçoit rien de plus grandiose que les figures de saint Pierre et de saint Jérôme; dans les têtes de sainte Catherine et de sainte Agathe, l'expression reçoit un charme indicible de cette grâce naïve, de cet air de simplicité touchante qui sont les attributs exclusifs de cette époque, l'âge d'or de la peinture chrétienne [1]. Tant de vigueur et de poésie dans un âge si avancé, est un phénomène assez fréquent dans l'école vénitienne; son plus illustre chef le Titien, élève de Jean Bellini, peignit sa célèbre *Déposition au tombeau* à quatre-vingt-dix-neuf ans !

Jean Bellini en avait soixante-deux (1488) quand il fit le tableau de la sacristie de l'église dei Frari, et celui qui est à Saint-Pierre de Murano; productions admirables, qui semblent être le résultat spontané de l'inspiration religieuse; on dirait qu'un avant-goût de la béatitude céleste épanouissait l'âme de l'artiste sexagénaire pendant que son pinceau retraçait les visions de sa poétique imagination.

---

[1] Ce tableau a eu l'honneur d'être transporté à Paris, lorsque l'Italie fut dépouillée de ses plus beaux chefs-d'œuvre. De même que la *Sainte Cécile* de Raphaël et le *Martyre de saint Pierre, dominicain*, du Titien, la *Madone* fut transférée sur toile, en remplacement du bois vermoulu sur lequel elle avait été peinte; le tableau de Bellini a beaucoup souffert de cette délicate opération, peut-être aussi de ses déplacements.

A quatre-vingts ans sa carrière artistique subit une nouvelle révolution, causée par le retour d'Albert Durer à Venise, où il avait séjourné onze ans auparavant. Nous avons vu combien l'influence de ce peintre, admirable cependant sous bien des rapports, accéléra la décadence de l'école florentine; elle eut le même effet sur Jean Bellini; dans le tableau qu'il fit en 1507, sous l'inspiration même d'Albert Durer pour l'église de *Saint-François della Vigna*, il y a de la dureté dans les contours, et la physionomie de la Vierge n'a plus cette suavité si remarquable dans les autres œuvres dont nous venons de parler. Aucun peintre vénitien ne s'était engoué de l'artiste de Nuremberg autant que Jean Bellini, et nul ne contribua plus que lui à étendre son influence. Il était alors le doyen et le plus illustre des maîtres de l'école de Venise; les maisons des sénateurs et des patriciens lui étaient ouvertes; il avait ses libres entrées et son franc parler, il put donner à Durer une haute position, mais non pas le rendre populaire. Le goût national, l'esprit gracieux, riant, poétique des Vénitiens ne pouvait sympathiser avec la roideur et la dureté qui dominent dans les œuvres d'Albert Durer; ses qualités, bonnes et mauvaises, étaient plus en rapport avec celles de l'école de Florence.

Les dernières œuvres d'un grand génie ont un attrait tout particulier; il semble qu'elles doivent révéler son secret; qu'au moment de quitter cette terre, il a dû laisser dans cette dernière pensée la trace visible du rayon divin qui l'inspirait. Indépendamment du mérite de l'œuvre, avec quelle émotion on contemple la *Transfiguration* de Raphaël et la *Déposition au tombeau* du Titien! c'est leur dernier mot; devant cette toile la mort a glacé la main qui tenait le pinceau, éteint la dernière lueur dans ce cerveau où se réfléchissaient les immortelles visions du génie! Progrès ou décadence, tout saisit plus vivement l'imagination dans ce passage de l'intelligence au néant [1]. Jean Bellini avait dépassé le terme ordinaire de la vie humaine, quand il entreprit, dans l'église de Saint-Jean-Chrysostôme, de peindre un saint Jérôme dans le désert, sujet qui offrait de sérieuses analogies avec la disposition d'esprit du vieux patriarche de la peinture vénitienne arrivé au terme de sa carrière, et ne s'inspirant plus que de cette grande pensée.

Cette composition ne reproduit point la tradition admise pour ce sujet dans toutes les écoles; saint Jérôme est assis sur un rocher, au milieu d'un paysage sévère et peu varié, où l'on ne voit pas d'autres personnages que lui. Son livre est posé sur le tronc recourbé d'un gros arbre; la figure du saint respire le calme le plus profond, l'expression est en parfaite harmonie avec l'aspect de la vaste solitude. C'est sans contredit l'ouvrage le plus attendrissant qu'ait laissé Bellini; il semble que le dernier vœu de son cœur y ait été déposé, et qu'il a confié à la toile ses aspirations secrètes vers le repos ineffable dont il traçait une si poétique image.

Jean Bellini a fait une innombrable quantité de portraits, dont les plus intéressants se trouvaient au palais des doges, et ont été détruits dans le terrible incendie de 1577. Cependant il en reste encore assez pour donner une idée du talent avec lequel il traita cette branche secondaire de l'art. Le portrait du doge, agenouillé devant la Vierge et l'enfant Jésus, dans le tableau qui est à Saint-Pierre de Murano; celui de Léonard de Lorédan, au musée de Berlin [2]; le petit tableau du Louvres,

---

[1] Au néant pour les survivants, mais non pour l'âme qui a quitté cette terre.

[2] L'ordre dans lequel sont disposés les tableaux qui composent ce musée est un véritable service rendu aux amis des arts; il permet d'étudier l'histoire de la peinture dans son développement succes-

où les deux frères Bellini sont représentés en buste; plusieurs ouvrages du même genre, dispersés dans les principales galeries de l'Europe, sont traités avec une vigueur et une finesse d'observation, que le Titien lui-même a rarement surpassées. Au reste, et nous aurons l'occasion de le remarquer, aucune école n'a égalé en ce genre celle de Venise, et n'a présenté une si grande égalité de talent entre ses principaux artistes.

Mais, en fait de portraits, l'œuvre la plus curieuse de Jean Bellini fut assurément le portrait de Cassandra Fedele, l'une des merveilles les plus étonnantes dans ce siècle si merveilleux. Qu'on se figure une jeune fille à peine hors de l'enfance, belle de corps, et d'une physionomie où l'intelligence, la mobilité et l'inspiration, étaient à la fois rehaussées et tempérées par les grâces naïves de sa jeunesse. C'était en 1481, Cassandra avait seize ans, et elle était dans le monde civilisé l'une des plus grandes célébrités en philosophie, en éloquence, en théologie, dans l'histoire, et les lettres grecques et latines; aucune improvisatrice ne fut plus populaire, et ses talents dans la musique et la poésie égalaient ses autres mérites. Dans de grandes solennités elle fut appelée à prononcer en public des discours en latin, devant le sénat et une imposante assemblée de savants accourus de toutes les villes de l'Italie pour l'entendre. L'instituteur des enfants de Laurent le Magnifique, le célèbre Ange Politien écrivait à cette jeune fille que jusqu'alors l'objet de sa plus grande admiration avait été Jean Pic de la Mirandole, le plus savant et le plus beau des hommes, mais que dorénavant il placerait Cassandra sur le même niveau. Léon X, le roi de France Louis XII, Ferdinand et Isabelle de Castille et d'Aragon, plusieurs autres princes ou souverains entretenaient des

---

sif, et cette étude est encore facilitée par l'excellent catalogue de Haagen, chef-d'œuvre en ce genre.

relations avec elle; Isabelle voulut l'attirer à sa cour, mais la république de Venise défendit par un décret qu'elle sortît du territoire, « afin que la république ne fut pas privée d'un de ses plus beaux ornements. » Jamais Cassandra ne porta de bijoux sur elle; jamais elle ne paraissait en public que vêtue d'une robe toute blanche et la tête couverte d'un voile.

Malheureusement le portrait original par Bellini a disparu, il n'en est resté qu'une gravure très-imparfaite.

Il y a des amateurs assez enthousiastes de ce peintre pour l'égaler à Raphaël; c'est bien assez de le placer à côté du Pérugin, dont il eût exactement le rôle dans l'école vénitienne. Et certes la place est encore assez belle; ce n'est pas un mérite médiocre que celui d'avoir réellement ouvert la carrière à Raphaël ou au Titien.

Presque tous les sujets traités par Jean Bellini ont été pris dans l'histoire sainte ou la légende dorée des artistes, les exceptions sont rares, mais déjà dans ces sujets sérieux on voit aisément la tendance de l'école vénitienne vers le style dramatique, et sa disposition à sacrifier la vérité historique aux grands effets de la couleur et du pittoresque.

Cet esprit est bien plus visible encore dans les œuvres du frère de Jean Bellini, ce Gentile dont les peintures sont de véritables chroniques des mœurs contemporaines.

Gentile Bellini précéda son frère de cinq ans dans cette vie, et de quinze ans dans la tombe. Mahomet II qui, en faisant la conquête de Constantinople, avait fait refluer dans la chrétienté une foule de lettrés et d'artistes, demanda en 1778 à la république de Venise, forcée d'acheter de lui une paix humiliante, de lui envoyer un peintre; Gentile fut choisi par le sénat pour cette mission qui n'était pas sans terreurs, ni sans dangers. L'imagination était frappée par la grandeur des exploits du sultan et l'héroïsme que lui-même avait déployé en de nombreuses circonstances; on lui faisait alors une réputation de férocité qu'une saine critique a considérablement atténuée, et la plupart des anecdotes qui de son vivant même furent racontées par les réfugiés grecs, ont été depuis longtemps reléguées parmi les fictions.

C'est ainsi qu'on rencontre fréquemment le récit d'un fait à l'exactitude duquel personne ne croit plus. Gentile Bellini avait peint, dit-on, une *décollation de saint Jean-Baptiste* qu'il présenta au despote; celui-ci fit sur l'anatomie du cou quelques critiques dont l'artiste prit la liberté de contester la justesse; la discussion s'animant, Mahomet tira son cimeterre et d'un seul coup abattant la tête d'un esclave, la présenta au peintre comme une preuve convaincante. En effet, Bellini, convaincu ou non, ne répliqua rien à cet argument. Cette histoire, comme celle de quatorze pages que le sultan aurait fait éventrer pour découvrir lequel d'entre eux avait mangé d'un fruit défendu, est du nombre de ces récits qui, pour avoir été transmis d'âge en âge, n'en sont pas plus dignes de fois.

C'est en 1479 que Gentile Bellini se trouvait à Constantinople, Mahomet II étant mort en 1481, le séjour de Gentile en Grèce ne dut pas être très-long; il voyagea en Orient pendant quelques années, visita l'Egypte, et revint à Venise avec une ample collection de dessins et d'études faits d'après nature dont il se servit pour ses travaux subséquents.

Il ne paraît pas s'être douté de ce qu'est la vérité historique, ni même des différences frappantes que le temps et la nationalité apportent dans les costumes et les mœurs des peuples. C'est ainsi que dans son tableau de la *Prédication de saint Marc*, dont la scène est à Alexandrie, les spectateurs qui entourent l'apôtre sont habillés, les uns à la vénitienne, les autres à la turque, et que l'église de Sainte-Euphémie sur la place d'Alexandrie est tout simplement la basilique de Saint-Marc à Venise.

Il peignait un sujet d'histoire dans des temps reculés, en prenant pour éléments tout ce qui avait frappé sa vue, sans se soucier le moins du monde de critique, de style ou de vérité, et pas davantage de beauté. Le pittoresque, l'éclat du coloris, la disposition harmonieuse des groupes, l'imitation parfaite du modèle quel qu'il fût, voilà le but unique qu'il se proposait, le seul qui paraisse avoir obtenu de lui quelque attention. C'est le système de l'école flamande, si toutefois on peut appeler de ce nom l'absence de toute règle et de toute critique.

Dans ce tableau de la *Prédication de saint Marc*, les personnages n'expriment que les sentiments vulgaires d'une foule attirée par la curiosité; les figures et les gestes sont ceux du bas peuple, mais les groupes sont bien disposés; ils ont de la vie, du mouvement, du naturel, et quoique la naïveté de la pensée et de l'exécution, comparativement aux peintures du Titien, rappelle l'enfance de l'art, ces tableaux ont de l'attrait et un incontestable mérite.

Il y a dans la galerie du Brera, à Milan, un tableau de Gentile Bellini qui représente aussi une scène de l'Orient avec des détails d'une vérité locale d'un intérêt très-réel, du genre de celui qu'offrent les chroniques qui nous introduisent dans la vie domestique, mais que l'histoire néglige parce qu'ils sont étrangers aux grands événements, de même que dans la peinture ils sont inutiles à l'expression et au développement des passions. Les trois grandes compositions qu'on voit de lui à l'académie des beaux-arts, à Venise, et dans chacune desquelles il a représenté un miracle opéré par un fragment de la vraie croix, ont, à un très-haut degré, les qualités et les défauts que je viens de décrire.

A son retour de Constantinople, Gentile fut adjoint à son frère pour l'exécution d'un cycle historique, que Jean avait été chargé de peindre dans le palais des doges. A Rome et à Florence, de si vastes entreprises étaient le fruit de l'esprit religieux, c'est la religion qui en fournissait exclusivement le sujet ; à Venise, ce fut l'orgueil national ; les annales de la république donnèrent l'épopée que les arts furent chargés d'illustrer.

Dans quatorze immenses compartiments, les deux Bellini entreprirent de représenter les principales scènes de la querelle et de la réconciliation entre le pape Alexandre III et l'empereur Frédéric Barberousse, non pas telles que les a décrites Raumer, dans son excellent ouvrage sur la maison de Hohenstaufen, mais avec toutes les poétiques exagérations dont la légende populaire a orné ces grands événements. Ces magnifiques fresques périrent dans l'incendie de 1577, perte irréparable, car plusieurs de ces peintures étaient les œuvres capitales de ces deux fondateurs de l'école vénitienne, et celles qui les ont remplacées offrent les mêmes sujets, il est vrai, mais sont des monuments de la décadence de l'école[1]. C'est à cette époque qu'il faut faire remonter le changement que subit l'école de Venise dans la direction qu'elle avait suivie jusqu'alors. Les traditions religieuses furent abandonnées ; cette inspiration individuelle qui avait caractérisé jusqu'alors les œuvres des peintres vénitiens, si naïve chez Jean Bellini et ses contemporains, disparaît rapidement pour faire place à l'esprit purement artistique. La mythologie dont s'était éprise l'école florentine, et dont Savonarole avait attaqué les tendances avec tant d'éloquence, s'empara aussi de l'école vénitienne, un peu plus tard il est vrai, mais aussi d'une manière beaucoup plus absolue.

Il n'entre pas dans notre plan de nous occuper des artistes

---

[1] Le fils du Tintoret, Domenico, et le fils de Paul Véronèse, Carlo ou Carletto, ont peint plusieurs de ces toiles.

d'un mérite secondaire qui n'exercèrent, en bien ou en mal, aucune influence sur la marche de la peinture ; je passe donc sous silence les noms d'un très-grand nombre de peintres qui encombrent les galeries de Venise. Je dois, cependant, avant de passer aux grands maîtres de l'art moderne, mentionner un des artistes les plus remarquables dans l'époque de transition, Carpaccio, dont peut-être le talent caractérise mieux encore que celui des deux Bellini l'école vénitienne, pour la composition et le style, je ne dis pas le coloris.

L'académie des beaux-arts à Venise possède de lui deux grands tableaux représentant la légende de sainte Ursule et des onze mille vierges : l'arrivée des ambassadeurs du roi qui viennent demander la main de la sainte, et le martyre des onze mille vierges sur le mont Arrarat. On voit que Carpaccio n'avait pas sur l'art les mêmes notions que les Carrache, qui ne voulaient pas que dans un sujet les figures dépassassent le nombre de douze ; il précédait le Tintoret dans sa *Gloire du Paradis*, et, comme lui, il n'envisagea dans ses milliers de personnages qu'une succession d'épisodes à représenter les uns à côté des autres, comme un spectateur qui, au lieu de voir l'ensemble, pénètre dans les rangs de la foule et reproduit successivement tout ce qui frappe ses regards.

Une *Présentation de l'enfant Jésus au temple* n'est pas moins caractéristique par ses étranges déviations de la vérité historique. Le saint vieillard Siméon, en habits pontificaux, est placé entre deux *cardinaux!* passe encore de mettre des papes et des cardinaux, des moines et des capucins, dans des sujets postérieurs à l'Ascension de Notre-Seigneur ; par un effort d'imagination, la fiction peut s'étendre jusqu'à supposer que l'Eglise étant instituée, elle fut dès le premier jour ce que Rome la fit plus tard, mais montrer des cardinaux avant qu'il y eût une Eglise, avant la remise des clefs à saint Pierre, c'est une hérésie un peu trop forte.

Rien de plus fréquent dans l'école de Venise que cet oubli, ou plutôt ce mépris pour la vérité historique, nous en verrons des exemples plus célèbres, mais non pas mieux caractérisés que celui de Carpaccio. Son tableau est très-beau; si les figures sont roides, les expressions ont beaucoup de grâce et de vigueur; la roideur était un défaut commun à toutes les écoles encore vers la fin du quinzième siècle.

A l'occasion des étranges anachronismes que s'est permis l'école vénitienne, un écrivain de mérite prétend que les exigences de l'histoire ne sauraient être les mêmes dans les beaux-arts, et que, pour rendre sur la toile une scène dramatique avec puissance, pour satisfaire les yeux et toucher l'âme du spectateur, l'exactitude historique, respectable sans doute, et qui ajoute aux autres mérites, n'a cependant pas plus d'importance en peinture que l'exactitude des costumes dans un drame représenté sur le théâtre. A l'appui de son opinion, cet auteur cite les tableaux de Paul Véronèse et de Lebrun, représentant le même sujet avec un égal succès et un semblable oubli de la vérité historique, c'est la *Famille de Darius aux pieds d'Alexandre*[1]; Véronèse en a fait une scène de son temps, les costumes sont vénitiens; Lebrun a donné à ses héros grecs des chevelures fort semblables aux perruques de Louis XIV.

Nul doute qu'avant Talma, qui fut le premier à introduire dans la scène française une scrupuleuse exactitude dans les costumes historiques, les tragédies de Racine, de Corneille et de Voltaire n'aient produit sur les auditeurs un effet tout aussi puissant que de nos jours, mais il y a loin entre négliger la vérité his-

---

[1] Le tableau de Véronèse est à Venise, dans le palais Pisani; celui de Lebrun est au Louvre.

torique et la travestir, et d'ailleurs la scène dramatique intéresse bien plus par ce qu'on entend que par ce qu'on voit; que, dans Cinna, Auguste paraisse en perruque, avec un chapeau galonné et couronné de grandes plumes rouges, c'est une absurdité que la beauté des vers qu'il prononce pourra faire oublier, mais faites un tableau de cette scène, et les personnages seront grotesques, sans que rien rachète ce défaut. Il n'y a aucune analogie entre les exigences de ces deux branches des beaux-arts. Il n'importe nullement que Lebrun, se trompant sur le sujet d'une médaille antique, ait donné à la figure d'Alexandre les traits de Minerve; que ses armures et ses vêtements soient de convention, puisqu'ils ne choquent ni le goût ni le bon sens; on doit même lui savoir gré de n'avoir pas suivi la vérité historique qui eût exigé que son héros fût contrefait; mais il importe beaucoup qu'Alexandre n'ait pas l'air d'un courtisan de Louis XIV, et Lebrun n'est pas tombé dans cette absurdité, tandis que Paul Véronèse ne met aucune limite à son oubli de la vraisemblance historique.

C'est un sujet sur lequel nous reviendrons; pour le moment j'ai seulement voulu constater, dès son apparition, l'un des traits les plus distinctifs de l'école vénitienne.

Les œuvres capitales de Carpaccio ont péri; elles étaient dans le palais des Doges avec d'autres peintures du Titien, des deux Bellini, du Tintoret, de Pordenone; les incendies de 1574 et 1577, détruisirent presqu'en entier cet édifice, élevé par le doge Marino Faliero, sur les ruines de l'antique palais qui, deux fois aussi, avait été à demi consumé par les flammes.

Le palais des Doges, à Venise, qui éveille tant de souvenirs historiques, glorieux ou déplorables, héroïques ou atroces; dont l'aspect est étrange, riant ou fantastique comme le palais d'Aladin, sombre et menaçant comme un donjon du moyen âge, selon qu'on arrive du *Lido* ou de Saint-Marc, ou qu'on glisse sur le canal que domine le Pont-des-soupirs ; ce palais n'est plus aujourd'hui qu'un vaste musée où les beaux-arts vous réservent autant de déceptions, que ces cachots, ces puits et ces plombs dont l'imagination est si vivement préoccupée.

Non que je prétende que tous les tableaux soient peu dignes d'attention, mais l'aspect général, la disposition des lumières, et bon nombre de ces peintures ne répondent pas à l'attente qu'on s'en était faite.

Le palais des Doges est à l'école vénitienne ce que le Vatican est à l'école romaine; c'est à le décorer de leurs œuvres qu'aspiraient les plus grands peintres vénitiens; c'était leur plus haute récompense, l'honneur le plus recherché. Les deux Bellini et leur rival Carpaccio, non moins habile qu'eux, avaient peint la grande salle du conseil. Des artistes plus célèbres continuèrent cette œuvre d'illustration nationale, Giorgione, le Titien, le Tintoret, Paul Véronèse, Sébastiano, Torbido, Pordenone, Pâris Bordone et une foule d'autres qu'il serait trop long de nommer, tous contemporains, tous rivaux de talent et de réputation.

Je parlais tout à l'heure de la spontanéité du développement des beaux-arts dans toute l'Italie à la fin du quinzième siècle, en voici une nouvelle preuve :

Michel-Ange, le chef de l'école florentine, naquit en 1474 et Raphaël, le plus grand maître de l'école de l'Ombrie, en 1483, le Titien en 1476 et Giorgione en 1477. Ainsi arrivaient presque en même temps ces grands génies qui devaient porter l'art à sa plus haute perfection. Raphaël mourut à trente-sept ans, Giorgione à trente-quatre; Michel-Ange et le Titien atteignirent une extrême vieillesse, l'un quatre-vingt-dix-neuf ans et l'autre quatre-vingt-dix. Singulier rapport entre des artistes qui se ressemblent par la place qu'ils occupent dans l'histoire de la peinture, non moins que par la durée de leur existence !

Giorgio Barbarelli—né en 1477, mort en 1511 — plus connu sous le nom de Giorgione, était l'élève de Jean Bellini, et finit par instruire son maître, comme le fit Raphaël à l'égard du Pérugin. Sur ses vieux jours Bellini profita de la vue du travail de Giorgione; il renonça à cette manière un peu sèche, roide, de l'ancienne école pour prendre le coloris pur, brillant et la touche large qui caractérisent la nouvelle. Giorgione en a été le plus parfait modèle, il touchait à la perfection quand le Titien hésitait encore, cherchait et tâtonnait. Quoique tous deux de même âge, Giorgione était déjà grand maître, quand le Titien entrait à peine dans la carrière.

Un chagrin de cœur, l'infidélité de sa maîtresse, séduite par un homme que Giorgione avait aimé comme un frère et comblé de bienfaits, le fit mourir de douleur à trente-quatre ans. C'était un homme de noble caractère, de haute intelligence, beau de figure, distingué parmi les artistes les plus éminents, et jusqu'à son dernier jour marchant dans la voie du progrès; que ne pouvait-on pas espérer de lui, si un caprice de femme n'eût brisé son existence!

L'art lui doit d'autant plus que les moyens qu'il employait étaient plus simples. La palette de Giorgione ne comptait qu'un très-petit nombre de couleurs, et c'est très-probablement à cette circonstance qu'il faut attribuer la pureté, l'éclat du coloris vénitien, et la belle conservation des tableaux de cette école.

Les peintres ne s'occupent guère de chimie, même en ce qui concerne leur art; c'est un reproche à leur faire; ils ne voient dans les couleurs que la nuance, s'inquiétant trop peu de la nature même de l'ingrédient, sans prévoir que souvent le mélange amène graduellement un résultat tout autre que celui qui est apparu au premier moment. Des substances minérales mêlées à des substances végétales, se détruisent les unes au profit des autres, ou s'oxydent et noircissent. De là le très-petit nombre de tableaux qui se sont conservés intacts, après un temps plus ou moins long, et ce petit nombre se compose principalement de tableaux de l'école vénitienne, ou de peintres étrangers à cette école, mais qui en ont adopté le procédé quant au coloris.

La plupart des peintures de Raphaël ont poussé au noir, non pas, comme le dit un prétendu historien des beaux-arts, parce que sur l'ébauche les ombres étaient marquées avec de l'encre, mais parce que Jules Romain qui ébauchait, se servait du noir d'ivoire dont les dégradations ont des nuances très-fines, mais qui finit par percer et absorber les autres couleurs. Raphaël n'a pas vécu assez longtemps pour entrevoir ce déplorable résultat. Il en a été de même pour Nicolas Poussin qui ébauchait en brun ses tableaux, et malheureusement cette couleur y est aujourd'hui beaucoup trop apparente.

Giorgione a le premier adopté la peinture par empâtements, franche de touche, pure de couleur, avec opposition prononcée d'ombre et de lumière; ébauche que le peintre termine ensuite par des glacis, lorsque le fond est tout à fait sec.

On a beaucoup écrit sur le procédé vénitien, on a fait plus, on a sacrifié des tableaux de prix, puisque quelques-uns étaient du Titien, pour arriver, en décomposant la couleur, en la grattant, à connaître les dessous. Il ne paraît pas que ces essais aient eu des résultats bien positifs; ce qu'il y a de certain, je l'ai vérifié moi-même, c'est que si le Titien a peint sur un fond assez épais, blanc de couleur et à demi absorbant; Paul Véronèse qui ne lui cède en rien pour l'éclat et la transparence du coloris, a souvent couvert la toile d'un simple glacis, aujourd'hui encore aussi brillant, aussi vigoureux, d'une nuance aussi pure qu'aucune partie de la peinture du Titien. On dirait qu'elle vient de sortir des mains du peintre.

Ce serait exagérer que de refuser toute valeur au procédé, mais on ne se tromperait pas moins en lui attribuant exclusivement le mérite de cette qualité de coloriste, si transcendante chez les peintres vénitiens; pour moi, je crois que sous ce rapport la seule explication satisfaisante est dans la simplicité de la palette, la fermeté, et la sûreté de la touche. Giorgione a pratiqué ces deux moyens, et aucun de ses contemporains ou de ses successeurs, ne lui eût là-dessus rien appris.

Léonard de Vinci, durant son séjour à Milan (de 1489 à 1499), avait propagé dans les écoles lombardes, et dans celles de Vérone, de Mantoue et de Padoue, les nouvelles notions du dessin ; on sentait la nécessité d'étudier l'action du corps humain, les proportions des membres, le développement des muscles, et de faire cette étude d'après nature, en dessinant le modèle vivant dans tous les mouvements, dans toutes les positions, afin de rendre avec vérité et facilité les raccourcis, même les plus difficiles.

L'école vénitienne n'aspirait pas dans le dessin à cette excellence qui a illustré l'école florentine; mais, sans se livrer comme Michel-Ange à des études anatomiques approfondies, Giorgione fit de considérables améliorations au point de vue de la composition et du dessin. Le portrait de son infidèle maîtresse qu'on voit à Florence, sous le nom de la *Fornarina*, est une preuve du rare mérite de son dessin au double point de vue de la grâce et de la vérité, puisqu'il a été attribué à Raphaël lui-même.

Comme Raphaël, il cherchait la beauté idéale en étudiant la nature ; il ennoblissait l'expression de ses figures sans rien leur enlever du naturel ; c'est l'âme qu'il traduisait dans ses portraits, plus encore que la forme matérielle. La galerie de

Munich possède son portrait, peint par lui-même ; c'est l'une des figures les plus attrayantes qu'on puisse voir : des yeux noirs, pleins de feu et de mélancolie, un front d'une rare noblesse.

Giorgione est par excellence le peintre romantique ; il se plaît dans les scènes de la vie privée, mais élégante et poétique ; des chevaliers, des pages, des femmes jeunes, belles, dans le costume si riche et si pittoresque du seizième siècle. Il ne se contente pas d'un déploiement de riches draperies et d'élégants accessoires ; il a toujours une pensée dominante ; ce n'est pas seulement un tableau, c'est une action, une scène, dont on cherche avec intérêt à pénétrer le sujet et le motif.

Mais lui aussi, comme toute l'école vénitienne, montre un profond dédain pour la vérité historique, la couleur locale, comme on dirait de nos jours. En voici un exemple ; c'est un tableau qui se trouve dans la galerie du Brera à Milan ; le sujet est « Moïse enfant, découvert par la fille de Pharaon. » A ce titre, vous vous attendez sans doute à ce que le paysage et les figures vous transportent en imagination sur les bords du Nil ; il n'y a rien de semblable ; le paysage est un parc en Arcadie, en France ou en Espagne ; c'est Chambort, ou Buen-Retiro ; les personnages sont des chevaliers et des dames de la cour de Charles-Quint ou de François Ier ; ici des pages tiennent en laisse des lévriers ; là est un groupe de musiciens et de chanteurs, mi-parti chevaliers, mi-parti troubadours ; le sénéchal s'approche de la princesse assise sous un arbre, un écuyer ou chambellan apporte l'enfant qu'on vient de découvrir. C'est une scène vénitienne, et, sans le livret, les plus habiles ne découvriraient jamais le sujet que le peintre a prétendu traiter.

Nous reviendrons plus tard sur cet étrange système qui a prévalu dans l'école vénitienne, et, par elle, dans l'école hollandaise.

SÉBASTIANO DEL PIOMBO — 1485 — 1547 — est le seul de ses élèves que nous ayons à citer. Nous avons vu que Michel-Ange, s'associant à lui, voulut créer ainsi un antagonisme qui devait écraser Raphaël; il n'en ressortit que plus de gloire pour celui-ci. Dans une œuvre d'art, il faut une seule pensée créatrice, car c'est la pensée qui doit dominer, et tout doit concourir à cette unité. Qu'un peintre, ainsi que cela est arrivé souvent dans l'école flamande, fasse faire par un autre les accessoires, passe encore; mais comment admettre que dans un sujet de figures il y ait deux pensées, l'une pour le dessin, l'autre pour la peinture?

Sébastiano possédait et pratiquait merveilleusement le procédé; sa capacité n'allait guère au delà; il concevait lentement, lourdement, et finissait de même. Sa réputation vient en grande partie de la position qu'on lui fit vis-à-vis de Raphaël; une cabale voulait perdre Raphaël, elle vantait Sébastiano outre mesure, et ce sont les échos de cette lutte qui, répétant et grandissant le nom du Vénitien, nous l'ont transmis comme l'un des plus retentissants de cette grande époque.

Mais, si en jugeant ses œuvres nous oublions la part légitime qui revient à Michel-Ange et à d'autres artistes, soit pour le dessin, soit pour la composition, nous placerons Sébastiano parmi les grands artistes du seizième siècle, car ses peintures appréciées en elles-mêmes sont très-remarquables.

La *Résurrection de Lazare*, qu'il fit en rivalité avec la *Transfiguration* de Raphaël, est aujourd'hui dans la galerie nationale de Londres. C'est le tableau le plus précieux, le plus remarquable de cette collection, après les cartons de Raphaël, autrefois à Hampton-Court, qui sont, en fait de style, ce qu'il y a de plus magnifique dans le monde entier. Le palais Pitti, à Florence, possède le Martyre de sainte Agathe qui vaut bien le *Saint Lazare*.

Giorgione avait excellé dans le portrait, Sébastiano fut également admirable en ce genre. En nous rappelant les portraits de Léon X par Raphaël, de Paul III par le Titien, et d'Innocent X par Vélasquez, nous n'osons dire que cette branche de la peinture est inférieure au style de la grande composition religieuse ; devant des chefs-d'œuvre si complets, si parfaits, il semble que, tout en reconnaissant la diversité des mérites, il est impossible de subordonner un genre à un autre. Cependant il est évident qu'un portrait est une copie ; c'est la poursuite de la vérité dans le type qui est sous les yeux du peintre, et non pas la recherche de la beauté abstraite dont le modèle est idéal. Sébastiano n'avait pas à lutter ici contre les difficultés dans lesquelles Michel-Ange lui venait ordinairement en aide ; ses portraits de Paul III et d'Anne Boleyn, tous deux au musée de Naples, le placent à la hauteur des artistes les plus éminents en ce genre.

C'est encore dans le portrait qu'excelle un autre élève de Giorgione, FRANCESCO TORBIDO, surnommé *il Moro*. Il y a de lui à Vérone, dans la cathédrale, une *Assomption de la Vierge* qui est d'une grande beauté, mais le dessin ne lui appartient pas ; Jules Romain, à Mantoue, fut pour le Moro ce que Michel-Ange, à Rome, était pour Sébastiano, le compositeur et le dessinateur, c'est-à-dire ce que la pensée est à l'exécution.

Leur infériorité dans le dessin et la composition de haut style était donc bien reconnue, bien hautement avouée par les peintres vénitiens, qu'ils eussent ainsi recours aux artistes de l'école de Florence pour leur donner des sujets qu'ils n'avaient plus qu'à enluminer ! N'est-ce pas là la justification de ce mot de Michel-Ange, à la vue d'un tableau du Titien : « Que c'était grand dommage qu'on n'apprît pas à mieux dessiner à Venise. » ?

TITIEN.

1477—1576.

Rome et Florence voyaient les premiers rayons de cette pure et splendide lumière qui allait immortaliser les beaux-arts. Ni les guerres étrangères, ni les dissensions domestiques n'avaient pu arrêter l'essor des Italiens dans les beaux-arts. Léonard de Vinci, le Pérugin, Bramante, Mantegna, le Corregio trouvaient des protecteurs à Florence, à Milan, à Parme, à Ferrare; leurs travaux préparaient le grand siècle de Léon X. Tous les regards étaient fixés sur ces admirables cartons que Léonard de Vinci et Michel-Ange venaient d'exposer à Florence, lorsqu'une seconde lice s'ouvrit à Venise.

Parlons d'abord de la vie du Titien; nous apprécierons ensuite ses œuvres. Il est le plus grand maître de l'école vénitienne; sa longue carrière, ses succès, ses liaisons avec les personnages les plus importants dans l'histoire de son temps, le désigneraient déjà entre tous les artistes comme celui qui résume le mieux, par ses ouvrages et son influence, l'école de Venise.

Il naquit en 1477, à Piève, dans le Cadore; il mourut à Venise en 1576, dans sa quatre-vingt-dix-neuvième année, et il peignait encore au moment où il tomba frappé de la peste. Son nom était Tiziano Vecelli; sa famille compte plusieurs peintres avant lui et après lui. On voit encore à Piève sa maison paternelle qu'il se plut à orner de peintures, lorsqu'au milieu des succès et des honneurs, il venait de temps à autre se retremper dans la solitude et la méditation.

Son premier maître a été un Suisse de la Valteline, Sébastien Zuccato, le père des deux célèbres mosaïstes ; il le quitta bientôt pour étudier sous Jean Bellini. Celui-ci, après un court essai, renvoya Tiziano en lui disant que jamais il ne serait bon peintre ; prédiction qui n'est pas rare dans les biographies des artistes, et qui a reçu souvent d'éclatants démentis. Le Titien lui-même, que sa propre expérience aurait dû éclairer, en fit de semblables tout aussi mal à propos.

Il en résulta chez lui une hésitation qui se prolongea au delà de sa jeunesse ; tantôt il cherchait à imiter un style, tantôt un autre, ne trouvant rien qui répondît à ses sympathies, mais toujours plein d'ardeur pour les beaux-arts.

Giorgione était déjà dans la plénitude de son talent, lorsque le Titien, du même âge que lui, et qui approchait de ses trente ans, produisit, sinon son premier tableau, du moins le premier dont on ait conservé le souvenir.

En 1505, à l'époque où Raphaël étudiait encore à Florence avec Bartolomeo, Giorgione et le Titien furent chargés de peindre à fresque l'extérieur de la maison d'une corporation, *Il fondaco dè Tedeschi*. Giorgione avait une grande réputation ; le Titien commençait à peine à se faire un nom ; il eut la moindre part dans l'ouvrage, mais la plus grande dans le succès.

C'est immédiatement après ce début que le Titien fit pour un couvent à Venise un de ses principaux chefs-d'œuvre, l'*Assomption de la Vierge*, qui figure maintenant dans les galeries de l'académie des beaux-arts à Venise, dont elle est un des plus précieux ornements.

Ce tableau, enfumé par les cierges et la poussière, avait pour ainsi dire disparu ; on le voyait tous les jours sans se douter de ce qu'il était, sans même savoir qui l'avait fait, lorsqu'un amateur, le marquis Cicognara, bien connu par ses travaux sur les beaux-arts, ayant soupçonné son existence, le demanda aux moines, en leur offrant en échange une toile toute neuve ; ceux-ci eussent volontiers cédé cette perle pour le moindre grain de millet. Cicognara se mit à l'œuvre pour restaurer cette immense peinture, dont l'existence même était devenue problématique.

Ici encore, nous devons faire remarquer le fait vraiment étonnant de la rapidité des progrès de l'art. Jean Bellini, le premier maître du Titien vivait encore, il mourut seulement neuf ou dix ans après que l'*Assomption* eut été exposée aux regards du public, et, tout en se rappelant sa prédiction, il put mesurer l'immense distance qui le séparait déjà de son élève ; — l'ancien style, de l'art moderne.

L'Assomption est dans la vie du Titien ce qu'a été dans celle de Raphaël, sa première peinture au Vatican, la *Dispute sur le saint sacrement*; c'est une vie nouvelle. A partir de cette époque, qui fut pour tous deux presque la même année, 1507 à 1508, ces grands maîtres laissent leurs rivaux bien loin derrière eux ; ils s'élancent dans la carrière avec l'ardeur de la jeunesse et la puissance du génie, marquant un nouveau progrès par chacun de leurs ouvrages.

Après avoir peint l'*Assomption*, le Titien n'eut plus de rivaux, il n'eut que des émules, et cependant ce ne fut pas au premier moment qu'on lui rendit justice ; la dimension des figures parut exagérée, on la critiqua avec vivacité, parce que le tableau ne fut probablement pas placé de suite à l'endroit qu'il devait occuper, et par conséquent ne produisit pas l'effet que le peintre avait calculé.

C'est une circonstance dont on ne tient pas assez compte dans les galeries, que la place originelle pour laquelle un ouvrage a été fait. La plupart cependant ont été peints pour un certain point de vue, soit quant à la hauteur, soit quant au jeu de la lumière qui doit les éclairer.

C'est à l'époque où il peignait l'*Assomption* que le Titien fit le portrait d'Erasme[1] ; le précurseur de la Réforme revenait de Bologne, où il avait reçu le grade de docteur ; il s'arrêta à Venise, chez Alde Manuce, qui travaillait alors à imprimer ses ouvrages.

Les biographies, copiées les unes des autres, fixent à cette époque les grands travaux que le Titien exécuta à Venise, à Padoue et à Vicence, et qui lui valurent l'honneur insigne d'être nommé par le sénat premier peintre de la république ; ce titre lui conférait le privilége qui serait peu envié de nos jours, de faire le portrait de chaque nouveau doge pour le prix de huit écus ! Ce sont ces portraits qui couvrent la frise de la grande salle du conseil ; il y en a cent quatorze. La république de Venise a eu cent vingt doges, il en manque donc seulement six ; on pourrait croire, à en juger par le plus grand nombre, que les *premiers peintres* de la république lui en ont donné pour son argent, tant ces peintures sont mesquines et répondent peu à l'idée qu'on s'en fait avant de les avoir vues. Qui n'a entendu parler de cette salle dorée et sculptée, où le doge, entouré des chefs des illustres familles patriciennes de Venise, discutait cette politique astucieuse et cruelle à laquelle Machiavel a donné son nom? qui ne s'est représenté l'effet sévère et grandiose de ces portraits de doges, dominant l'assemblée comme le souvenir vivant d'une tradition qui devait se perpétuer d'âge en âge, et, au milieu de cette réunion de vieux sénateurs, quelle imagination n'a été frappée par la poétique éloquence de cette place vide, masquée par un voile noir, sur lequel on lit : « C'est ici la place de Marino Faliero, décapité pour ses crimes ! » ?

Hélas ! les portraits à huit écus sont en général de mesquines peintures qu'on a peine à juger tant elles sont haut placées. Quant

---

[1] Dans la galerie de Naples.

au cadre vide de Faliero, c'est tout simplement une planche de sapin passée en noir, et sur laquelle on a peine à lire les petits caractères de l'inscription. Toutes ces choses sont fort poétiques dans les descriptions, en réalité elles parlent très-peu à l'imagination. Il faut ne pas avoir été à Venise pour conserver encore quelques romantiques illusions sur la vieille république.

Les biographes font probablement erreur en donnant aux travaux que le Titien fit à Venise, une date antérieure à son séjour à Ferrare auprès du duc Alphonse d'Est Ier, marié depuis peu d'années à Lucrèce Borgia. En 1509 le duc entra dans la ligue de Cambrai, que Jules II fit avec la France contre les Vénitiens, et il n'est pas probable que le Titien, si favorisé par la république, si attaché à sa patrie, se fut rendu à la cour d'un prince en guerre avec elle, et qui venait de lui faire éprouver de cruelles pertes [1].

D'ailleurs ce fut à la cour d'Alphonse, où les attirait Lucrèce Borgia, que le Titien connut le cardinal Bembo, Arioste, Sennazar, Frà Giocondo, dont il introduisit les portraits dans ces mêmes peintures qui ornèrent le palais ducal, et pour lesquelles il fut récompensé par le titre de premier peintre de la république.

C'est à la cour d'Alphonse, dans le palais du prince (*Castello*), que le Titien peignit le *Triomphe de l'amour*, et ces fameuses *Bacchanales* qu'Augustin Carrache proclama les plus beaux tableaux du monde. Ces ouvrages, enlevés à Ferrare lors de la réunion de cette ville aux Etats de l'Eglise, en 1617, restèrent assez longtemps à Rome avant d'être livrés au roi d'Espagne. Ce sont ces mêmes tableaux qui servirent alors d'étude à Nicolas Poussin, à Baroccio, à l'Albano, que Rubens a co-

---

[1] 22 décembre 1509, à Commachio, sur le Pô, où fut brûlée la flotte vénitienne qui avait remonté le fleuve.

pics, et devant lesquels Raphaël Mengs était toujours en extase. On raconte que le Dominiquin, au moment de les voir partir pour l'Espagne, fondit en larmes, à la pensée de la perte qu'allait faire l'Italie.

C'est pendant son séjour à Ferrare que le Titien entra en plein dans un genre où il devait plus particulièrement s'illustrer : la peinture du portrait. Il s'y trouvait en société de personnages si illustres, que reproduire leurs figures devait avoir pour lui un irrésistible attrait.

Il commença par Lucrèce Borgia, cette beauté si célèbre et trop calomniée peut-être, pour avoir eu le malheur d'être la fille d'Alexandre VI et la sœur de César Borgia. Roscoe, dans son ouvrage sur Léon X, s'attache avec succès à réhabiliter la mémoire de Lucrèce des honteuses flétrissures dont elle a été souillée ; je ne parle pas des mœurs, mais des crimes. A la cour du duc Alphonse son mari, Lucrèce paraît avoir été irréprochable. Au reste, la vertu, toujours relative, semble n'avoir été qu'un nom à cette époque. Si César Borgia avait assassiné son propre frère, le duc de Candie, de pareils faits se passaient aussi dans la famille d'Este. Deux des frères du duc Alphonse, Jules et Hippolyte, celui-ci cardinal, aimaient la même dame ; un jour elle eut l'imprudence de louer la beauté des yeux de Jules, et le cardinal transporté de jalousie, fit saisir Jules par ses bravi, qui lui arrachèrent les yeux en sa présence. Ce crime avait été commis très-peu de temps avant l'arrivée du Titien. Alphonse fit semblant de l'ignorer, mais Jules et un autre de ses frères, Ferdinand, ayant conspiré contre lui, il les enferma dans des cachots où celui-ci mourut après trente-trois ans de prison ; Jules n'en sortit qu'après cinquante-quatre années de reclusion.

En présence de tels faits, il était facile de paraître vertueux, et de plus, Lucrèce Borgia, diffamée à Rome par la haine qu'on portait à sa famille, a été protégée à Ferrare par cette auréole dont l'Arioste et, plus tard, le Tasse, entourèrent la famille d'Este.

Le cardinal Bembo, qui affichait pour Lucrèce le même amour que Pétrarque, autre prêtre, avait hautement professé pour Laure, posa aussi pour le Titien. C'est probablement à la même époque qu'il fit le portrait de cette belle paysanne[1], qui passe pour avoir été dans la famille d'Este l'instrument d'une fraude plus politique que pieuse.

Quelle que fût la moralité de cette société, il faut convenir qu'il y en eut peu d'aussi spirituelles; le Titien vivait dans l'intimité de l'Arioste; il travaillait à des dessins pour illustrer le « Roland furieux, » et l'Arioste discutait avec lui les théories de l'art. Dans ce commerce familier avec les hommes les plus éminents par l'esprit, il acquérait les connaissances variées et le développement intellectuel nécessaires à un artiste qui prétend à quelque supériorité.

La nature du talent du Titien se modifia sans doute à ce contact très-mondain; les sujets religieux devinrent plutôt exceptionnels dans le nombre immense de ses productions. C'est par eux qu'il avait débuté; le *Triomphe de Judith* et l'*Assomption de la Vierge* avaient commencé sa brillante réputation; à Ferrare il ne peignit que des sujets profanes, et depuis lors ce fut le genre auquel il se voua, si ce n'est exclusivement, du moins de préférence. Le nom du Titien rappelle les Vénus et les Danaé, comme celui de Raphaël, les madones.

Tous les deux avaient reçu cette éducation du monde, infiniment plus pratique que celle des livres, et d'autant plus influente, qu'elle s'infiltre pour ainsi dire à notre insu. Mais, si les mœurs de l'un et de l'autre au point de vue de la sévé-

---

[1] Il est au Louvre.

rité, furent au fond à peu près les mêmes, — Rome, on le sait, ne différait en rien sous ce rapport du reste de l'Italie, si ce n'est que le rigorisme y eût été plus particulièrement hors de place — il y eut entre ces deux grands peintres cette différence essentielle, qu'au point de vue de l'art, l'un ne reçut à la cour papale que des notions graves, sérieuses, savantes, un vif sentiment des bienséances, et l'habitude de traiter des sujets élevés, tandis que l'autre, à la cour de Lucrèce Borgia, lisant « Rolando furioso » avec Arioste, écoutant le cardinal Bembo réciter ses madrigaux, et, de plus, Vénitien dans l'âme, c'est-à-dire voué au plaisir, devait devenir le disciple d'une philosophie facile, riante, plus portée vers la mythologie que vers le christianisme.

Il fit le portrait de l'Arioste, probablement répété plusieurs fois, puisque, outre celui qui existe à Florence, il y en avait un autre dans la galerie Duval, aujourd'hui dispersée en France et en Angleterre.

Rome était dans toute la gloire des beaux-arts quand Léon X, depuis deux ans sur le trône pontifical, y appela le Titien. Il n'était bruit dans le monde que des merveilleux ouvrages de Raphaël, son école comptait parmi ses meilleurs peintres quelques artistes vénitiens, entre autres Jean d'Udine, élève de Giorgione, qui, après la mort de son maître, s'était rendu à Rome auprès de Raphaël. Tous les motifs se réunissaient pour engager le Titien à accepter l'offre de Léon X, il la refusa cependant ; pourquoi ? c'est ce que ne disent pas ses biographes ; peut-être — il est permis de le croire — le Titien recula devant la crainte de l'influence que pourrait avoir sur lui un système de peinture si différent du sien ; il était le premier de l'école vénitienne, il se distinguait par un style qui lui appartenait en propre, il pouvait craindre le trouble que jetterait dans ses idées la vue de chefs-d'œuvre dignes de toute admiration, et essentiellement différents de ses notions sur la peinture.

Au premier moment on regrette vivement que les trois plus grands artistes qui aient jamais existés, Michel-Ange, Raphaël et le Titien, chacun distingué des autres par un mérite spécial, le dessin, l'expression ou la couleur, n'aient pas été entre eux plus en contact pour se perfectionner encore par la communication mutuelle de leurs dons. Mais si Raphaël a profité du mérite de Michel-Ange comme dessinateur, il ne paraît pas que Michel-Ange ait retiré aucun avantage de la vue des compositions de Raphaël et qui sait si le Titien lui-même n'y eût pas perdu?

Bien des artistes du plus haut mérite — les Carrache, par exemple—entreprirent cinquante ans plus tard cette réunion des qualités qui ont immortalisé les trois grands maîtres, et ils ont échoué dans cette entreprise si sérieusement faite cependant qu'elle est devenue le caractère dominant de l'école bolonaise. Le Tintoret inscrivait sur les murs de son atelier cette maxime : « Le dessin de Michel-Ange et le coloris du Titien. » A-t-il réussi en combinant ces deux qualités, je ne dis pas à surpasser, mais à égaler le Titien ou Michel-Ange? Non, il est resté inférieur à tous deux, avec ce désavantage de plus, de les rappeler constamment l'un et l'autre, de sorte que malgré son grand mérite la comparaison s'établit toujours en sa défaveur.

Raphaël et le Correggio sont les seuls qui se soient agrandis par l'imitation, parce qu'ils eurent à un degré éminent le don très-rare de s'approprier les qualités que la nature ne leur avait pas données; Raphaël eut de plus cet esprit sage, modéré, qui l'a laissé inférieur peut-être dans quelques qualités prises séparément, mais, dans leur réunion, l'a placé au-dessus de toute rivalité.

François I*er*, qui aspirait à enlever à l'Italie ses meilleurs artistes, proposa au Titien de l'emmener avec lui en France, où l'accompagnait Léonard de Vinci. Le Titien refusa cette offre, comme il avait refusé celle de Léon X.

C'est vers cette époque qu'il peignit le célèbre paysage, encore aujourd'hui le chef-d'œuvre du genre, connu sous le nom de *Martyre de saint Pierre, dominicain*. L'admiration qu'excita cet immense tableau à l'huile fut si grande, que le sénat défendit sous peine de mort que cette peinture sortît de Venise. Elle y est encore, dans l'église des Saints Giovanni et Paolo, mais le décret fut violé par Bonaparte, qui, sûr de l'impunité, la fit transporter au Louvre, en 1798.

Elle a été rendue à Venise en 1815. Mais, avant de la restituer, les Français lui avaient fait subir une opération dont le succès est le sujet d'un étonnement toujours nouveau; ce tableau avait été peint sur un panneau dont le bois était vermoulu, on transféra sur toile la peinture, sans qu'elle reçût la moindre atteinte [1].

Dans ce sujet, le paysage est aussi important que les figures; il n'est plus un accessoire, il rivalise pour l'intérêt avec l'action; c'est, à la fois, le premier exemple et le chef-d'œuvre de ce qu'on appelle le paysage historique. Deux moines sont arrêtés par des brigands sur la lisière d'une forêt, en un lieu sauvage; un des moines est renversé et va périr sous le poignard de son assassin; il lève les mains vers le ciel, où deux anges l'appellent à eux. L'autre moine fuit.

C'est tout simplement une scène de bandits, mais traitée avec une dignité de style, une grandeur d'expression, qui n'ont jamais été surpassées. Malheureusement la place que ce tableau occupe dans l'église des Saints Giovanni et Paolo, n'est pas fa-

---

[1] La Sainte Cécile de Raphaël a subi, aussi à Paris, la même opération avec un même succès.

vorable pour le bien voir. C'est à l'académie des beaux-arts qu'il devrait être, entre l'*Assomption* et la *Présentation au temple*.

Ce dernier ouvrage m'a frappé comme l'une des plus parfaites productions du style vénitien ; pour le coloris, c'est une merveille, et l'on dirait qu'il sort des mains du Titien, tant il a conservé d'éclat et de fraîcheur. Sur la droite est l'entrée du temple, quelques personnages sous le péristile se présentent pour recevoir la Vierge, petite fille de dix ou douze ans, qui monte seule une magnifique rampe d'escaliers, au centre du tableau. Sur la gauche, des groupes de figures drapées à la romaine ; dans le fond, une foule animée, une longue rue en perspective et des montagnes.

Voilà l'esquisse du sujet ; ôtez à la jeune fille l'auréole qui entoure sa tête et qui indique une scène du christianisme, et au premier moment vous vous croirez à Rome ; en y regardant de plus près, vous reconnaîtrez que ces lieux ne peuvent appartenir à la capitale du monde, ce sera une ville du moyen âge ; quelques indices vous ramèneront en Judée ; bref, votre imagination sera d'autant plus dépaysée que vous pousserez plus avant l'analyse.

De cette vérité historique, savante, si remarquable chez Raphaël, et dont il ne s'est jamais écarté que volontairement et par science, il n'y a pas trace chez le Titien ; il ne paraît pas même se douter qu'elle existe. Dans un sujet, il se figure l'action, et pour la représenter, il prend comme élément tout ce qui s'offre à sa vue. Le caractère national, les mœurs, les costumes, ce qu'on a nommé la *couleur locale*, dont le mérite, à en croire quelques-uns de nos contemporains, devrait tenir lieu de tous les autres, est la chose du monde dont les artistes de l'école vénitienne se sont le moins souciés, mais dans cette école, le Titien n'est pas encore un de ceux qui s'en écartent le plus ; Paul Véronèse et le Bassano, par leurs excès en ce genre, font presque disparaître chez les autres ce défaut.

Disons même que, chez le Titien, ce mérite de la *couleur locale* existe pour nous à un très-haut degré, dans un genre où il n'a pas eu de rivaux, le portrait. Il est certain que, s'il n'avait fait que peindre ce qu'il voyait, il eût été simple portraitiste; ce mérite, partagé avec tant d'autres artistes, ne vaudrait guère la peine d'être mentionné, mais le Titien a été fort au delà; il y a plus que de la ressemblance individuelle dans ses portraits, il y a le caractère de l'époque, la physionomie politique, sociale, de son temps. Les portraits de François Ier, de Charles-Quint, Philippe II, Arioste, Bembo, Arétin et le Titien lui-même, ne sont pas pour nous de simples ressemblances de ces personnages, mais la représentation vivante de la société au seizième siècle.

De même qu'il y a une physionomie nationale qui nous fait reconnaître l'origine de l'individu, de même il y a dans les grandes époques sociales, un caractère particulier non moins visible. Les figures au commencement du seizième siècle, soit dans la société des Médicis à Rome ou à Florence, soit à Ferrare ou à Venise, avaient assurément une tout autre expression qu'au temps de Dante et d'Ugolin; de même qu'au temps de Henri IV, les Sully, les de Mornay et tous les courtisans qui remplissaient les salles du Luxembourg avaient un tout autre caractère de physionomie, que, dans ce même palais, du temps du directoire, les courtisans de Barras, de Carnot ou de l'abbé Sieyes. Il est superflu de dire que je ne parle pas ici des différences dans les costumes, mais de l'expression des personnes, de leur manière d'être, en un mot, de tout ce qui révèle l'homme intérieur, ce je ne sais quoi qui distingue l'homme d'éducation, de bon sens et de bonnes mœurs, du rustre, de l'ignorant et du libertin, fussent-ils tous habillés de même, de même rang et de même naissance.

Il est vrai qu'en général les portraits du Titien représentent les personnages qui eurent le plus d'influence sur leur siècle, et qu'on peut, par conséquent, supposer avoir eu plus que tout autre, l'expression qui caractérise leur époque; mais le mérite n'en est pas moins grand; c'est l'âme, si je puis m'exprimer ainsi, que le peintre traduit sur sa toile, plus encore que les formes matérielles; c'est cette vérité si difficile à atteindre, qui s'attache à la pensée, qui voit ce qui échappe à la perception de la foule des artistes et qui est aussi loin de la brutale véracité du daguerréotype qui reproduit jusqu'au moindre accident de la peau, que de l'ambitieuse vulgarité du peintre qui d'un bourgeois veut faire un héros, et croit que le génie est dans la pose théâtrale. Le Titien a été pour le seizième siècle ce que son imitateur Van Dyck a été pour l'aristocratie anglaise au siècle suivant : historien éloquent, autant que grand peintre.

François Ier, Charles-Quint, Philippe II sont des pages d'histoire; en présence de ces portraits, il semble que les temps se soient personnifiés, tant on y lit clairement le caractère national de l'époque.

En 1529, Charles-Quint était à Bologne; l'Arétin, qui était venu faire sa cour au grand homme, lui suggéra que, pour aller à l'immortalité, il y avait, à côté de la grande route des exploits militaires, le sentier des beaux-arts, et dans ce sentier, un artiste créé tout exprès pour transmettre à la postérité les augustes traits de son auguste personne. Charles-Quint céda au conseil du poëte et le Titien fut appelé à Bologne. Le portrait de l'empereur fut un de ses plus beaux chefs-d'œuvre. Il le fit trois fois, dans différents séjours à Bologne et à Augsbourg, où Charles-Quint l'invita à venir demeurer près de lui. Il avait pris le Titien en grande amitié, non-seulement pour son immense talent, mais aussi pour son caractère et son esprit.

Les témoignages de haute estime qu'il lui donna publiquement, confondent toutes nos notions sur la roideur de l'étiquette et la morgue nobiliaire qu'on attribue en général à cette époque, et plus particulièrement à une cour espagnole, greffée d'un prince autrichien. Quand l'empereur se montrait en public, il cédait la place d'honneur au Titien. Quelque chambellan s'en formalisa, et osa faire des remontrances à l'empereur. Charles-Quint répondit : « Je puis sans peine créer un grand seigneur comme vous, mais je ne puis faire un autre Titien. »

Henri VIII d'Angleterre a fait, dit-on, une réponse semblable à l'occasion de Holbein, et l'on prête à François Ier, s'adressant à Léonard de Vinci, le même mot que Charles-Quint aurait dit au Titien, en lui ramassant son pinceau. « Vous méritez d'être servi par un souverain. »

Il est de fait que des honneurs extraordinaires ont été accordés à de grands artistes. Il fut question de faire de Raphaël un cardinal ; le Titien fut créé comte palatin, chevalier de l'Empire ; Rubens a été ambassadeur en Espagne, mais ces hautes distinctions ont honoré ceux qui les accordèrent plus encore que ceux qui les reçurent. La postérité a oublié les titres, elle n'oubliera jamais les noms de ces grands génies.

A Bologne, le Titien peignit à peu près toute la cour impériale, et de plus, bon nombre de grands personnages venus de Rome pour saluer l'empereur. Le pape aussi, Paul III, se fit peindre par lui, et ce portrait est le chef-d'œuvre que le jugement de la postérité a placé à la même hauteur que le chef-d'œuvre de Raphaël, le portrait de Léon X. La maison d'Aragon ayant hérité des biens des Farnèse, il a été porté à Naples, où il figure dans la galerie degli Studi.

Il y en a deux. Le second fut fait à Rome quelques années

plus tard ; le Titien le travailla avec un soin et un fini qu'il n'a mis dans aucune autre de ses peintures. Le modèle n'offrait pas à l'artiste les mêmes avantages que Raphaël trouva dans Léon X. Paul III est une chétive figure, dont l'expression touche à la caricature, sans dignité, sans énergie, mais pleine de malice et d'astuce.

En récompense de son chef-d'œuvre, le pape invita le Titien à le venir voir à Rome, et, pour l'y engager, lui offrit d'ôter au Vénitien Sébastiano del Piombo, pour le donner au Vénitien Tiziano, l'office du sceau ; c'eût été un moyen économique de payer les travaux du Titien : celui-ci refusa, ne voulant pas s'enrichir aux dépens d'un confrère et d'un compatriote.

En 1545, il alla enfin à Rome.

Au moment de son départ, le sénat de Venise, pour lui donner un témoignage d'estime, l'exempta par un décret spécial d'un impôt que la république venait d'établir.

Son voyage fut un triomphe continuel ; le duc d'Urbin vint à sa rencontre et lui rendit les plus grands honneurs ; ce fut probablement alors que la maîtresse de ce prince lui servit de modèle pour cette célèbre Vénus qui fait aujourd'hui partie de la galerie de Florence [1].

Quand le Titien arriva à Rome il touchait à ses soixante-dix ans ; Michel-Ange, qui lui fit les honneurs de la ville éternelle, était déjà plus que septuagénaire. L'imagination se plaît à s'arrêter sur l'entrevue de ces deux puissants génies, mais l'on se rappelle avec douleur que le plus jeune des trois plus grands peintres qui aient jamais existé, manquait à cette réunion. Il y avait vingt-cinq ans que Raphaël était mort. Il y aurait eu plus de rapports et de sympathie entre lui et le Titien, qu'il ne paraît en avoir existé entre celui-ci et Michel-Ange.

---

[1] La Vénus au petit chien.

Le Titien avait fourni une trop glorieuse carrière pour ressentir les tristes atteintes de la jalousie ; la nature de son talent, le choix de ses sujets de prédilection, lui marquaient en quelque sorte une place à part ; il n'aurait pas été un rival pour Raphaël, leurs qualités trop différentes eussent elles-mêmes écarté toute idée de concurrence. Le Titien rendit une éclatante justice aux œuvres de Raphaël et de Buonarotti. Michel-Ange, tout aussi sincère sans doute, mais moins impartial, critiqua le Titien : « Quel dommage, dit-il, qu'on n'apprenne pas à Venise à mieux dessiner. Si le Titien était secondé par l'art, comme il a été favorisé par la nature, personne au monde ne ferait ni si vite, ni mieux que lui. »

Ce jugement fut porté à l'occasion d'une Danaé qui figure au musée de Naples, où elle est cachée, ou du moins censé l'être, par respect pour la décence publique. Danaé tourne ses regards vers le ciel obscurci par un épais nuage. La pluie d'or tombe sur son sein, tandis que Cupidon s'éloigne satisfait en voyant le plus grand des dieux de l'Olympe soumis à sa puissance. Le bras de l'amour, qui ressort du fond du tableau par la force des ombres, est peut-être le raccourci le plus hardi qu'on ait jamais conçu.

Les sujets de ce genre sont ceux dans lesquels le Titien excella. Il se complaisait à étaler ces formes d'une beauté parfaite, comme Michel-Ange mettait sa gloire à déployer sa science dans l'anatomie ; il s'ensuivit que les figures du Titien, du moins dans les sujets de ce genre, ont trop souvent l'air de poser ; c'est un grave défaut. Un parfait naturel est un charme essentiel, un attrait dont ne peuvent se passer des sujets qui, pour n'offenser pas la délicatesse, doivent écarter toute idée qu'un œil indiscret les contemple ; si le sentiment de l'oubli de soi-même et d'une profonde et inviolable solitude n'y domine pas, le sujet est indécent, et la beauté perd son plus grand charme, la pudeur.

Les deux Vénus du Titien, qui sont à Florence, dans la *Tribune*, en face l'une de l'autre, peuvent servir d'exemple pour ce que je viens de dire. L'une est dans une attitude étudiée; il est évident que dans sa pensée elle n'est pas seule ; ce tableau produit peu d'effet, et cet effet n'est pas agréable.

L'autre, pas plus belle, ni pour le dessin, ni pour le coloris, l'emporte infiniment par le charme que répand sur toute la composition, la simplicité, ou plutôt l'innocence de la pensée; c'est une jeune femme, d'une merveilleuse beauté ; elle vient de se réveiller; elle tient des fleurs dans une main, un épagneul est près d'elle; elle oublie qu'elle est sans voile; dans la chambre voisine on entrevoit ses femmes qui préparent ses vêtements. C'est une admirable peinture, et l'exemple le plus frappant qu'il n'y a pas d'indécence là où la pensée est pure.

Au point de vue de l'exécution, cette peinture est l'une des plus étonnantes merveilles de l'art. Quelle hardiesse, quelle confiance dans son talent le Titien ne devait-il pas avoir pour oser peindre sur une draperie blanche, cette figure de femme dont le corps, d'une blancheur éclatante, n'offre dans le clair-obscur que les nuances les plus délicates, et, pour comble de difficulté, le premier plan est vivement éclairé et le fond est éclairé aussi! Et c'est peut-être, de toutes les peintures du Titien, celle qui a le coloris le plus puissant! La figure est inondée de lumière ! On ne saurait trop le répéter, nulle école n'a connu la magie de la couleur comme l'école vénitienne, et dans cette école aucun peintre n'approche du Titien pour la science, la hardiesse, la puissance de la couleur, pas même Paul Véronèse, qui a fait des tableaux tout aussi brillants, tout aussi lumineux, c'est vrai, mais aucun où se trouve résolu un problème aussi difficile que celui que je viens d'exposer[1].

---

[1] Viardot, Musées d'Italie. — Kugler. — Lanzi.

Dans l'œuvre du Titien, il y a un grand nombre de tableaux de même genre ; plusieurs sont en Angleterre, entre autres, dans la galerie de Cambridge, une *Vénus* qui est le portrait de la princesse Eboli, près d'elle est assis Philippe II jouant du luth. Dans la galerie nationale, *Vénus cherchant à retenir Adonis ;* dans la galerie Stafford, *Diane et ses Nymphes surprises par Actéon ;* la *Disgrâce de Calisto, Vénus sortant de la mer, essuyant ses cheveux.* A Dresde et à Vienne, des *Vénus* et des *Danaé.* A Munich, une *Vénus initiant une jeune fille au culte de Bacchus.* A Venise, au palais Barbarigo, une *Vénus devant qui l'amour tient un miroir.* A Rome, dans la galerie Borghèse, un de ses chefs-d'œuvre, « *l'Amour profane et l'amour sacré,* » ce sont deux figures de femme assises sur le bord d'une fontaine, l'une revêtue d'une splendide draperie blanche, l'autre sans vêtements, etc.

Le Titien séjourna près d'un an à Rome ; l'espèce d'antagonisme qui exista entre lui et Michel-Ange, dégénéra en véritable guerre entre les partisans de ces deux grands artistes. On se battit alors pour leur renom, comme on le fit plus tard pour le Tasse et l'Arioste.

Mais si l'on avait réfléchi au peu d'analogie qu'il y a entre leurs styles, on n'aurait peut-être pas pris la peine de les comparer. Michel-Ange ne songeait qu'à vaincre les difficultés ; le Titien cherchait à les éviter. L'un n'étudiait la nature que pour l'exagérer, l'autre se contentait de la bien saisir ; et c'est ainsi que, par des routes opposées, il parvinrent au même but, qui est de plaire et d'étonner [1].

A peine de retour à Venise, le Titien fut appelé à Augsbourg par Charles-Quint (1548 et 1550) ; il accompagna l'empereur à Inspruck, où celui-ci, après avoir vaincu la ligue protes-

[1] Viardot, Musées d'Italie.

tante, venait surveiller le catholicisme réuni en concile à Trente.

Tout n'était pas fêtes et plaisirs à la cour impériale, et Charles-Quint avait à cette époque de si grands embarras, sa personne même était exposée à de tels dangers, que le culte des beaux-arts ne suffit pas pour expliquer les voyages répétés que fit alors le Titien, plus que septuagénaire, traversant si fréquemment les Alpes du Tyrol, alors bien plus dangereuses et plus difficiles qu'elles ne le sont aujourd'hui ; il dut y avoir entre le monarque et l'artiste des rapports d'affection, et probablement le Titien, intimement lié avec un grand nombre de personnages marquants en Italie, put rendre des services politiques à son généreux protecteur.

Ceci est d'autant plus à croire que nous voyons dans la vie du Titien qu'aussitôt après son retour d'Allemagne, il fut appelé dans le sénat de Venise pour y raconter les circonstances de son séjour à Inspruck. Les biographes parlent de ce fait comme d'un honneur rendu au grand artiste ; sans doute cette distinction fut honorable pour lui, en ce sens que les ambassadeurs officiels de la république étaient seuls admis à rendre compte devant le sénat ; il y eut donc exception pour le Titien admis dans l'intimité de l'empereur, mais non pas pour le Titien peintre de Charles-Quint ; le sénat entendit un rapport sur les événements politiques, et non pas un discours sur les beaux-arts.

Le séjour à Inspruck fut mis à fin par une catastrophe dont le Titien a dû être un des tristes témoins. Au milieu d'une nuit orageuse, l'électeur de Saxe, à la tête d'un corps de troupes, surprit Inspruck ; l'empereur, malade de la goutte et abandonné au milieu du désordre, eut bien de la peine à s'échapper presque seul, porté dans une litière, par des chemins impraticables. Le palais impérial fut pillé ; le concile de Trente se sépara en désordre, et les protestants dictèrent les conditions du traité de Passau.

Le Titien se donna tout entier, homme et artiste, au service de Charles-Quint et de Philippe II. Le sénat de Venise lui demandait de peindre des tableaux pour orner la salle du Conseil; il se fit excuser et proposa le Tintoret et Paul Véronèse pour le remplacer; Horace Vecelli, son fils, fut employé par eux ou avec eux. Il était occupé à terminer un de ses principaux ouvrages, l'*Apothéose de Charles-Quint*; il l'avait ébauché à Inspruck, et nous venons de voir qu'il s'en fallut de bien peu que Maurice de Saxe ne donnât à l'*Apothéose* de l'empereur au moins le mérite de l'à-propos.

Étrange idée que celle de Charles-Quint, mais naturelle chez l'homme qui, de son vivant, fit célébrer ses propres funérailles. Au reste, la pensée de la tombe, et du néant des choses d'ici-bas, devait se présenter souvent au mortel qui, revêtu plus qu'aucun autre des insignes de la puissance et de la grandeur, voyait échouer tous ses projets, et plus que tout autre était le jouet de la fortune. « La puissance de Charles-Quint, a dit Voltaire, n'était alors qu'un amas de grandeurs et de dignités, entouré de précipices. »

Accablé par ses ennemis, tourmenté par la maladie, il était devenu sombre et mélancolique; retiré à Bruxelles, il se déroba tellement à tous les regards pendant plusieurs mois, que le bruit de sa mort se répandit en Europe. En 1555, au mois d'octobre, il abdiqua en faveur de son fils Philippe la souveraineté des Pays-Bas; le 15 janvier suivant il lui transmit de même la couronne d'Espagne, et se retira dans le couvent de Saint-Just, dans l'Estramadure.

C'est là que le tableau du Titien fut mis pour la première fois sous ses yeux. Qui sait si la vue de son apothéose ne lui suggéra pas l'extravagante idée de célébrer lui-même ses obsèques!

Le tableau du Titien figura aussi dans cette splendide mômerie, et lorsque l'empereur fut bien véritablement mort, l'*Apothéose* accompagna son cercueil à l'Escurial, où ce chef-d'œuvre aussi est resté enseveli avec tant d'autres.

L'Espagne possède les œuvres les plus précieuses du Titien et de Raphaël : la *Vierge à la perle*, la *Vierge au poisson*, le *Spasimo*, mais, comme toutes les richesses de ce malheureux pays, elles sont enfouies, et personne n'en profite; il y a bien peu de ces tableaux qui soient connus, ne fût-ce que par la gravure. Telle est, sur ce point, l'incurie des souverains de l'Espagne, que l'on ignore encore aujourd'hui quels sont les chefs-d'œuvre qui périrent en 1608 dans l'incendie de l'un des palais royaux. Charles IV, à ce que rapporte M. Des Angelis, qui l'a entendu de la bouche même de ce prince, racontait que dans une émeute, au commencement de notre siècle, le peuple avait détruit à l'Escurial, ou dispersé un grand nombre de peintures des plus grands maîtres. Lesquelles? il l'ignorait et tout le monde l'ignore comme lui !

Le Titien peignit pour Charles-Quint : *Diane et Actéon*, *Andromède et Persée*, *Médée et Jason*, *Pan et Syrinx*, *Vénus et Adonis*, *l'Apothéose*, la *Religion*, autre composition allégorique, *l'Adoration des Mages*, la *Vierge aux Douleurs*, *Jésus couronné d'épines*, le *Péché originel*, *Offrande à la fécondité*, *Bacchus à Naxos*.

Après la mort de Charles-Quint[1], le Titien continua à peindre pour Philippe II, comme il l'avait fait pour son père, presque exclusivement. Son chef-d'œuvre dans cette période de sa vie, est la sainte Cène, reléguée dans le réfectoire du couvent de l'Escurial, où personne ne la voit.

Le Titien revenait aux sujets sérieux; les malheurs s'accu-

[1] En 1558.

mulaient sur les dernières années d'une vie jusqu'alors comblée de tous les biens de ce monde : le génie, les succès, la santé, les honneurs et les richesses. Il avait quatre-vingts ans, et voyait disparaître autour de lui tous ceux qu'il avait aimés. De ses deux fils, l'un, Horace, avait un médiocre talent; l'autre, Pomponius, déshonorait son nom avec d'autant plus de scandale qu'il était prêtre.

Le Titien avait reçu de la nature un esprit froid, modéré, et la société sceptique et épicurienne au milieu de laquelle il avait vécu, soit à la cour de Ferrare, soit à Venise, avait contribué à lui donner cette philosophie facile, qui touche de bien près à l'égoïsme. Mais avec un esprit si vigoureux, une intelligence si saine, et une disposition qui l'avait éloigné de tout excès, le Titien devait mettre à profit sans exagération les graves enseignements de la vieillesse. Il travailla encore pendant dix-neuf ans, et la plupart de ses œuvres attestent de cette disposition sérieuse : c'est le *Martyre de saint Laurent* (à Venise), la *Flagellation de Jésus-Christ* (à Lisbonne), la *Madeleine*, si souvent répétée qu'il en existe trois exemplaires à Venise, deux à Florence, et un à l'Escurial. Une *Transfiguration*, l'*Annonciation de la Vierge*, enfin une *Déposition du Christ au tombeau*[1].

Le Titien mourut le pinceau à la main, à 99 ans. L'académie des beaux-arts possède cette dernière œuvre, c'est la *Déposition du Christ au tombeau*. Vue à quelques pas de distance, c'est bien une peinture du Titien : la touche et la couleur ; vue de plus près, on y reconnaît la main tremblante, l'œil terne du centenaire ; chez lui la puissance intellectuelle survivait aux facultés physiques.

[1] Il y en a deux à Venise (à l'académie des beaux-arts et dans la galerie Manfrini) et une au Louvre.

La fameuse peste de 1576 avait éclaté à Venise ; les médecins en méconnurent d'abord les caractères, et nièrent la contagion ; il s'ensuivit qu'aucune précaution ne fut prise contre le fléau. Le Titien habitait alors le palais Barbarigo[1], il fut atteint de la peste, et tandis qu'il gisait abandonné, mourant dans un appartement désert, des malfaiteurs vinrent le voler, emportant, sous ses yeux mêmes, ce qu'il possédait de plus précieux. Son fils Horace le suivit de près au tombeau.

Le sénat, dérogeant à un règlement sévère qui ordonnait la destruction des cadavres pestiférés, voulut que les restes du grand artiste fussent ensevelis dans l'Eglise des Frari. Cette cérémonie funèbre, au milieu de la désolation de Venise par la peste, a été souvent le sujet de tableaux par des artistes de toutes les écoles et de tous les pays.

Palma le vieux, élève du Titien, termina la *Déposition du Christ* que son maître avait laissée inachevée, et mit une inscription sur sa tombe ; au commencement du dix-septième siècle, Palma le jeune, son petit-fils, plaça sur cette tombe un buste du Titien, et Canova allait élever un monument digne de la réputation du Titien, du talent du sculpteur, et de la munificence de la république vénitienne, lorsqu'en 1796, Bonaparte, s'emparant de Venise, mit fin à la république.

On a beaucoup parlé du coloris du Titien et de son clair-obscur. Zanetti, artiste et écrivain, a employé plusieurs années à en faire l'examen ; je lui emprunterai quelques-unes de ses observations.

---

[1] Presque en face de celui des Foscari, et à côté du palais où Léopold Robert est mort. Que de souvenirs dans ce Venise !

L'éclat qui domine dans les peintures de l'école vénitienne, et principalement dans celles du Titien, paraît avoir pour première cause, le système des empâtements très-clairs terminés par des glacis qui adoucissent la touche et conservent la vivacité de la couleur tout en lui donnant plus de profondeur et de transparence. Le Titien se forma une manière qui n'est pas celle d'un rigoureux imitateur de la nature, mais qui tient beaucoup de l'idéal. Il évita, dans le nu surtout, la trop grande vigueur des teintes sombres et les masses d'ombres très-fortes, bien qu'elles se rencontrent quelquefois dans la nature ; si elles contribuent au relief, elles diminuent la délicatesse des chairs. Titien supposait ordinairement un jour élevé, éclatant, et par des gradations successives de demi-teintes, il unissait les oppositions ; puis, marquant les autres détails et les contours avec plus de fermeté peut-être qu'on ne le voit dans la nature, il donnait aux objets un aspect qui les représentait plus vivement, et d'une manière plus agréable que la réalité. Par exemple, dans les portraits il donnait le plus de force aux yeux, au nez et à la bouche, et laissait les autres détails beaucoup moins accentués, ce qui favorisait singulièrement l'expression et l'effet de ses têtes.

C'est aussi le système suivi par sir Thomas Lawrence qui, de nos jours, s'est acquis une grande réputation comme peintre de portraits. Il avait pris pour modèle le Titien, et plus encore Van Dyck qui relève de la même école et dont les œuvres abondent en Angleterre. Je lui ai entendu dire que dans un portrait il s'attachait principalement à bien rendre les yeux ; qu'il y mettait tout son savoir, toutes les ressources de l'art, et que plus il s'éloignait des yeux, moins il terminait sa peinture.

Le Titien se forma dans le coloris une manière idéale, toute scientifique, qui, depuis lui, a été formulée en axiome ; elle consiste à employer à propos tantôt les teintes telles qu'elles existent en réalité dans la nature, tantôt les teintes artificielles qui produisent l'illusion pittoresque, c'est-à-dire, le véritable coloris quant à l'effet produit sur l'organe visuel, mais non pas véritable quant à la réalité de l'objet.

M. Chevreuil, directeur de la manufacture des Gobelins et membre de l'Institut de France, a publié sur ce sujet un ouvrage du plus grand mérite, mais malheureusement trop abstrait et trop scientifique pour que son utilité pratique soit pour les peintres aussi générale qu'il serait à désirer : c'est son *Traité du contraste simultané des couleurs*. Il y explique ce phénomène, qui est une des plus grandes difficultés de la peinture, que des couleurs différentes et même seulement des nuances, placées les unes à côté des autres, se modifient mutuellement de telle manière que l'œil les voit tout autres qu'elles ne sont en réalité. Par exemple : mettez une touche de couleur orangé à côté d'une teinte grise, si le gris est bleuâtre, il paraîtra presque bleu pur; s'il tire sur le jaune, il paraîtra verdâtre. D'où il s'ensuit que le peintre qui ne tient pas compte de cette influence des couleurs les unes sur les autres, et qui reproduit littéralement chaque objet séparément, obtient dans l'ensemble un résultat tout différent de celui qu'il se proposait. Que de peintres luttent en vain contre cette difficulté ! que de peintres se disent avec amertume : je suis véridique, et pourtant mon ouvrage n'est pas vrai !

Le Titien, peut-être Giorgione avant lui, avait sinon découvert les règles de cette science, du moins reconnu le fait et noté ses effets.

Comme Giorgione, le Titien ne se servait que d'un très-petit nombre de couleurs, c'est par les dégradations des teintes et leurs oppositions qu'il obtenait la variété, la richesse et la magie de son coloris. Une draperie blanche auprès d'une figure nue, fait paraître celle-ci d'une teinte vermeille, et cependant il n'y emploie que du brun rouge avec un peu de laque dans les contours et vers les extrémités.

Sa maxime favorite, qui nous a été transmise par Boschini, était que le peintre doit bien connaître trois couleurs et se rendre raison de tous leurs effets : le rouge, le noir et le blanc; et que, lorsqu'il a des chairs à peindre, il ne doit point se flatter de réussir au premier coup, mais revenir à plusieurs reprises sur ces diverses teintes.

Avant le Titien, on employait indifféremment toutes les couleurs en leur donnant le même degré de clair-obscur. Le Titien reconnut que le rouge rapproche les objets, que le jaune retient les rayons de la lumière, que l'azur fait ombre et convient aux reflets obscurs. C'est ainsi qu'il parvint à donner la même vérité relative, le même éclat, la même vigueur de ton aux ombres, aux demi-teintes et à la lumière elle-même; à distinguer par une incroyable variété de nuances, les carnations diverses, et les différentes superficies des corps. Enfin, aucun peintre, dit R. Mengs, n'a connu aussi bien que lui l'équilibre des trois couleurs principales duquel dépend l'harmonie du coloris. Rubens n'en atteignit pas la perfection, et Rubens a été pourtant le plus grand coloriste de l'école flamande.

Dans ses compositions et le dessin de ses figures, le Titien s'est tenu, autant que Raphaël, éloigné du style de Michel-Ange; il a moins de douceur, moins de cette beauté calme, idéale, chaste, rayonnante, dont Raphaël est le modèle inimitable, mais il a toujours un goût pur et élevé; sous ce rapport il est incomparablement au-dessus de tous les peintres vénitiens, à l'exception de Giorgione, qui annonça la même supériorité dans sa trop courte carrière. Il n'y a dans ses compositions aucun contraste qui soit forcé, aucun mouvement qui ne soit nécessaire à l'action; les personnages ont de la dignité, et, comme le disait Jos. Reynolds, un air magistral dont Paul Véronèse ne semble pas avoir eu la moindre idée.

Encore un mot sur ce grand peintre. Sa carrière a été principalement consacrée à des sujets profanes, je ne parle pas du très-grand nombre de portraits qu'il a faits, mais de ses compositions historiques ou mythologiques. Cependant c'est dans les sujets religieux, par lesquels il commença et termina sa carrière, qu'il a le mieux montré son immense génie. L'*Assomption de la Vierge*, la *Sainte Cène*, qui est à l'Escurial et qui lui coûta sept ans de travail, la *Descente de croix*, le *Christ livré au bourreau*, etc., voilà ses véritables titres à la haute place qu'il occupe à côté de Raphaël et de Michel-Ange.

Ce n'est pourtant pas à des sentiments de dévotion qu'il faut faire honneur de cette supériorité, pas plus que les madones, dont la Fornarina fut souvent le modèle, ne témoignent de la piété de Raphaël.

Je l'ai déjà dit, jusqu'au commencement du seizième siècle, la peinture fut presqu'exclusivement religieuse par cette unique cause, que l'Eglise seule faisait travailler les peintres ; les images étaient une partie essentielle du culte, mais elles n'étaient pas le résultat d'une vocation chez l'artiste.

Les arts, en s'affranchissant de la tradition par leurs progrès, s'ouvrirent de nouvelles voies ; de sorte que, non-seulement les peintres, maîtres de toutes les ressources du dessin et du coloris, purent rendre les sujets religieux avec toute la liberté de la pensée, mais aussi entreprendre l'histoire profane, les compositions de pure imagination, en un mot tout ce que leur imagination leur suggérait.

A Rome, sous l'influence des immenses commandes des papes, la peinture resta essentiellement religieuse ; tous les progrès se firent dans ce sens ; Raphaël en a été la plus haute expression.

A Venise la direction fut tout autre; j'en ai déjà signalé la cause. Il en résulta que l'école vénitienne s'engagea dans une voie de plus en plus étrangère aux notions italiennes, et tout à fait semblable à celle qu'ont suivie les peintres des Pays-Bas. Y a-t-elle gagné? Il est permis d'en douter.

Certes, il n'entre pas en ma pensée de prétendre qu'il ne doit y avoir qu'un seul style, et que tous les peintres doivent s'en tenir aux tableaux d'autel. Raphaël ne leur en a pas donné l'exemple, car enfin sa Galathée, Psyché et l'Amour, et les ornements qui décorent les *Loges*, comptent bien pour quelque chose dans son œuvre, mais ils y sont, pour ainsi dire, accidentels; ce ne sont pas ces chefs-d'œuvre qui l'ont immortalisé, et si toutes ses productions eussent été dans ce genre, il serait illustre, sans doute, mais non pas le plus illustre entre tous.

C'est à ceci que j'en veux venir, que le Titien, par le choix de ses sujets, n'occupe pas dans les beaux-arts la place que semblait lui assurer son premier chef-d'œuvre, l'*Assomption*; que, le plus haut rang est dû en effet à la peinture religieuse, non pas comme sujet de dévotion, il n'est pas ici question de l'adoration des images, mais comme le but le plus noble, le plus difficile à atteindre, par la réunion de toutes les qualités et de toutes les connaissances qu'il exige. Où trouver des passions plus fortes, des émotions plus vives, des scènes plus populaires, des sentiments plus élevés que dans les scènes de la vie de Jésus-Christ? Quel type plus admirable l'artiste peut-il chercher à reproduire, que celui du Christ sur le Calvaire! Où l'art trouvera-t-il des inspirations plus grandes que dans l'Evangile, plus poétiques que dans l'ancienne loi? Des sujets dont tous les accessoires s'associent mieux aux notions populaires, où les costumes, les figures aient un caractère plus pittoresque, plus poétique, sans jamais descendre à cette étrangeté qui étonne et refroidit le spectateur?

On a remarqué que dans l'antiquité, aussi bien que dans les temps modernes, ce sont les croyances religieuses qui ont produit les plus grands chefs-d'œuvre de l'art. Tous les antiques, depuis la Vénus et l'Apollon au Faune de Praxitèle, sont, à une ou deux exceptions près, des sujets qui touchent à la religion des Grecs. Depuis la renaissance des arts sous le christianisme, la peinture nous offre : de Raphaël, la *Transfiguration* et le *Spasimo;* de Léonard de Vinci, la *Cène;* de Michel-Ange, le *Jugement dernier,* ou, mieux encore, les sujets tirés de la Bible qu'il a peints sur le plafond de la chapelle Sixtine; du Correggio, le *Saint Jérôme* et la coupole de la cathédrale de Parme; du Titien, l'*Assomption;* du Tintoret, le *Saint Marc;* du Dominiquin, la *Communion de saint Jérôme;* du Guerchin, la *Sainte Pétronille;* de Guido, le *Crucifiement de saint Pierre;* de Murillo, les *Extases;* de Rubens, la *Descente de Croix;* de Poussin, le *Déluge;* c'est-à-dire que tout ce que l'art a produit de plus parfait et, pour chacun des grands maîtres, le chef-d'œuvre qui couronne sa carrière, ce sont les sujets religieux qui l'ont inspiré.

Ce n'est pas sortir de notre sujet que d'attirer l'attention sur ce fait, que l'Evangile, cette inépuisable source pour la peinture, n'a presque rien fourni à la poésie.

N'est-ce pas là une nouvelle preuve à l'appui de ce que nous avons dit des différences essentielles qui existent entre ces deux rayons de l'inspiration, la poésie et la peinture, si intimement unies sous tant d'autres rapports? L'Allemagne s'enorgueillit à juste titre de la *Messiade* de Klopstock, mais, sur ce sujet, c'est le seul poëme qu'on puisse citer, et la *Messiade* a-t-elle tout à fait triomphé de l'épreuve que le temps fait subir aux productions de l'art? Cette épreuve est encore de bien courte durée, et pourtant qui oserait affirmer que la popularité de ce poëme est à beaucoup près aussi grande aujourd'hui qu'il y a quatre-vingts ans, lors de son apparition ?

Cela se conçoit : l'homme ne peut rien ajouter aux paroles du Sauveur sans en diminuer l'effet ; la poésie la plus riche ne vaut pas la simplicité du récit des apôtres, mais la peinture peut mettre sous nos yeux ce que notre imagination trace avec tant de vivacité et de force. Assurément de tels sujets, traités dignement, sont les plus difficiles que l'art puisse se proposer ; c'est par cela même qu'ils exigent chez l'artiste les plus hautes qualités, et que, les mettant en évidence, les sujets religieux sont supérieurs à tous les autres. Les cartons de Raphaël en sont la preuve immortelle.

J'ai parlé des emprunts que Raphaël a faits à quelques-uns de ses contemporains, j'en signalerai aussi chez le Titien, et ils seront un témoignage que ce grand coloriste étudia aussi l'antique, quoiqu'en ait dit Buonarotti. Les anges qui figurent dans le martyre de saint Pierre dominicain, sont copiés textuellement d'un bas-relief qui est à l'église des Miracles ; la tête du saint Nicolas de l'église *de Frari*, où le Titien a été enseveli, est empruntée du Laocoon, de ce même Laocoon dont il avait fait une assez plaisante caricature sous la forme de trois singes entortillés de serpents. Le Titien a peint d'après les antiques réunis à Mantoue du temps de Jules Romain, les *Césars*, l'un de ses ouvrages qui lui valurent le plus de succès. Mais il savait en imitant l'antique, donner à ses figures un air de vie, une souplesse, qui ne laissaient plus aucune trace de la roideur du statuaire.

LE TINTORET.

1512—1594.

Les biographies du Tintoret et de Paul Véronèse, après le Titien, les plus célèbres peintres de l'école vénitienne, sont tout entières dans leurs ouvrages; ils n'ont pas, comme leur maître, figuré parmi les principaux acteurs sur le théâtre du monde; ils ont vécu uniquement de la vie d'artiste, célèbres par leur talent, recherchés des puissants, mais en tous points étrangers à ce qui était en dehors du domaine de la peinture.

C'est au palais ducal et dans la galerie des beaux-arts à Venise que sont leurs principaux ouvrages. Le Tintoret y a fait plus de vingt tableaux; il y en a dix ou douze de Paul Véronèse. Le Titien, à son retour d'Allemagne, avait été appelé par le sénat à décorer la grande salle du Conseil, mais tout entier aux travaux que Charles-Quint lui avait commandés, il se fit excuser et obtint que le Tintoret et Paul Véronèse le remplaceraient. Cette démarche était de sa part moins un acte de bienveillance que de justice, en ce qui concernait le Tintoret; il avait eu des torts très-graves envers lui, des torts inspirés par une basse jalousie, dont il lui fit ainsi une ample et honorable réparation.

Robusti, 1512—1594, fils d'un pauvre teinturier (d'où lui vint le surnom de Tintoret), était de trente-cinq ans plus jeune que le Titien. Entraîné par un goût irrésistible pour la peinture, il obtint d'être admis dans l'atelier de ce grand maître, a peu près à l'époque où le Titien, dans toute la plénitude de son talent et l'éclat de sa réputation, revenait de Bologne, où il avait été appelé à faire, pour la première fois, le portrait de Charles-Quint[1].

Le génie que le Tintoret révéla dès ses premiers essais, l'ardeur qu'il apportait au travail, effrayèrent le Titien, il vit un rival dans son élève, et le traitant comme s'il l'était déjà, il le chassa de son atelier.

Le pauvre enfant, abandonné à lui-même, sans conseils, sans appui, en raison de son obscurité et de sa pauvreté, ne se laissa pas abattre, quoique découragé. Il se fit un système d'étude et il y persévéra avec une ténacité qui méritait bien le succès dont enfin elle fut couronnée. On raconte qu'il étudia lui-même le dessin en copiant au crayon, d'après le plâtre, les sculptures de Michel-Ange, et qu'ensuite il dessina d'après nature le nu, avec un soin extrême, cherchant par la variété et la difficulté des poses à se rompre la main aux formes et aux raccourcis les plus ardus.

Il construisait dans sa mansarde, des boîtes ou petites chambres en carton, dans lesquelles il groupait de petites poupées faites avec soin, et qu'il éclairait de diverses manières, afin d'étudier les effets du clair-obscur.

En un mot, son industrie fut à la hauteur de ses besoins; sa persévérance, plus grande que les obstacles, et son ardeur pour l'étude, égale à son bon sens. Rare, bien rare exemple de force de volonté chez un si jeune homme, et qui jette un vif intérêt sur ses travaux et ses succès.

Le Tintoret est dans l'école de Venise, à peu près le seul artiste qui ait pris Michel-Ange pour modèle, et, comme tous les autres imitateurs de ce grand artiste, il met en évidence ce que j'ai dit de sa fatale influence. La connaissance très-approfondie du corps humain, la plus grande habileté à en

[1] En 1529.

exprimer toutes les formes par le dessin, ne furent pas pour Michel-Ange un moyen, mais un but, comme chez un érudit la science est avant tout une chose d'étalage ; au lieu de s'en servir avec une sobriété pleine de force, révélant dans ses œuvres une puissance capable d'aller bien au delà de ce qu'elle entreprend, il a mis toutes ses forces en dehors; c'est sa plus haute expression, son dernier mot, l'imagination touche à la limite du possible. Or, comme il n'appartient qu'aux plus grands génies d'atteindre à cette limite, les imitateurs de Michel-Ange sont tous restés au-dessous de lui : les uns caricaturant les grandes qualités du maître; les autres, et Tintoret fut de ce nombre, montrant dans leurs œuvres les tendances fâcheuses, sans tomber toutefois dans l'abus.

C'est ainsi que, dans la maturité de son talent, le Tintoret entreprit de peindre à l'huile un sujet qui devait être une sorte de pendant du *Jugement dernier* de Michel-Ange. C'est son célèbre tableau de la *Gloire du Paradis* qui orne la salle du Conseil dans le palais ducal. Cette composition n'a pas moins de trente pieds de hauteur sur soixante et quatorze de longueur. Je l'ai contemplée plusieurs fois et longtemps, sans jamais pouvoir arriver à me rendre compte de l'ensemble, encore moins de tous les détails. Je ne crois pas exagérer en disant qu'elle se compose de plus de mille figures ; pour décrire ces groupes si variés, il faudrait faire un gros volume. Point d'unité d'action, si même il y a unité de pensée; ce n'est pas un tableau, mais une suite d'innombrables épisodes qu'on parcourt les uns après les autres, comme on le ferait dans un poëme.

Ce tableau a tellement noirci qu'on ne peut guère juger du coloris. Le Tintoret n'a pas suivi le même procédé que le Titien, il a peint sur des préparations d'une couleur sombre qui a fini par percer la peinture, comme cela est arrivé aussi aux tableaux de Nicolas Poussin qui préparait ses dessous en brun foncé.

Il n'y a guère que les premières œuvres du Tintoret qui aient conservé l'éclat du coloris, tel qu'il sortit des mains du peintre; probablement parce qu'il suivait encore la méthode du Titien, ne s'étant fait de système de peinture que vers le milieu de sa carrière.

C'est dans son plus beau style de dessin, de coloris et d'exécution qu'il a peint son *Miracle de saint Marc*, la plus remarquable de ses œuvres [1]; le sujet est la délivrance, par l'intervention miraculeuse du patron de Venise, d'un esclave condamné au supplice. C'est une vaste scène, en plein air, qui réunit une foule de personnages groupés sans confusion, et concourant tous à l'action, dont l'unité est parfaite.

Au milieu de ces gens assemblés pour assister au supplice, et témoins du miracle, l'esclave couché nu par terre, dont les liens se rompent d'eux-mêmes, et le saint, étendu dans l'air comme si des ailes le soutenaient, offrent des raccourcis d'une audace et d'un bonheur inexprimables. Tous vivent, tous s'agitent; on voit la foule remuée par l'étonnement et l'effroi, et l'on comprend alors la vérité de cet axiome admis par les peintres, que c'est chez le Tintoret qu'il faut étudier le mouvement. Toutes les qualités sont réunies pour faire de ce tableau l'une des plus remarquables productions de l'art : la grandeur de l'exécution, la savante disposition des lumières, l'harmonie et la finesse des tons, la vigueur inouïe du clair-obscur, toute la magie du coloris portée à sa plus haute puissance [2].

Il y a encore dans la même galerie huit ou dix tableaux du Tintoret, tous de grand mérite, un portrait surtout, celui du doge Mocenigo, qui ne cède en rien assurément à ce que le Titien a fait de plus beau en ce genre.

[1] Aujourd'hui dans la galerie des beaux-arts, à Venise.
[2] Viardot, Musées d'Italie.

Au reste, et c'est ici un fait très-caractéristique de l'école vénitienne, quelque grande que soit la différence qui existe entre les principaux peintres de cette école, sous le rapport de la conception et de l'exécution dans les sujets historiques, mythologiques, ou religieux, cette différence est à peine sensible dans le portrait. Le Titien avait donné en ce genre des modèles auxquels il eut été impossible de rien ajouter; il fallait ou imiter, ou consentir à rester dans l'infériorité.

Tous les peintres l'ont étudié, tous l'ont suivi avec toute la fidélité dont ils étaient susceptibles, et ils se sont si bien approchés de leur modèle, que ce n'est pas sans peine que l'on parvient à attribuer à chacun son œuvre. Giorgione, le Titien, Sébastiano del Piombo, le Tintoret, Paul Véronèse, Morone, Paris Bordone, Tintorella, Bonifazio, se ressemblent tellement que, dans son excellent guide, *les Musées en Italie*, Viardot a pu dire sans exagération que, si l'on n'hésite jamais quant à l'école à laquelle appartiennent les portraits faits par ces artistes, on hésite beaucoup quant au peintre à qui ils doivent être attribués. Giorgione et Sébastiano del Piombo affectaient un clair-obscur puissant, et, pour me faire comprendre, plus obscur que clair, même dans les visages; Titien a des teintes d'or, Véronèse des teintes d'argent, Tintoret certaines nuances violettes, lie de vin et les contours un peu gros; Morone et Paris Bordone imitent Titien merveilleusement, et il n'est pas facile de découvrir en eux quelque infériorité.

C'est surtout pour le portrait que l'école vénitienne a servi de modèle aux peintres flamands, et plus particulièrement à Rubens, et à Van Dyck. C'est un genre qu'elle a pour ainsi dire créé, car nulle part dans le seizième siècle il ne fut ni autant cultivé, ni traité avec une supériorité si décidée. L'école vénitienne était merveilleusement propre à ce genre : assez de dessin pour copier la nature fidèlement et spirituellement; le plus beau coloris, le plus vrai, le plus convenable au genre, et de plus cette imagination fleurie, gracieuse, poétique qui a toujours distingué les Vénitiens.

Les succès du Tintoret ne furent pas favorables au développement de son talent; jeune, il s'était roidi contre les obstacles; dans la force de l'âge, quand les obstacles furent aplanis, il s'abandonna tout doucement au courant de la prospérité. Il peignait tout le jour, mais ce n'était plus pour la gloire; ce n'était pas non plus pour le lucre, il peignait pour son plaisir, pour faire de la besogne, pour manier le pinceau, allant quelquefois prendre place sur l'échafaudage de ses confrères, nullement pour leur rendre service, mais uniquement pour la satisfaction de donner quelques coups de brosse, comme les anciens chevaliers qui, ayant conquis leur renommée, descendaient encore dans la lice rompre une lance pour l'amour des dames.

Il se convertit à cette maxime de Michel-Ange, que faire vite c'est faire bien. Il fit vite, beaucoup trop vite; de là des négligences impardonnables dans des œuvres de grande importance; des compositions défectueuses, une exécution imparfaite; en un mot il fut fréquemment fort au-dessous de lui-même. Il n'avait pas cette modération, ce jugement froid et sain, cet admirable équilibre entre la raison et l'inspiration, qui distinguèrent le Titien; il était impressionnable, nerveux, et quand une idée s'emparait de lui, il fallait qu'il y cédât à l'instant, et toujours avec une ardeur, une fougue, qui imposaient silence à la réflexion.

De nos jours, dans l'école française, on a beaucoup vanté cette *furia* du Tintoret; elle répond si bien au goût moderne pour la littérature facile et le style ornemental!

La peinture et la littérature subissent les mêmes influences, obéissent à un même esprit; vous n'auriez vu aucune production des beaux-arts d'une époque donnée, que, si vous connaissez bien l'esprit littéraire qui dominait alors, vous pouvez préjuger à coup sûr de celui qui inspira les artistes. Sous la régence et le règne de Louis XV, les Watteau, les Boucher, les Vanloo furent les fidèles interprètes de ce goût faux et corrompu, de ce clinquant, de ce luxe sans noblesse et sans grandeur, qui révélait la turpitude des mœurs privées; et lorsqu'à la fin du siècle dernier, les Français prenaient les noms et les costumes de la vieille Rome; que Mesdames Tallien, Joséphine Beauharnais et autres beautés du jour adoptaient les modes de la Grèce antique, David ramenait aussi la peinture au goût de l'antiquité, imitation aussi fausse dans les beaux-arts que dans les mœurs sous le Directoire.

De nos jours, la littérature ardente, exagérée, convulsionnaire, qui supprime le bon goût, les bienséances, le vrai et le vraisemblable, pour se livrer aux élans d'une imagination désordonnée, a trouvé de dignes interprètes parmi les artistes. Des hommes d'un incontestable talent, mais sans élévation et sans vérité dans la pensée, ont porté dans les arts le même esprit qui a inspiré la *littérature facile*. La peinture surtout a eu ses Victor Hugo, ses Dumas, ses Eugène Sue, et la même popularité éphémère qui a salué les romans, les odes, et les drames des poëtes et des romanciers, a applaudi aux œuvres des peintres de la même école.

Et remarquez qu'à ce point de vue, c'est la peinture qui caractérise le mieux l'esprit de notre siècle. Le besoin des jouissances de ce monde, et la prétention de récolter avant même d'avoir semé, voilà le trait distinctif de notre époque, or nulle part nous ne le voyons plus marqué que dans la peinture romantique: d'un côté une incroyable ignorance du dessin, de l'autre l'ambition de traiter les sujets les plus élevés et les plus dramatiques; on veut arriver à la popularité par l'effet, par les apparences;

on ne se soucie pas de fonder sa réputation sur l'étude et le travail. Sans doute on ne demanderait pas mieux que d'être le Raphaël ou le Michel-Ange de son siècle, mais à supposer que les peintres de l'école romantique de nos jours soient également bien doués, l'esprit de notre époque leur a ôté la persévérance, et cette passion pour l'art qui fit faire à Michel-Ange le sacrifice des douze plus belles années de sa jeunesse, pour étudier sur des cadavres la forme et les ressorts du corps humain.

On se rabat sur le Tintoret. C'est un grand peintre qui commit de grandes fautes ; et comme il est plus facile de l'imiter dans celles-ci que de l'égaler dans ses belles qualités, on érige en système les premières, de telle sorte qu'on a l'air de pécher à bon escient, non par impuissance, mais seulement par erreur de jugement. N'est-ce pas ainsi que dans ses préfaces Victor Hugo justifie sa faiblesse et ses fautes ?

Certes, l'école qui prend Delacroix pour chef, n'a pas un peintre qui puisse être égalé au Tintoret, et rien n'est plus loin de ma pensée que d'établir ici aucune comparaison, mais le système est le même ; les négligences et les grands coups de brosse sont présentés comme des traits de génie ; les fautes de dessin, comme le noble affranchissement de l'art. On vante le coloris ; qui dit grand coloriste, dit un homme qui peut se passer de toutes les autres qualités, et l'on colorie admirablement de merveilleuses fautes.

Le Tintoret, lui, n'eut pas le tort d'ériger en système des fautes que, très-loyalement, il reconnaissait pour telles. Il faisait mal, pouvant faire bien ; c'est la différence qui le sépare de ceux qui s'abritent de son exemple ; elle le maintient à la place distinguée que l'histoire de l'art lui a assignée parmi les meilleurs maîtres de l'école vénitienne, malgré, et non pas à cause de ses erreurs.

C'était un homme d'esprit, prompt à la repartie. L'Arétin, qui s'attachait à toutes les puissances et que toutes les puissances craignaient, s'était fait le courtisan du Titien, et pour mieux réussir auprès du grand peintre, il flattait ses faiblesses; l'Arétin diffamait le Tintoret, parce que le Titien était inquiet et jaloux des talents de son jeune émule. Le Tintoret, feignant de tout ignorer, un jour pressa l'Arétin de lui permettre de faire son portrait, voulant, disait-il, aller à l'immortalité en compagnie d'un si illustre poëte. Celui ci tomba dans le piége ; il se rendit à l'atelier du Tintoret. Aussitôt l'artiste, au lieu de prendre ses pinceaux, saisit un immense pistolet; l'Arétin, mourant de peur — sa conscience était mauvaise — demande grâce; « ne craignez rien, lui dit le Tintoret en le toisant avec son arme, je ne vous ai fait venir ici que pour prendre votre mesure. » L'Arétin comprit l'argument, et dès ce moment il garda sur le Tintoret un silence respectueux et prudent.

Le Titien devait un dédommagement à son infortuné panégyriste. Son crédit auprès de l'empereur était à son apogée, il sollicita pour l'Arétin, dont le nom seul éveillait l'idée de la licence la plus méprisable, des mœurs les plus viles, du caractère le plus bas ...... le chapeau de cardinal ! et il put se flatter un moment de l'avoir obtenu ! se représente-t-on l'Arétin cardinal, siégeant au Concile de Trente, parmi les docteurs et les pères de l'Eglise ! Et peu s'en fallut que la chrétienté n'eût le spectacle d'un si prodigieux scandale, grâce à la rivalité de deux peintres.

PAUL VÉRONÈSE.

1513—1572.

Paul Véronèse est le représentant le plus complet de l'école vénitienne, en ce qu'il réunit au plus haut degré les qualités et les défauts qui caractérisent cette école. Nul n'a poussé plus loin que lui la science du coloris, nul ne s'est livré avec moins de scrupules aux excentricités de ce style désigné sous le nom d'*ornemental*, parce que, faisant abstraction de toute vérité historique, il n'a pour but que de plaire à l'œil, sans se soucier le moins du monde de la raison.

Par exemple, Paul Véronèse se complaît à représenter des festins, ce sont les *Noces de Cana*[1] : *Jésus chez Marthe avec Marie*; le *Souper chez Lévi*[2]; le *Souper de Jésus chez Simon*[3]; le *Festin que saint Grégoire donne aux pauvres*. Dans ces vastes compositions, la chose à laquelle il semble avoir le moins pensé, c'est le sujet même du tableau.

Jésus soupant chez un disciple, semble devoir être quelque chose d'assez semblable à la Cène, une réunion où président la gravité et la paix, où les physionomies, les costumes, conformes à la tradition, portent spontanément notre pensée vers Jérusalem et notre intérêt sur le Sauveur. Il n'en est rien ; sous ces désignations scripturales, Paul Véronèse représente des festins, voire même des orgies du seizième siècle : un luxe de table inouï, les costumes splendides des seigneurs de son temps;

---

[1] A Paris, à Milan, à Venise. Ce sujet a été aussi traité par le Tintoret.
[2] A l'Académie des beaux-arts à Venise.
[3] Au Louvre.

des pages et des lévriers ; des musiciens et des courtisanes ; des frocs et des turbans ; une architecture magnifique, qu'aucun palais impérial n'a égalée, en un mot tout ce que l'imagination peut inventer de plus opposé à la vérité historique.

Dans son *Adoration des mages*[1], comme dans les festins dont je viens de parler, on croit voir une procession de la cour de François Ier ou de Charles-Quint, se rendant à un tournois ; ce sont les mêmes costumes, les mêmes armures, les lévriers en laisse, les faucons encapuchonnés, et jusqu'au fou de la cour.

Mais si l'étonnement, la stupéfaction, à la vue d'un spectacle si différent de celui auquel on s'attendait, sont notre première impression, l'admiration y succède bien vite, quand on oublie le sujet pour ne plus voir que la peinture ; supprimez le livret, et vous avez devant les yeux une merveilleuse représentation des fêtes du temps de Charles-Quint, c'est-à-dire de l'époque où le luxe revêtit les formes les plus grandioses et les plus pittoresques.

Les contemporains de Paul Véronèse eurent même une illusion de moins que nous, en ce sens, que presque tous les personnages qui figurent dans ces tableaux sont des portraits qui offraient ainsi aux contemporains, dans ces prétendus sujets religieux, le plus étrange assemblage de caractères et d'individus, souvent aussi fortement en désaccord avec des idées de religion, que l'eût été l'Arétin coiffé de la barette de cardinal.

Il en est de même de ses sujets mythologiques. Son superbe tableau de l'*Enlèvement d'Europe*, qui, après avoir orné le Louvre, comme tant d'autres trophées des victoires de Bonaparte, est retourné à Venise dans le palais des Doges, représente la nymphe Europe dans un costume qui sent le boudoir

---

[1] Au Brera, à Milan.

d'une coquette du seizième siècle, et n'a rien du *simple appareil* des divinités d'Ovide.

Rubens a très-souvent commis la même faute, et, par exemple, dans son *Massacre des Innocents* il est absolument impossible de déterminer par les costumes, ou l'architecture, dans quelle nation et dans quel siècle, la scène se passe ; les femmes qui appartiennent aux classes supérieures y sont vêtues un peu à la mode du temps de Rubens, un peu en matrones romaines : les femmes du peuple ressemblent aux nourrices de l'antiquité, moitié esclaves, moitié affranchies ; les hommes sont à demi nus ou couverts d'armures, en un mot c'est la plus étonnante confusion, le pêle-mêle le plus bizarre que l'imagination puisse inventer, de nations, de costumes et de mœurs.

Avec un tel système, qu'importe le sujet indiqué par le peintre ? profane ou religieux, où est la différence ? Le tableau de Paul Véronèse flatte la vue, il ne satisfait pas la raison. Cette flagrante violation de la vérité met le spectateur mal à l'aise ; il s'établit dans son esprit une lutte constante entre ce qu'il voit, et ce qu'il sait. Mieux vaudrait présenter ces grands festins de Véronèse comme des banquets féodaux, sans préciser le fait historique. La vérité ne se supprime pas au gré des caprices de l'artiste.

Au système de Véronèse on a opposé un autre système non moins erroné. Lui, copiait naïvement ce qu'il avait sous les yeux, ce qui existait de son temps, sans s'inquiéter de ce qui avait existé auparavant, ne cherchant le beau et le pittoresque que dans la réalité, sous ses yeux, avec ce même sentiment qui portait un peintre flamand à représenter le prince des apôtres, sous les traits d'un paysan hollandais, un pot de bière à la main. De nos jours on ne s'est pas moins trompé en voulant ramener la peinture au nu académique des anciens, dans des sujets où l'absence totale des vêtements n'est pas moins contraire au vrai et à la vraisemblance, que les modes espagnoles du temps de Charles-Quint ne le sont dans des tableaux qui représentent des scènes de la vie de Notre-Seigneur.

Le peintre David, dans son *Enlèvement des Sabines*, représente ses deux principaux guerriers ayant pour tout costume un casque et un bouclier. Cette donnée est contraire à la vraisemblance autant qu'à la vérité, car ces guerriers ont des armes trop belles, trop ornées ; l'architecture des lieux où se passe la scène est trop imposante; les femmes sont revêtues de trop belles draperies, pour que l'imagination admette l'idée d'un état de société tout à fait primitif. Ces disparates, savamment calculées, choquent au premier coup d'œil, tout autant que celles dont Paul Véronèse se rend si naïvement coupable.

David a voulu faire un tableau académique, ramener par son influence l'école française à l'étude de l'antique, au dessin savant, à la recherche de la forme. Le but était excellent, mais l'artiste eût dû choisir un autre sujet ; il n'en manque pas où il aurait pu, comme Michel-Ange, mettre à nu sa profonde science de l'anatomie et du dessin de la figure humaine.

Dans la statuaire, où cette faute est plus pardonnable, parce que la tradition est encore toute-puissante dans cette branche des arts plastiques, ce manque de vérité est souvent la cause d'une grande froideur chez le public. Je ne discute ici ni la possibilité, ni les moyens de remédier à ce grave inconvénient, je constate le fait ; dans nos bustes représentant des hommes avec qui la génération actuelle a vécu, dont les traits sont familiers à chacun, nous imitons la forme antique, et, j'en appelle à vos souvenirs, n'est-ce pas là une source de déception ? ces chefs-d'œuvre sont-ils pour nous autre chose qu'une œuvre d'art ? excitent-ils en nous d'autres sentiments que ceux que nous fait éprouver le marbre de quelque grand personnage de l'antiquité ?

Châteaubriand disait : « le petit chapeau de l'empereur mis au bout d'un bâton et la vieille redingote grise soulèveraient encore les nations. » C'est vrai, car ce sont les signes qui caractérisent pour le peuple la figure de Napoléon ; mettez-le à cheval déguisé en empereur romain, et le peuple passera devant sans lever la tête. Il en est de même de tous les types traditionnels qui sont restés populaires, Henri IV, Sully, Frédéric II, Rousseau et Voltaire ; notre imagination se refuse à les reconnaître sous une autre forme que celle qui lui est familière.

Or, quelles scènes sont plus familières à notre pensée que celles de la vie de Jésus ? Comment a-t-il été possible aux artistes éminents de l'école de Venise, à l'école flamande qui les a imités, de ne pas comprendre que ce système, dont Paul Véronèse est l'expression la plus complète, péchait par sa base ? que l'illusion, ce premier but de la peinture, cesse lorsque la vraisemblance manque ?

Si Paul Véronèse avait été aussi savant dans les théories de l'art qu'il a été artiste habile dans la pratique, à quelle perfection n'aurait-il pas atteint ? Mais tandis que les peintres des grandes écoles parlent à notre raison, à notre âme, Paul Véronèse et l'école vénitienne ne s'adressent qu'à nos sens.

Quand on parle de la magnificence du coloris de l'école vénitienne, le modèle par excellence, qui se présente le premier à l'esprit, c'est Paul Véronèse, non que sous ce rapport, comme sous beaucoup d'autres, le Titien ne l'emporte sur lui, mais parce qu'il y a dans les œuvres de Véronèse une fraîcheur, une transparence, un éclat, qu'on ne retrouve au même degré chez aucun autre artiste. C'est là le trait caractéristique de son mérite.

Ses figures sont dessinées avec une grande correction et une liberté d'action qui montrent à quel point il était sûr de son trait, grâce à la longue étude qu'il avait faite de l'antique.

Le mouvement, la vie qu'il a donnés à ses figures, le charme de sa couleur ont fait placer ses peintures parmi les plus précieux chefs-d'œuvre de l'école vénitienne, quoique, je le répète, il n'y ait peut-être pas un seul de ses tableaux qui ne prête largement à la critique par l'étrange mépris que cet artiste affecte pour la vérité historique.

Paul Véronèse a souvent répété les mêmes sujets; ces *Noces de Cana*, que la France s'enorgueillit de posséder, se retrouvent à Milan, au Bréra et à Venise, mais l'exemplaire qui est à Paris est le plus beau. Lors de la restitution que la France dut faire en 1815 aux souverains qui avaient été dépouillés, elle offrit à l'Autriche, en échange du chef-d'œuvre de Véronèse, une Madeleine de Le Brun qui fut acceptée; ce fut un grand honneur pour Le Brun. Cette peinture des Noces de Cana n'avait été payée à Paul que 90 ducats, environ 400 fr., ce qui ne devait pas suffire pour couvrir les frais de l'artiste.

Véronèse est mort à soixante ans; sa vie avait été laborieuse, il a laissé un très-grand nombre de peintures. Il y a de lui quelques portraits, entre autres celui du cardinal Bembo, au musée de Naples; c'est un chef-d'œuvre. Mais il faut aller à Venise pour connaître ce grand peintre; il y a bien de lui, dans les musées de Milan, de Florence, de Rome et de Naples, à Turin, dans le palais du roi, à Gênes, chez le marquis de Brignole et au palais Durazzo, quelques beaux tableaux, mais le plus grand nombre et les meilleurs sont à Venise, dans les églises, et surtout dans le palais ducal et à l'Académie des beaux-arts.

Il a peint beaucoup de sujets mythologiques, des Vénus, des Adonis, des amours, des nymphes et d'autres sujets de même genre où il pouvait, je ne dis pas donner libre carrière à la richesse de son imagination, on a vu que sous ce rapport il ne se gênait pas, mais s'y livrer du moins en toute sécurité.

Son chef-d'œuvre en ce genre est l'*Enlèvement d'Europe*, en trois tableaux formant un seul et même ensemble. Le plus grand est l'enlèvement ; la nymphe est montée sur le taureau, elle s'effraie en le voyant s'élancer dans la mer ; sur le rivage ses compagnes l'appellent et se livrent au désespoir. Les deux autres toiles, où les figures sont de plus petite dimension, offrent les préliminaires de l'action principale : Europe et ses compagnes entourent Jupiter sous la forme du Taureau, elles l'ornent de fleurs, Europe essaie de monter sur son dos. La troisième toile montre Europe sur le dos du Taureau, qui la promène le long du rivage, les nymphes folâtrent autour d'elle.

Je dois citer encore un sujet, c'est l'*Apothéose de Venise*, représentée sous la figure d'une femme revêtue de la pourpre royale, couronnée par la Gloire, célébrée par la Renommée, entourée des figures allégoriques, de l'Honneur, de la Liberté et de la Paix : Junon et Cérès y offrent les emblèmes de la grandeur et de la prospérité. Une foule de personnages, des trophées de guerre, des drapeaux, des prisonniers, des guerriers à cheval, achèvent de remplir la scène que décore une magnifique architecture. Ce genre était particulièrement favorable au déploiement du talent de Véronèse.

Le plafond de la salle du Conseil des Dix, dans le palais ducal, le plus beau de toute l'Italie, après celui de la chapelle Sixtine, est de Paul Véronèse.

Les trois grands peintres de l'école vénitienne dont nous nous sommes occupés : le Titien, le Tintoret et Paul Véronèse, avaient espéré de se survivre dans leurs enfants, et leur espoir a été également trompé.

Le fils du Titien, Horazio, eut un talent médiocre.

Le Tintoret eut une fille qui, du surnom de son père, fut appelée Tintorella; elle se distingua dans le portrait, ce genre dans lequel toute l'école vénitienne a excellé. Quelque difficile que les chefs-d'œuvre du Titien eussent dû rendre Philippe II, ce roi appela à sa cour Marie Tintorella; l'empereur Maximilien lui fit aussi de brillantes offres; mais elle refusa de quitter son père, ils suivaient ensemble la même carrière, ils étaient heureux l'un par l'autre; la mort rompit de si charmants liens. Il y a quelques peintures de Tintorella à Venise, fort belles, mais trop peu nombreuses pour que son nom ait acquis une grande renommée.

Carlo Véronèse mourut à vingt-quatre ans, survivant à son père de sept ou huit ans seulement. Paul disait avec bonheur que son fils le dépasserait de beaucoup; prédiction qui se fût peut-être réalisée si l'excès du travail n'avait tué si tôt ce jeune homme. C'est lui qui a terminé les peintures que Paul Véronèse laissa inachevées à sa mort, et, quoique évidemment inférieur à son père, si l'on se souvient de son jeune âge, on y reconnaît aisément les germes d'un grand talent.

Tous les grands peintres de l'école vénitienne appartinrent à des familles d'artistes; il y a eu quatre ou cinq Vecelli — c'était le nom du Titien — qui eurent tous de la réputation; plusieurs Véronèse, et la famille de Bassano, dont le véritable nom est *da Ponte*, fut nombreuse en peintres de mérite. Jacopo est le plus célèbre, après lui, son fils Léandre; il en eut trois autres, tous peintres.

C'est une des illustrations de l'école de Venise que le Bassano, mais, de tous les peintres vénitiens, c'est celui qui a le plus contribué à abaisser l'art, il est le véritable chef de ces artistes, plus nombreux encore dans l'école flamande, qui mirent le procédé, la partie mécanique de l'art, le pinceau et la palette, fort au-dessus de la pensée.

Il n'amena pas la décadence par l'exagération du grand style, par d'ambitieuses prétentions à donner un caractère sublime à des sujets vulgaires, comme nous l'avons vu dans les écoles de Rome et de Florence, vers la fin du seizième siècle ; tout au contraire, il abaissa les plus nobles sujets jusqu'à la trivialité la plus repoussante. Le Titien lui-même n'avait pas traité les sujets de haut style de cette manière sévère, grave, qui seule convient à la peinture religieuse ; Paul Véronèse moins encore, et le Bassano, toujours moins, finit par tomber dans la vulgarité.

Le Bassano avait commencé par se faire l'imitateur du Titien ; il avait aussi étudié les peintures du Parmigianino, l'un des meilleurs peintres de l'école lombarde ; il semblait donc devoir, sinon continuer l'école du Titien, du moins ne pas tomber dans les errements de Paul Véronèse ; il tomba plus bas encore.

Presque tous ses tableaux représentent des sujets religieux, mais tous sous des formes de scènes populaires ; c'est une crèche, dont il fait une étable avec tous les accessoires ; c'est l'*Arche de Noé*, l'*Annonciation des Anges aux pasteurs*, pêle-mêle de rustres et d'animaux, de véritables scènes d'écuries ou de marchés de bestiaux. Dans les festins, sujets si fort à la mode dans l'école vénitienne, Paul Véronèse faisait des banquets de seigneurs, Bassano les rabaisse au rang des régalades rustiques ; et cependant, pour l'un comme pour l'autre de ces artistes, ce sont les mêmes sujets, toujours le *Festin de Marthe*, le *Festin du Pharisien*, les *Noces de Cana*. Encore une fois, qu'importait le titre pour des sujets traités si cavalièrement quant à la vérité historique ?

Une chose nous frappe, c'est la singulière opposition que

présente la marche de la peinture comparée à celle de la littérature dans les sujets religieux.

On a pu comparer[1] Raphaël à Fénelon, Michel-Ange à Bossuet[2], et, sous un rapport du moins, cette comparaison entre des génies si différents est frappante de vérité, c'est l'élévation de la pensée. Ni Fénelon ni Bossuet n'ont mis dans leurs paroles, l'un plus de grandeur, l'autre plus de cet amour pieux et pénétrant qu'il n'y en a dans les œuvres de Michel-Ange et de Raphaël : nulle part leur style n'est plus impressif, plus sévère, plus digne du sujet, que celui des deux grands artistes.

Mais, lorsqu'au commencement du seizième siècle, la peinture atteignait cette haute sommité intellectuelle, les lettres offraient, en ce qui touche à la religion, une inconcevable grossièreté ; c'était le temps où les mystères, représentés sur les tréteaux, attiraient une foule pieuse et enthousiaste. Comment expliquer l'existence simultanée de notions si opposées? Comment des artistes capables de s'élever à de si hautes conceptions, et le public qui admirait leurs œuvres avec enthousiasme, pouvaient-ils voir les mêmes sujets travestis si ridiculement, j'ai presque dit blasphémés, sur la scène?

L'éloquence religieuse s'élevant à mesure que s'épurait le goût chez le peuple, les mystères disparurent ; les croyants demandèrent à la chaire les émotions que les tréteaux discrédités ne leur donnaient plus. La peinture, suivant une marche opposée, après avoir touché au sublime, descendit jusqu'à la vulgarité, alors que l'éloquence arrivait au plus haut période de sa splendeur.

---

[1] Montesquieu.

[2] Michel-Ange né en 1474, Bossuet en 1621 ; Raphaël en 1483, Fénelon en 1651. Les arts plastiques et la peinture devancent l'éloquence de la chaire d'un siècle et demi.

Comment expliquer ce contraste? Dira-t-on que la foi s'était affaiblie? Mais en faut-il moins pour admirer un grand orateur que pour être ému par un tableau d'autel? Peut-être, et c'est là en effet la seule explication possible, du moins la seule que je puisse trouver.

En Italie, au commencement du seizième siècle, la réforme n'avait pas encore ébranlé les croyances populaires. Les tableaux d'autel excitaient autant la dévotion du chrétien que l'admiration du connaisseur, et, bien que Raphaël peignît ses madones sans ressentir plus d'émotion pieuse que Jules II et Léon X n'en apportaient eux-mêmes aux splendides cérémonies de l'Eglise, le peuple voyait dans les magnificences du culte, cérémonies ou œuvres d'art, des objets qui s'adressaient à sa croyance et stimulaient sa foi.

Les hommes dont l'esprit devançaient leur siècle pouvaient bien n'admirer dans la peinture religieuse, comme dans le luxe du culte, que l'art et la mise en scène; mais les masses n'en étaient pas encore là. Ce grand mouvement intellectuel, qu'on a baptisé du nom de Renaissance, n'avait pas encore engendré le doute. Abélard, Arnaldo de Brescia, Wickliffe, avaient, il est vrai, semé depuis longtemps en diverses contrées les principes qui devaient plus tard amener la réformation, mais ces germes restaient inaperçus, comme le grain que le sillon renferme en attendant que les chaudes haleines du printemps le fassent éclore. Lorsque d'Alexandre VI à Léon X, de Savonarole à Luther, la discussion eut soufflé sur toute la chrétienté, le doute se montra partout. Tandis que chez les uns il amena par la maturité la liberté et la réforme, chez les peuples qui restèrent fidèles à l'Eglise de Rome, les convictions furent plus ou moins ébranlées; elles ne purent pas se soustraire entièrement, complétement à l'influence de la discussion; parler aux yeux devint insuffisant, même pour la foule, c'est à l'esprit de chacun qu'il fallut s'adresser; l'autorité de la tradition était attaquée, la controverse lui vint en aide, l'éloquence de la chaire s'empara du rôle que l'art avait eu jusqu'alors; l'art n'occupa plus qu'une place secondaire. Pour que les images sur les autels eussent quelque popularité, il fallut plus que le talent d'un Raphaël, il fallut l'autorité d'un miracle.

L'art devint plus indépendant de la tradition religieuse, et l'école de Venise, qui n'avait jamais été très-orthodoxe, s'abandonna à tous les caprices de l'imagination. Elle n'avait pas, comme l'école de Rome et celle de Florence, le caractère grave et sérieux, l'érudition théologale. Cette opposition dans la marche des beaux-arts et de l'éloquence religieuse que je viens d'indiquer, se fit moins sentir dans l'école de Venise que dans toutes les autres en Italie, précisément parce que cette école s'était élevée moins haut.

Le Titien n'est comparable ni à Fénelon ni à Bossuet; c'est un homme d'esprit qui traite avec convenance, et même avec éloquence des sujets de religion; c'est Balsac, le restaurateur de la prose française, écrivant le *Socrate chrétien*, avec noblesse, même avec chaleur, toujours en homme habile à manier la parole, mais dans le même style qu'il avait employé pour peindre la cour dans son traité d'*Aristippe* ou dans celui du *Prince*.

Paul Véronèse ne devance pas son siècle; au point de vue des convenances, il est à la hauteur de son époque; il traite ses sujets religieux comme son contemporain Jodelle traita ses personnages dramatiques; la raison n'est pas moins choquée dans ses tableaux où Jésus, Marthe et Marie sont représentés en personnages du seizième siècle, que la vraisemblance ne l'était à voir Jodelle lui-même jouer le rôle de Cléopâtre devant Henri II et sa cour.

Le Bassano, qui toucha presque au siècle de l'éloquence religieuse, puisqu'il ne mourut qu'en 1592, ramena la peinture au temps des crèches et des mystères. Impossible de mettre plus de vulgarité, plus de trivialité dans de plus nobles sujets.

Il suffit d'avoir vu un tableau du Bassano pour ne plus se tromper sur son style. Son coloris rappelle celui du Correggio par le fondu des couleurs; il a l'aspect d'une vitrification, mais le Bassano est infiniment loin du Correggio pour la science des demi-teintes, pour l'harmonie du clair-obscur. Ce qui frappe chez lui au premier coup d'œil, c'est le contraste des teintes très-sombres avec les coups de lumière excessivement vifs qui tombent sur toutes les parties saillantes. C'est le même système que celui du Caravaggio et du Guerchin, seulement encore plus exagéré. On dirait que la lumière arrive d'en haut, perpendiculairement, par un soupirail, ce qui rend l'effet très-heurté, très-rude; c'est tout l'opposé des grands coloristes de l'école vénitienne, et pourtant cette qualité de coloriste ne peut pas être niée chez le Bassano; seulement ce mérite se présente chez lui d'une manière différente.

Il donne encore lieu à une observation, et elle n'est pas non plus en sa faveur, c'est la symétrique opposition qu'il met dans toutes ses compositions. Les peintres de la Renaissance apportaient au contraire un soin scrupuleux à observer dans leurs œuvres une symétrie d'analogie sur laquelle j'ai plusieurs fois attiré l'attention; on dirait que c'était pour eux une affaire de conscience, un article de foi. Bassano, non moins puéril, mais non pas plus savant, oppose à une forme la forme opposée, à un personnage assis un personnage debout, à une figure vue de face une figure tournant le dos; il déguise assez habilement cette symétrie, mais on voit qu'elle est chez lui un système arrêté.

On pourrait aisément se tromper en classant ses peintures parmi celles de l'école flamande; elles ont la même vulgarité et l'importance déplacée des accessoires aux dépens du sujet principal, sans racheter ces défauts par l'esprit et la finesse des grands peintres flamands.

En résumé, le Bassano est un peintre remarquable, mais ce n'est pas un grand peintre, et l'on a pu dire avec raison que, s'il y a de la honte pour une galerie à n'avoir aucune de ses œuvres, il n'y a pas non plus de gloire à en posséder.

L'école de Venise a produit, dans le seizième siècle, plus de peintres distingués qu'aucune autre école. Ils sont peu connus de ce côté-ci des Alpes; ils n'ont pas été appelés à accomplir de ces vastes entreprises qui illustrent un nom quelquefois plus que ne le justifie le mérite réel de l'artiste. Les Carlo Maratta, les Sacchi, les Baroccio, les Guido Reni ont une réputation dans tout le monde civilisé, tandis que c'est à peine si les amateurs connaissent les noms de Bonifazio, de Pordenone, de Torbido (il Moro), Bordone, des deux Palma, de Lotto, de Moretto, de Carpaccio, et pourtant quelques-uns d'entre eux ont plus approché du Titien, soutiennent mieux la comparaison avec ce grand peintre, que Jules Romain lui-même ne le ferait à l'égard de Raphaël son maître.

Il me souvient de l'étonnement mêlé d'une certaine inquiétude que j'éprouvai lorsque, visitant les églises de Brescia, je me trouvai en face de tableaux d'un rare mérite, tous signés du même nom, lequel m'était absolument inconnu. Tant de talent et si peu de réputation étaient pour moi un fait inexplicable, et j'inclinai fort à douter de mon propre jugement, croyant moins au mérite d'un artiste inconnu qu'à la faiblesse de mes lumières. Et pourtant je ne me trompais pas, le peintre dont j'admirais les œuvres, c'était le MORETTO[1], élève du Titien, rival de Paul Véronèse, dont il n'a pas imité les défauts, plus varié que le Titien, simple et noble dans ses compositions, grand dans l'expression, en un mot, un artiste de premier ordre.

Ses œuvres sont nombreuses à Brescia ; elles ne sont pas rares à Bergame, à Vérone ; je n'ai cependant pas trouvé de ce côté-ci des Alpes un seul amateur qui connût même de nom le Moretto ! Je ne prétends point avoir le mérite de la découverte ; en Lombardie, le Moretto est fort connu et grandement apprécié ; les auteurs qui ont écrit sur les beaux-arts en parlent avec le même sentiment que j'éprouvai en présence de ses tableaux.

Je ne cite donc ce fait que pour montrer combien peu, hors de l'Italie, on connaît les peintres de l'école vénitienne, à deux ou trois exceptions près.

Les tableaux de BONIFAZIO, et les portraits de MORONE, ont eu souvent l'honneur d'être pris pour des peintures du Titien dans son meilleur style. C'est dire combien ces artistes mériteraient d'être connus, mais ce n'est qu'à Venise qu'on peut les connaître ; à peine rencontre-t-on ci et là quelques-uns de leurs tableaux dans les principales galeries italiennes, et l'amateur, attiré par la beauté de l'œuvre, étonné de n'avoir jamais entendu le nom du peintre, est dans le même embarras que j'éprouvai à Brescia : il n'ose admirer franchement et hautement, de peur de se compromettre par un jugement hasardé.

Bonifazio a été le maître du Bassano. Il paraît que les artistes vénitiens, en cela bien différents de ceux de Rome, enseignaient le moins possible à leurs élèves. Bassano était ré-

---

[1] Bonvicino, mort en 1525, à 62 ans.

duit à chercher à découvrir les secrets de son maître par le trou de la serrure. Le Titien n'en agit pas mieux avec ses élèves; il consentait difficilement à donner des préceptes; il craignait de se préparer des rivaux. Nous avons vu qu'il avait chassé le Tintoret; il alla plus loin envers Paris Bordone : après l'avoir renvoyé, il le persécuta[1].

Le mérite de l'école vénitienne est principalement dans la couleur; c'est une affaire de procédé, non pas qu'on puisse faire un coloriste au moyen de bonnes recettes, mais on facilite ainsi singulièrement l'acquisition de ce mérite. Le dessin, la composition parlent aux yeux; un artiste bien doué peut avec d'excellents modèles former son goût et acquérir la pratique, mais la palette a des secrets qu'on ne découvre pas sans peine; lorsqu'il faut la chercher en tâtonnant, la connaissance des préparations et des glacis ne s'acquiert que par une très-longue pratique, tandis qu'un mot du maître ou le voir une seule fois à l'œuvre peut abréger considérablement les essais. Aucune partie de la peinture n'est aussi intimement liée aux mystères du métier; de là la répugnance que le Titien et Bonifazio éprouvaient à communiquer leurs procédés à des élèves déjà en état d'en faire immédiatement le meilleur usage possible.

Il n'est pas tout à fait hors de propos de rappeler ici les intimes rapports qu'on dit exister entre les organes de la musique et de la couleur. Il est de fait que, si parmi les musiciens les plus éminents on ne compte pas un seul peintre, en

---

[1] Il y a à Venise, dans l'Académie des beaux-arts, un tableau de Paris Bordone, « le pêcheur présentant au doge l'anneau de saint Marc, » qui est sous tous les rapports une des plus belles productions de l'école vénitienne. Cet artiste a vécu quelque temps en France où il fit les portraits des principaux personnages de la cour de François Ier.

revanche la plupart des peintres qui se sont distingués comme coloristes ont cultivé la musique avec succès ; quelques-uns y ont acquis un talent très-remarquable. Léonard de Vinci et Bartolomeo ont été sans contredit les deux meilleurs coloristes de l'école florentine, et l'un et l'autre furent également célèbres par leur goût exquis pour la musique. Léonard, j'ai déjà eu l'occasion de le dire, débuta à Milan, à la cour de Louis le Maure[1], dans une lutte musicale où il fut vainqueur. Le Correggio, qui porta plus loin qu'aucun autre artiste la magie du coloris, était passionné pour la musique ; quelques instants avant de mourir il rêva qu'il était transporté dans le ciel et les saintes harmonies qu'il crut entendre, furent pour lui comme l'annonce de la béatitude éternelle.

Mais le fait le plus remarquable à l'appui de cette opinion, c'est que dans l'école vénitienne, si supérieure à toutes les autres par son coloris, la passion de la musique et le talent pour l'exécution furent presque universels à l'époque où cette école atteignit son plus haut degré de gloire. Ce n'est point par une fiction arbitraire de Paul Véronèse que, dans son immortel chef-d'œuvre des *Noces de Cana*, les plus illustres peintres vénitiens au seizième siècle sont représentés exécutant un concert sur divers instruments ; très-souvent ces artistes se réunissaient ainsi pour leur plaisir ; la musique était le délassement favori et journalier du Titien, dans le petit palais qu'il occupait en face de l'île de Murano, à la portée des chants harmonieux que faisaient entendre le soir, et souvent pendant la nuit, les gondoliers traversant les lagunes, aujourd'hui presque désertes et silencieuses. Vasari rapporte que Giorgione chantait divinement en s'accompagnant du luth. Le Tintoret, aussi, possédait à un haut degré ce double talent, et le Bassano, Porde-

---

[1] V. Tome Ier, page 114.

none, Palma, Paris Bordone, étaient, au dire de Ridolfi, de très-habiles musiciens.

Tous ces peintres, que nous ne pouvons pas classer dans le second ordre, puisqu'ils s'élevèrent souvent à la hauteur des plus grands maîtres, étaient imitateurs les uns de Giorgione, les autres du Titien, tous appartenaient à l'école des Bellini ; de là cette ressemblance qu'ils ont entre eux, et qui a fait dire « qu'il suffit de connaître un peintre vénitien pour les connaître tous, » expression exagérée sans doute, mais non dépourvue de toute vérité.

Après la mort du Titien, en 1576, on vit se renouveler le même fait qui s'était produit à Rome après la mort de Raphaël et, vingt ans plus tard, à Florence : la prompte décadence de la peinture.

Palma le jeune, né en 1544, petit neveu de Jacopo Palma, commence cette nouvelle époque. Il avait travaillé dans le palais ducal en concurrence avec le Tintoret et Paul Véronèse ; inférieur à celui-ci pour la fraîcheur, la transparence et l'harmonie des couleurs, il est supérieur au Tintoret par l'éclat du coloris. Il a, comme les peintres de l'école romaine, précurseurs des *maniéristes*, un charme qui séduit, des qualités qui méritent l'admiration, à ce point que le Guerchino et Guido parlaient avec une haute estime de quelques-uns de ses ouvrages. Ces qualités avaient une tendance à l'afféterie que ses imitateurs exagérèrent.

Ainsi que Paul Véronèse et le Titien, Palma le jeune visita Rome, mais sans que l'école de Raphaël et la vue des œuvres de ce maître immortel aient eu plus d'influence sur lui que sur les autres peintres vénitiens. Entre les deux écoles, les divergences étaient trop grandes pour qu'elles pussent agir l'une sur l'autre ; peut-être le coloris des Vénitiens améliora-t-il celui des Romains et des Florentins, mais évidemment le grand style de l'école de Raphaël, ses hautes notions sur la vocation de l'art furent perdues pour les Vénitiens. Palma, le premier peintre de la décadence, ou le dernier de la grande école, ne sut voir à Rome que les qualités qui s'adressent aux yeux ; il fit ce que font tous les imitateurs, il copia certains airs de tête de Raphaël, dessina ses figures dans le style de Michel-Ange, étudia le clair-obscur de Polydore de Caravaggio, oubliant que ce qui fait la grandeur de l'artiste, c'est l'inspiration, c'est la pensée qui conçoit l'œuvre, bien plus que la main qui l'exécute.

Lorsque Palma le jeune mourut en 1627 ou 1628, l'école vénitienne était, comme toutes les autres écoles de l'Italie, sous l'influence de Michel-Ange Caravaggio. Ce grand peintre n'avait pas visité Venise, mais la facilité des communications et le grand développement des beaux-arts au seizième siècle avaient amené dans le siècle suivant une fusion de tous les styles ; ce que les Carrache érigeaient en système, se produisait partout par la force des choses. L'individualité des écoles disparaissait pour faire place à de plus vastes classifications, basées sur des théories générales, ou sur les grandes nationalités. Au dix-septième siècle il n'y a plus d'école romaine, florentine, ombrienne, lombarde, etc., distinctes les unes des autres par un mérite particulier, un caractère local, comme au siècle d'or ; il y a une école italienne, une école flamande, une école anglaise, espagnole, française, allemande, et quelquefois des artistes éminents d'un pays appartiennent à l'école d'un autre ; des Français, N. Poussin, par exemple, se font Italiens ; des Italiens se font Flamands.

Dans cette transformation, l'école de Venise perdit jusqu'au mérite tout spécial de son coloris. L'imitation du Caravaggio avait encore abaissé ses notions sur le beau, l'imitation du Guerchino, dans le clair-obscur, lui fit perdre cette couleur splendide qui compensait jusqu'à un certain point son infériorité relative dans la composition et l'expression. Les peintres vénitiens de cette époque furent surnommés *les Ténébreux*, parce que leurs œuvres, en général, très-sombres, ne présentent plus de demi-teintes; elles se composent uniquement de lumières extrêmes et de masses d'ombres. Il y eut bien encore quelques artistes qui cherchèrent à continuer les traditions du Titien et de Véronèse, mais aucun ne s'éleva bien haut, et dans la longue nomenclature des peintres vénitiens, depuis Palma le jeune jusqu'à nos jours, il n'y a guère que Canaletto dont le nom ait acquis quelque célébrité.

CANALETTO — 1696—1768 — est un des peintres les plus admirables pour la vérité du coloris et de la perspective aérienne, mais ce mérite a été trop subordonné par les sujets que cet artiste a traités, pour avoir exercé quelque influence sur l'art en général. Canaletto a peint des paysages et surtout des vues de Venise; il reproduisait de préférence les monuments architecturaux élevés par Palladio, dont le style avait pour lui, comme pour tout homme de goût, un attrait tout particulier; aucun artiste n'a mieux compris cette science du contraste simultané des couleurs, dont nous avons parlé dans une précédente occasion.

Mais si l'école de Venise vit disparaître rapidement la gloire que ses grands maîtres lui avaient acquise dans le seizième siècle, elle a eu du moins la noble consolation de compter parmi ses élèves le célèbre restaurateur des beaux-arts en Italie, Antonio Canova. C'est la sculpture, qui de nos jours, a rallumé le flambeau du génie des beaux-arts, et c'est Venise qui a eu l'honneur de préparer Canova à la glorieuse carrière qu'il a parcourue avec tant d'éclat pour lui, et d'heureux résultats pour les autres.

Avant de parler de cet artiste, disons quelques mots du sculpteur Sansovino et de l'architecte Palladio, tous deux trop éminents, trop liés par leurs travaux aux progrès de l'art pour que nous les passions sous silence.

SANSOVINO est né à Florence en 1479, il est mort à Venise en 1570. Plus jeune de cinq ans que Michel-Ange, il lui survécut de six ans; même carrière et même talent, excepté pour la peinture, dans laquelle Sansovino ne fit que quelques essais peu importants. Architecte et sculpteur, il fut le collaborateur et le rival de Michel-Ange dans les travaux de restauration des statues antiques qui décorent le Belvédère au Vatican, auxquels tous les deux prirent part à la même époque, et dans le concours que Léon X fit faire pour la reconstruction de l'église de Saint-Laurent à Venise. La vie de Sansovino ramène presque tous les noms des artistes, réveille le souvenir de toutes les grandes entreprises dont nous avons parlé jusqu'à présent.

Il était à Florence en 1506, intimement lié avec Andréa del Sarto. Un jour ils allèrent ensemble au palais des Médicis voir les fameux cartons de Léonard de Vinci et de Michel-Ange, qu'on venait d'exposer; Sansovino y fit la connaissance de Raphaël et de San-Gallo l'architecte. Cette nouvelle relation eut pour conséquence immédiate le voyage de Sansovino à Rome, où San-Gallo l'engagea à se rendre, par l'espoir que Jules II lui donnerait une part aux vastes travaux commencés au Vatican; Raphaël le recommanda à son oncle Bramante. Ses succès répondirent à son attente; ils le mirent en rapport pour ainsi dire journaliers avec Michel-Ange, et Sansovino n'avait pas encore trente ans, qu'il jouissait déjà de la plus brillante réputation comme sculpteur.

Vaincu par Michel-Ange dans le concours pour la façade de Saint-Laurent à Florence, il prit aussitôt sa revanche en l'emportant sur Raphaël et San-Gallo, dans un autre concours pour la construction de l'église de Saint-Jean-Baptiste, que les Toscans faisaient élever à Rome avec une magnificence extraordinaire

Pendant un séjour qu'il fit à Florence, où les soins qu'exigeait sa santé l'avaient ramené, à la fin du pontificat de Jules II, il acheva sa belle statue de saint Jacques pour l'église de Santa-Maria del Fiore, et un Bacchus qui faisait partie du Musée de Florence, et qui a été détruit dans un incendie en 1762.

Il était à Rome tout occupé de la construction de l'église de Saint-Jean-Baptiste, lorsque cette ville fut livrée aux violences soldatesques des bandes que le connétable de Bourbon avait amenées jusque sous ses murs. Sansovino s'estima heureux de s'échapper en fugitif de cette épouvantable scène où le pillage, le meurtre et l'incendie régnèrent pendant plusieurs mois.

Il arriva à Venise, ayant le projet de se rendre en France auprès de François Ier qui l'y invitait. Le Titien et l'Arétin lui firent changer de résolution; le sénat le nomma premier architecte de Saint-Marc. Il construisit dans la ville le magnifique palais Cornaro, le palais Delfina, l'hôtel des monnaies, plusieurs églises et la bibliothèque publique. En entrant dans le palais des doges, au pied de cette rampe, sur la plateforme de laquelle Marino Faliéro fut décapité, il y a deux statues colossales, Mars et Neptune, qui ont probablement donné à cette entrée le nom d'escalier des géants ; elles sont de Sansovino, ainsi que les quatre Évangélistes qui ornent la balustrade de la chapelle de Saint-Marc ; ce sont peut-être les plus beaux ouvrages de sculpture moderne que possède Venise.

Mais son chef-d'œuvre, ce sont les portes de bronze de la sacristie de Saint-Marc ; évidemment il s'est inspiré du magnifique travail en ce genre que Ghiberti a fait pour le Baptistaire à Florence. Sansovino avait passé sa jeunesse dans cette ville, ces portes étaient la merveille du siècle, rien n'en a surpassé la beauté, il est naturel qu'il les ait prises pour modèle. Ghiberti avait mis en ronde bosse, faisant saillie dans les intersections des panneaux, des bustes de prophètes et de sybilles ; Sansovino imita aussi cette invention fort gracieuse, mais, au lieu de personnages bibliques, il mit les bustes du Titien, de l'Arétin, de Sennazar, etc., sur les portes du baptistère de Saint-Marc ; c'est-à-dire des hommes dont le souvenir ne pouvait éveiller aucune pensée religieuse, ou qui furent, comme l'Arétin, la personnification de la plus scandaleuse immoralité.

Son excuse pour une si grande inconvenance, est dans la reconnaissance qu'il devait au poëte si honteusement célèbre ; c'est par le crédit de l'Arétin et du Titien que Sansovino, s'exilant en France où l'appelait François Ier, avait été retenu à Venise par le sénat, qui lui conféra le titre de premier architecte de la république, et ce fut encore à l'intervention de ses deux amis qu'il dut la prompte rémission des peines qu'il encourut pour la mauvaise construction de la bibliothèque de Saint-Marc. Pétrarque avait légué ses manuscrits à Saint-Marc ; cent ans plus tard, le cardinal Bessarione, l'un des plus illustres théologiens grecs qui travaillèrent dans les conciles de Ferrare et de Florence (1438-1439) à la réunion des deux Eglises, donna à Venise sa bibliothèque, la plus riche peut-être qui existât alors. Ce fut pour loger ces précieux trésors que le sénat, en 1529, chargea Sansovino de construire un édifice digne de sa destination et de la munificence de la république. A peine la construction était-elle achevée, que la voûte s'écroula ; cet accident eut de graves conséquences. Sansovino fut jeté dans un des cachots souterrains du palais des Doges ; on put craindre qu'il ne payât de sa vie une erreur d'artiste, mais non-seulement l'Arétin et le Titien obtinrent par leur crédit sa liberté et la restitution de ses biens qui avaient été confisqués, ils le firent encore réintégrer dans son emploi avec des avantages pécuniaires plus considérables qu'auparavant.

La bibliothèque de Saint-Marc est le chef-d'œuvre d'architecture de Sansovino ; il offre cependant de nombreuses fautes, mais la grâce et l'élégance de l'aspect général, les fait en quelque sorte disparaître pour le spectateur qui n'analyse pas l'œuvre scientifiquement.

Sansovino est plus grand artiste comme sculpteur que comme architecte, mais de son vivant ce fut surtout en cette dernière qualité qu'il acquit sa célébrité. Il avait été le rival de Michel-Ange, de Raphaël, de San-Gallo, et l'avait emporté sur eux en plusieurs occasions ; il eut à Venise une position supérieure à celle de Sanmicheli, le plus grand architecte que les Etats vénitiens aient produit, et même à celle de Palladio, dont le nom éveille l'idée de la perfection dans cette branche des beaux-arts, comme celui de Raphaël dans la peinture.

PALLADIO, né à Vicence en 1518, est le dernier mais le plus illustre de ces artistes justement considérés comme les restaurateurs de l'art. C'est à lui qu'on doit tant d'édifices splendides qui ornent Vicence, Vérone, Padoue, Venise, Udine et bien d'autres lieux en Italie où des palais et des églises ont été élevés sur ses dessins.

Il fit quatre fois le voyage de Rome, dans la société du poëte Trissino, dont la *Sophonisbe* a trouvé en France des imitateurs depuis Mairet jusqu'à Voltaire, et qui faisait alors pour la scène dramatique, ce que Palladio allait accomplir pour l'architecture, un art nouveau basé sur les chefs-d'œuvre de l'antiquité.

C'est un fait remarquable que cette constante association des hommes illustres dans tous les genres, au seizième siècle surtout où l'aristocratie intellectuelle et l'aristocratie de naissance et de position semblent ne former qu'une seule et même société. Tous les noms de quelque célébrité se rattachent les uns aux autres, de telle sorte qu'on ne saurait en rappeler un seul sans en évoquer à l'instant une foule d'autres.

Ainsi Palladio restaure à Vicence l'ancienne salle gothique, connue sous le nom de *la Ragione*, et il se trouve en concurrence avec Jules Romain. Il construit sur les bords de la Brenta le palais des Foscari, quand Sansovino embellit Venise de ses derniers ouvrages. A Venise il élève un théâtre, et c'est Fédérigo Zuccaro qui vient le décorer de ses peintures. Il rebâtit l'église de Saint-Georges-Majeur, qu'Albert Durer avait fait construire, et qui devient comme un musée pour les peintures du Tintoret. La mort le surprit avant que l'église fut achevée.

Il était intimement lié avec Paul Véronèse, et en relation avec le Titien. C'est en commémoration de la terrible peste de 1576, dont le Titien mourut, que Palladio a construit à Venise l'église de Santa-Maria della Salute, si connue de tous les touristes. Palladio a coordonné les principes que ses prédécesseurs avaient mis isolément en pratique. Orcagna, en construisant la *loggia dei Lanzi*, avait plutôt cédé à une inspiration isolée que créé un nouveau genre ; Brunelleschi, le premier qui ait fait une étude savante de l'architecture antique, cherchait à approprier au style gothique certains principes des constructions de l'ancienne Rome ; c'est ainsi qu'il conçut le dôme de la cathédrale de Florence, et qu'il éleva dans cette ville les églises de San-Lorenzo et du Spirito-Santo, les chefs-d'œuvre de cette nouvelle architecture. Bramante, Michel-Ange, San-Gallo, Sanmicheli, Sansovino, développèrent les idées que Brunelleschi, Alberti et Rosellini avaient fait naître ; Palladio en régla l'application dans toutes les branches de l'architecture : les églises, les théâtres, les palais, les maisons particulières, les ponts, etc.

Ce ne sont pas seulement les constructions, mais aussi les

écrits de Palladio qui ont exercé une influence directe sur le développement de l'art ; son traité d'architecture est l'œuvre que tous les artistes étudient ; il a été traduit dans toutes les langues. Palladio a posé les bornes que nul architecte n'a dépassées.

Il réunit dans le style de ses édifices la simplicité à la grandeur ; l'aspect en est toujours élégant et agréable ; les détails sont corrects, et dans une convenance et une harmonie parfaites avec le tout. C'est là ce qui constitue son principal mérite, car l'on ne saurait emprunter à Palladio ses proportions sans les détails, ou les ornements sans le dessin général, et conserver en même temps l'élégance et le charme de l'ensemble ; toutes les parties sont intimement liées entre elles ; par exemple, ses colonnes qui presque toujours sont de simples ornements, ne pourraient prendre un caractère plus important, sans faire perdre à l'édifice cet aspect gracieux qui rend l'architecture de Palladio si remarquable. On retrouve la même perfection d'harmonie dans les rapports qu'il a établis entre les différents ordres, entre les colonnes, les chapitaux, les entablements, les proportions des fenêtres et les distances entre elles, etc., etc.

La seule ville de Vicence renferme, outre la fameuse salle de la *Ragione,* et son théâtre non moins célèbre, monuments construits ou restaurés par Palladio, huit ou dix palais élevés par lui ou d'après ses dessins. Il est vrai que la plupart de ces édifices sont construits en briques, que les entablements sont de bois, et que le stuc qui les recouvrait est presque partout tombé ; cela n'ôte rien au mérite de l'architecte, mais l'aspect de son œuvre y perd beaucoup, et bientôt on ne pourra plus en juger que par les dessins qui *illustrent* les œuvres de Palladio. Il en est de même de la célèbre *Rotonda Capra,* près de Vicence, dont il existe en Angleterre une sorte de fac-similé que lord Burlington a fait construire près de Londres, dans sa propriété de Chiswick[1]. Gœthe dit que jamais l'architecture n'a atteint un plus haut degré de splendeur. « C'est un édifice de forme carrée, renfermant une salle ronde éclairée d'en haut. Des quatre côtés on y arrive par un large escalier aboutissant à un porche formé par six colonnes corinthiennes. L'architecture est d'une beauté exquise, et la position du monument, placé à l'extrémité d'une colline perpendiculaire, qui s'avance en dehors de la ligne des monts Bérici, n'est pas moins ravissante ; nulle autre localité ne pouvait convenir aussi bien à cet édifice, aucun autre édifice n'aurait pu s'harmoniser si parfaitement avec ce lieu enchanté [2]. »

Palladio semble n'avoir pris des anciens que la quintessence de leur goût. Le tact le plus fin lui a fait distinguer ce qui était pur de ce qui commençait à sentir la décadence, et l'on croirait qu'il n'a imité dans l'antique que ce qui appartient au siècle de Périclès ou à celui d'Auguste. Il varia cependant la modénature de ses ordres d'architecture d'après leur genre et leur destination, et surtout leur application aux usages modernes, sans s'éloigner des modèles qui lui servirent de type, au moins pour son style, toujours pur et correct. Quoiqu'il se servît alternativement des cinq ordres, il avait une sorte de préférence pour l'ordre ionique. Il en fit souvent usage dans les maisons particulières et même dans les décorations de quelques églises, entre autres dans celle de Sainte-Lucie, à Venise. Il sut aussi donner des proportions convenables à la capacité des intérieurs, mais en ayant moins en vue la dispo-

---

[1] Il y a deux autres copies en Angleterre, mais dans ce pays nébuleux le ciel et les circonstances locales ne répondent pas aux mêmes *accessoires* en vue desquels Palladio a construit sa rotonde sur le Monte Berico.

[2] Gœthe.—Woods., cités par John Murray.

sition moderne que la commodité de la distribution, et en suivant, comme il le dit lui-même, les règles déjà établies par Baptiste Alberti. Il était assez porté à imiter les anciens dans leurs constructions en briques, les considérant avec raison comme les plus solides; il y mélangea aussi le marbre, observant toujours de faire les arcs et les voûtes en briques. Ce mélange ne nuit en rien au grandiose de l'aspect, auquel il ajoute une variété de tons aussi riche que pittoresque[1] ; c'est probablement à cette particularité qu'il faut attribuer la préférence que le célèbre peintre Canaletto donnait aux constructions de Palladio dans le choix de ses vues de Venise.

De toutes parts on lui demandait des plans et des dessins; son influence s'étendait sur toute l'Italie, bientôt elle ne fut pas moins grande à l'étranger. C'est en Angleterre surtout que ses principes furent adoptés; l'Anglais Inigo Jones doit être considéré comme le disciple, ou, mieux encore, le continuateur de Palladio. L'hôpital de Greenwich, la salle des banquets à Whitehall, le portique de Saint-Paul, sont des monuments dont l'idée a été puisée dans les œuvres de Palladio, ainsi qu'un très-grand nombre d'habitations particulières répandues sur toute l'Angleterre.

Palladio mourut à Venise, en 1580; il y a peu d'années qu'on a rendu à Rome un hommage public à sa mémoire, en plaçant son buste dans le Panthéon, à côté de ceux de Raphaël et de Nicolas Poussin. C'est à Canova qu'on doit ce tribut de respect à la mémoire d'un grand artiste qui appartenait, comme lui, aux Etats de Venise, et, comme lui aussi, s'était justement acquis une illustration européenne.

---

[1] Castelian, Biogr. univ.

CANOVA.

1757—1822.

Canova est un de ces artistes sur lesquels la pensée aime à s'arrêter, aussi distingué par le talent, qu'aimable par le caractère. Il est, avec Thorwaldsen, le plus grand statuaire de nos jours.

Canova naquit le 1er novembre 1757 à Possagno, dans la province de Trévise. Dès son enfance on lui mit entre les mains le maillet et le ciseau. De même que son contemporain, sir Thomas Lawrence, à six ou sept ans, montrait de rares dispositions pour le portrait, faisant en quelques minutes le croquis des principaux personnages qui s'arrêtaient à l'auberge de son père, de même Canova, tout aussi jeune, annonçait déjà un véritable talent. Quoiqu'on ne puisse pas dire que son enfance ait été heureuse, il ne rencontra pourtant pas au début de sa carrière, autant de déboires et de difficultés que le peintre anglais.

L'enfance de Canova s'écoula dans une famille d'artisans plutôt que d'artistes, où la vie était rude, frugale, mais paisible et régulière. Torretto, son maître, était un de ces industriels si nombreux en Italie, moitié maçons, moitié sculpteurs, qui atteignent aux rudiments de l'art par un certain mérite d'exécution, sans jamais s'élever jusqu'aux hautes régions par l'inspiration et l'étude savante. La sévérité de Torretto fut utile sous tous les rapports à Canova; il arriva à ses vingt ans fortifié par des habitudes de travail, d'ordre et de tempérance.

L'amour vint le surprendre au milieu de ses premiers travaux. Ayant rencontré une nombreuse réunion de jeunes bergères en habits de fête, il en distingua une, Betta Biasi, remarquable par des yeux noirs étincelants de grâce et de beauté, et par une chevelure qu'il disait plus tard n'avoir retrouvée que dans les descriptions d'Apulée. Déjà l'on parlait de mariage; sa famille y consentait; Betta ne disait pas non, et ses yeux disaient oui, quand tout à coup Canova dut suivre son maître qui allait s'établir à Venise; il chercha dans l'étude et le travail une distraction au chagrin de la séparation.

Il fut présenté au sénateur vénitien Jean Faliéro, qui lui commanda son premier ouvrage; c'étaient deux corbeilles de fleurs et de fruits destinées à orner la rampe d'un escalier, et qu'on voit encore au palais Farsetti, à Venise. Cet ouvrage, remarquable par la finesse du ciseau, satisfit si bien Faliéro qu'il commanda sur-le-champ au jeune sculpteur deux statues, Orphée et Eurydice.

A dater de ce moment, Canova entra dans la carrière d'artiste, dans la pratique de la sculpture. Son apprentissage étant fini, il prit un atelier, et, affranchi de toute direction, mais en même temps abandonné à lui-même, il redoubla d'ardeur pour le travail. Son père était mort depuis longtemps; sa mère, remariée, vivait loin de lui; son aïeul, qui avait soutenu son enfance par quelques sacrifices d'argent, ne pouvait plus rien pour lui; il n'avait à Venise ni parents ni relations. Un si complet isolement était une grande épreuve pour sa jeunesse; il en sortit avec honneur.

Ce premier ouvrage du statuaire eut un entier succès; Canova y montre déjà cette finesse d'esprit qui est un des traits caractéristiques de son talent. Il ne traita pas ces statues chacune isolément; il les unit par un sentiment commun, par une même action, empruntant à Virgile les plaintes d'Eurydice, à Ovide la consternation d'Orphée, comme les Niobé qui forment un seul et même drame, bien que chacune d'elles soit une œuvre complète et isolée.

Les commandes se succédèrent rapidement; c'est à cette époque qu'il fit le groupe de *Dédale* et *Icare*, qu'on voit au palais Barbarigo à Venise, dans la chambre qu'occupa le Titien. Il ne serait pas difficile de trouver de justes sujets de critique dans ces premiers essais; ce dernier groupe surtout est empreint d'une afféterie dont Canova ne s'est jamais entièrement affranchi, mais ici d'autant plus visible que le talent, qui plus tard atténua ce défaut, n'est pas encore développé. Cependant, si l'on se rappelle combien étaient petites les ressources pour l'étude dont Canova avait pu disposer, et son jeune âge, et la médiocrité de son maître, on ne peut que s'émerveiller du talent que le jeune artiste avait déjà acquis.

Le succès ne l'éblouit pas; malgré sa réputation, alors très-exagérée, faute de rivaux; malgré que, pour les humbles projets qu'il formait à cette époque, Venise lui offrît une existence assurée, et même malgré les attrayants souvenirs de Betta, Canova comprit que sa vocation était d'être artiste et que, pour le devenir, il fallait d'autres travaux, d'autres études, un autre ordre d'idées, que ce que lui offrait Venise. Il partit pour Rome en 1779; il n'avait pas vingt-deux ans accomplis.

Le soir même du jour où il arriva dans la ville éternelle, il courut à l'académie de France, assister à la leçon d'après le modèle vivant. Le lendemain il se présenta chez l'ambassadeur de Venise auquel il était fortement recommandé; l'ambassadeur lui offrit un logement dans son palais, l'engagea à faire venir un plâtre de son groupe de *Dédale*, et lui conseilla d'aller, en attendant, visiter les nouvelles découvertes qu'on venait de faire près de Naples; c'étaient les villes d'Herculanum et de Pompéi. L'ambassadeur, le chevalier Zulian, fit plus que de bien accueillir son jeune compatriote, il lui fit présent d'un bloc de marbre de Carrare, pour son premier ouvrage.

Jusqu'alors à Possagno et dans son court séjour à Venise, il n'avait guère entrevu l'art que dans sa propre imagination; à Rome il se trouva en face des chefs-d'œuvre de l'antiquité, et des grands maîtres du quinzième et du seizième siècle. Il sentit quelle immense distance séparait la lueur pure mais faible qui avait éclairé sa précoce intelligence, de l'éblouissante lumière de l'art arrivé à la perfection. Il comprit que pour arriver à un véritable talent, il ne suffisait pas d'avoir pour guide un sentiment mal défini, une sorte de divination vague des beautés de l'art; il reconnut le besoin d'une instruction plus ferme, plus positive. Il la trouva chez les hommes instruits et les artistes éminents avec lesquels le chevalier Zulian le mit en rapport.

En présence de ce marbre, dont son protecteur lui avait fait don, et qui semblait attendre de lui la vie, il médita longtemps le nouveau sujet qu'il voulait traiter, et avant de l'entreprendre, il fit un voyage à Venise; il revit Possagno, et Betta Biasi, toujours plus belle, ce qui n'empêcha pas Canova d'être de retour à Rome en 1782. Rome lui avait donné la soif de l'immortalité; il avait plus d'ambition que d'amour.

De son bloc il fit le groupe de *Thésée, vainqueur du Minotaure*. M. Quatremère de Quincy, qui se trouvait alors à Rome en parle en ces termes : « Je ne pus sans surprise voir, de la « part de ce jeune inconnu, un ouvrage qui, considéré sous le « seul rapport du travail et de l'exécution, semblait annoncer « un talent formé et une pratique consommée : mais beaucoup « d'autres considérations le recommandaient; celle de la nou- « veauté n'était pas la moindre. En effet, le goût franchement « adopté et reproduit de l'antique était quelque chose alors « d'étrange et d'inouï. »

Ces louanges ne sont que relatives ; vraies, si l'on compare ce groupe à ce qui se faisait alors, elles seraient exagérées, prises dans un sens absolu. Il y a dans cette œuvre peu de force, peu de grandeur. Le génie de Canova n'y a pas laissé sa vive empreinte; du reste ce sujet mythologique n'offrait pas de grandes ressources sous le rapport de l'expression et des passions.

Le moment est bien choisi : le demi-dieu abaisse d'une main la tête du monstre, et de l'autre soulève la massue qui va retomber pour l'écraser. Mais on ne voit dans Thésée qu'un effort suprême; il se roidit, il épuise ses forces dans une dernière lutte; c'est l'homme courageux, ce n'est pas le demi-dieu, et l'on sent que la victoire ne lui est pas si bien assurée, qu'un degré de plus dans la résistance du centaure ne lui en fasse perdre le fruit.

Canova offrit ce groupe en témoignage de reconnaissance au chevalier Zulian, qui refusa de l'accepter. Il est maintenant à Vienne, où il a pour pendant un autre groupe, aussi de Canova, et également remarquable par la pureté du ciseau : c'est *Thésée et le Minotaure*, commandé par la république de Venise, dont cette fable mythologique rappelle, par une allusion heureuse, les anciennes victoires dans l'île de Crète. Thésée est assis sur le monstre dans cette attitude familière à tous les connaisseurs, et que *David* a imitée dans son *Léonidas*. On la retrouve dans les camées antiques, dictionnaire si souvent consulté par les artistes modernes, véritable répertoire du bon goût, du grand style et de l'art. Canova s'est également servi d'une peinture découverte à Pompéi, où le héros est représenté assis, entouré des vierges d'Athènes qui s'agenouillent devant leur libérateur.

Canova débutait à Rome sans aucune de ces idées préconçues qu'on reçoit presqu'à l'insu de soi-même dans un atelier, et qui corrompent le goût et le jugement avant que l'étude et l'expérience les aient formés. Il avait acquis dans la retraite de Possagno assez de connaissances pratiques pour n'avoir plus besoin de maître dans les procédés mécaniques; il pouvait se livrer à sa propre inspiration, sans être entravé par les liens d'une coterie; son bon goût le porta vers l'étude de la nature, mais d'une nature choisie et gracieuse ; sans parti pris, sans système arrêté, il créait un nouveau style, en opposition directe avec le goût du jour ; il prenait en Italie le même rôle que David, alors à Rome, allait aussi prendre en France, celui de réformateur.

Mais entre ces deux hommes, si semblables par ce côté de leur vie, il y avait des dissemblances de caractère et de talent bien plus remarquables encore. Canova se rapprochait toujours plus de l'antique, s'attachant à donner au marbre cette souplesse pleine de vie, qui ravit chez les Grecs, tandis que David imprimait à ses figures la roideur et la pose froidement académique qu'on reproche aux dessinateurs qui n'ont étudié la figure que d'après le marbre ou le plâtre. Ainsi le peintre et le sculpteur marchaient dans un sens opposé à celui que leur vocation respective leur indiquait. Au point de vue du caractère, les dissemblances étaient plus grandes encore. David se drapait en vieux Romain, avec une arrogante grossièreté ; Canova exagérait un peu sa bonhomie naturelle, et sous les apparences d'une simplicité naïve, cachait un esprit fin, et beaucoup d'habileté dans les choses de ce monde. Ce qui était parfaitement naturel chez lui, c'était une bienveillance tout à fait cordiale envers son prochain, quel que fût le rang, la fortune ou l'illustration.

Ce n'est pas Canova qui aurait répondu à Louis XVI, prisonnier dans la loge du logographe, le 10 août, au moment où le canon renversait son trône : « Je ne ferai désormais le portrait d'un tyran que lorsque sa tête posera devant moi sur l'échafaud. » Mais Canova ne manquait pas de courage ; aux Tuileries, il fit entendre à Bonaparte, tout-puissant, la vérité sur l'état de Rome et la détention du pape.

Par ses talents et son caractère, Canova se créa très-promptement une position honorable ; l'aménité de ses manières adoucit la lutte que rencontre inévitablement tout homme qui a une place à conquérir dans la société. Il s'était lié avec Volpato, le célèbre graveur des plus beaux ouvrages de Raphaël. Volpato avait une fille d'une rare beauté; la bergère de Possagno n'était plus présente; Canova devint éperdûment amoureux de la belle Domenica. Il la demanda en mariage, et fut admis dans la famille à titre d'*inamorato* officiel. Hélas! il était destiné à n'en avoir jamais d'autre.

Un jour qu'il avait conçu quelques doutes sur les sentiments de sa belle, il se déguisa en mendiant — et ce n'était pas la première fois — pour épier Domenica qui se rendait à l'église avec une dévotion dont l'ardeur excitait les soupçons de Canova. Il eut le double avantage de recevoir la charité des belles mains de Domenica, et de voir se dissiper ses doutes en acquérant la certitude qu'il avait un rival préféré. Ce rival était Raphaël Morghen, qui devint l'époux de la belle. Sur ces entrefaites Betta Biasi se maria aussi, et Canova n'eut plus d'autres préoccupations que celles de son art [1].

Il suivait avec persévérance la voie qu'il s'était tracée à l'imitation des anciens, sans se laisser arrêter par le dédain et les critiques des maniéristes, qui perpétuaient à Rome les traditions des Carlo Maratta et des Bernini.

C'est à cette époque qu'il fit les monuments de Clément XIII et de Clément XIV, et, entre autres ouvrages, sa charmante statue d'Hébé, dont il existe deux exemplaires, l'un à Venise et l'autre à Saint-Pétersbourg; ce dernier avait été fait pour l'impératrice Joséphine.

La déesse de la jeunesse s'élance à travers les airs avec ra-

---

[1] Canova a élevé dans l'église des SS. Apostoli, à Rome, un monument à la mémoire de Volpato; c'est une figure de l'Amitié pleurant sur le buste du défunt.

pidité, le corps penché en avant; les légères draperies qui la couvrent sont repoussées en arrière par le mouvement, en sorte que les formes sont nettement indiquées; avec une grâce infinie, elle lève le bras pour verser la liqueur. Elle est légère, svelte, naïve, toute jeune, rayonnante de fraîcheur, d'innocence et de beauté. C'est une vision céleste: elle se penche et s'abandonne sans crainte au mouvement de l'air qui la soutient et va l'emporter; elle sourit à tout ce qui l'entoure, et semble l'emblème de la grâce ingénue et confiante. L'Hébé de Thorwaldsen, non moins gracieuse, est plus sévère, plus antique; à mon goût elle surpasse en beauté celle de Canova.

Nous ne pouvons pas entrer dans l'examen de toutes les productions de Canova; elles se succédaient rapidement, il parcourait sa carrière à pas de géant.

Canova tomba malade par excès de travail, il alla respirer l'air natal, et cet épisode de sa vie eut toutes les apparences d'une pastorale; ce serait, à quelques variantes près, le sujet un peu rebattu d'un opéra idyllique. Il avait retrouvé à Crespano sa mère et Betta, mariée et heureuse. Les jours s'écoulèrent doucement; celui de la séparation arriva. Canova se mit en route à pied, seul, et le cœur attristé, pour se rendre à Possagno, chez son aïeul, dans la maison paternelle où il avait passé ses premières années.

Tout à coup, au détour de la vallée, il tombe dans une embuscade de jeunes gens qui l'entourent en criant *evviva*, en tirant des coups de carabine, en poussant des cris de joie et il se trouve bientôt en face de toute la population des deux bourgs, hommes, femmes, vieillards, enfants, réunis pour lui faire honneur; les cloches sonnaient dans les villages; le curé et les anciens venaient au-devant de lui, et tout ce cortége, musique en tête, l'accompagna jusqu'au seuil de son ancienne demeure. Florian en eût pleuré de tendresse. Canova en fut profondément touché et avec raison, car si la mise en scène est un peu enfantine, l'hommage était sincère, les cœurs honnêtes, et celui qui le recevait, digne de le comprendre.

Vingt ans plus tard, mais vingt années de révolutions et de guerre, Canova, qui se préoccupait depuis longtemps du projet de construire une église dans les formes antiques, résolut de commencer les travaux et choisit Possagno pour le lieu où s'élèverait l'édifice. C'est là que ses pensées le reportaient dans toutes les grandes circonstances de sa vie; l'artiste vivait à Rome, l'homme laissait son cœur dans le paisible asile de son enfance. L'acte qu'il passa avec la commune de Possagno pour la construction de cette église à laquelle il mettait la plus grande importance, est un témoignage de l'excellence de son cœur. Sur cent ducats de dépense, il en fournissait quatre-vingt-quinze, la commune cinq; elle donnait le gros sable et la chaux, lui le reste. Moyen ingénieux auquel recourait une bonté délicate, pour ôter au bienfait jusqu'à son caractère gratuit. Le contrat fut signé. Alors les jeunes filles intervinrent, elles déclarèrent qu'elles s'engageaient volontairement à porter les matériaux les moins lourds, qu'elles y consacreraient les heures de repos des jours ouvrables et les jours de fête après les cérémonies de l'église, si le curé le permettait; le curé le permit.

Canova assista à la cérémonie de la pose de la première pierre; il tailla lui-même le bloc et le plaça. Au moment de se mettre à table, car la fête se terminait par un banquet, il aperçoit une jeune paysanne dont la coiffure était en désordre, et aussitôt la même main qui avait si souvent ajusté la chevelure des princesses et des divinités, arrangea les cheveux de la pauvre fille des champs; pourtant Canova était alors ce qu'on appelle un très-grand homme, c'est-à-dire fort illustre, fort riche, et décoré d'une infinité de rubans. Cette simplicité de mœurs est un trait charmant qui peint bien sa vie.

En 1822, Canova revint encore à Possagno, mais comme un malade qui cherche une dernière fois les regards d'un ami. Les travaux avançaient, cependant ils étaient loin d'être terminés. Bientôt il dut se faire transporter à Venise, et huit jours plus tard, le 4 octobre, il y mourut.

Avant de revenir au sculpteur, ajoutons encore quelques détails sur l'homme; ils font connaître Canova d'une manière si honorable, et montrent si bien la haute estime qu'on avait pour lui, que tous les raisonnements du monde ne le feraient pas si bien apprécier.

Il mourut en prononçant ces paroles : « Seigneur vous m'avez donné le bien que j'ai en ce moment, vous me l'ôtez, que votre saint nom soit béni. » Par son testament il laissa au pape Pie VII le droit de choisir dans ses ouvrages ce qui lui serait agréable. Il légua aux fils du sénateur Faliéro, son premier protecteur, deux de ses statues à leur choix; aux jeunes filles de Possagno trois dots de soixante écus romains chacune, à perpétuité. Il fit son frère, Sartori Canova, son héritier universel, à charge de terminer, sans la plus petite épargne, l'église de Possagno où il voulut être inhumé.

Le 16 octobre on célébra ses funérailles dans la métropole de Saint-Marc, et après la cérémonie le corps fut transporté à Possagno; là, l'église ne pouvant pas contenir toute la population, le service religieux eut lieu sur la place publique. A Rome on rendit à sa mémoire des honneurs extraordinaires.

On eut raison, car l'Italie perdait son plus grand artiste; grand par ses œuvres, grand par l'heureuse influence qu'il exerçait sur les arts, grand par son noble caractère qui honora l'Italie partout où Canova fut appelé par sa position, ou simplement par sa réputation, à représenter sa patrie.

Il a sculpté cinquante-trois statues ; douze groupes (le treizième, la *Descente de croix*, est resté à l'état de modèle), quatorze cénotaphes, huit grands monuments, sept figures colossales, deux groupes colossaux, cinquante-quatre bustes, vingt-six bas-reliefs modelés (un seul a été exécuté en marbre), en tout cent soixante-seize ouvrages complets.

La division du travail mécanique explique cette fécondité, qui eût paru, il y a deux siècles, un inconcevable prodige. La tâche de l'artiste s'est simplifiée, et le maniement du ciseau n'est plus qu'une œuvre secondaire (sauf pour le dernier fini) subordonnée aux directions de la pensée créatrice.

Nous possédons dans notre musée trois copies d'ouvrages de Canova : la Terpsichore, les trois Grâces et la Vénus, dont l'exemplaire a été donné au Musée Rath par Canova lui-même. Il y a aussi en marbre un buste de Platon, qu'il fit dans sa jeunesse.

La Terpsichore a de la vivacité et de la grâce, mais sans excès; en cela elle est fort supérieure aux danseuses ; les formes sont plus belles, plus développées, moins conventionnelles. La déesse a cessé de danser, elle rêve et repose. Cette statue était originairement le portrait d'une princesse romaine dont la tête a été remplacée par une tête idéale.

La *Vénus* a été faite pour la ville de Florence, à qui Bonaparte avait enlevé, comme à tant d'autres Etats, ses chefs-d'œuvre des beaux-arts. Florence voulait une copie de la *Vénus de Médicis*, pour remplacer l'original. Canova préféra faire une autre Vénus. M. Quatremère fait observer que c'était une entreprise hasardeuse que de remplacer une des célébrités de la sculpture antique dans le lieu, et sur le piédestal même, où depuis plusieurs siècles la déesse de la beauté avait reçu les hommages de l'admiration de toute l'Europe. Canova diminua ce danger en évitant un rapport trop grand entre les deux sujets. Sa *Vénus* est une jeune fille surprise au bain ; c'est la Musidore du poëte, une nymphe timide et craintive, qui s'effraie de ses propres pensées, qui se trouble en y rêvant. Considérée comme expression de sentiments ingénus et voluptueux, la *Vénus* est un chef-d'œuvre. Les contours en sont peut-être trop arrondis ; Canova, le Corrége de la sculpture, est souvent tombé dans ce défaut.

Il était destiné à remplir les places vides que Bonaparte avait faites dans les musées de l'Italie ; sa *Vénus* occupait le piédestal de la *Vénus de Médicis*, son *Persée* vint remplacer au Belvédère du Vatican l'Apollon Pythien. L'enthousiasme qu'excita cette production de Canova peut nous paraître exagéré, maintenant que, plus accoutumés à la réaction qu'il fit dans les beaux-arts en faveur du goût, de la vérité et du style, nous apprécions mieux la distance qui le sépare encore des chefs-d'œuvre de l'antiquité. Non-seulement la lutte est trop inégale entre son *Persée* et l'*Apollon*, mais Canova ne soutient guère la comparaison avec Benvenuto Cellini qui a traité le même sujet et ne tenait pourtant pas comme statuaire le premier rang au seizième siècle.

Le *Persée* est gracieux sans héroïsme ; c'est un Apollon *dandy*. Dans le repos même du demi-dieu, il faudrait pressentir, deviner cette ardeur de gloire, cette inspiration guerrière qui l'animent ; or, la statue de Canova, pleine de délicatesse, de langueur et de suavité, ne répond point au caractère poétique du libérateur d'Andromède. Son attitude est indolente, ses contours sont féminins, une morbidesse toute asiatique règne dans son ensemble.

Le peuple surnomma la nouvelle statue la *Consolatrice* ; le Pape créa Canova chevalier, et rétablit pour lui la charge d'inspecteur général des monuments d'art, telle qu'elle avait été instituée pour Raphaël. L'entraînement alla plus loin ; on plaça dans le Belvédère, ce sanctuaire des arts où la perfection seule devrait être admise, les deux statues que Canova avait nommées les *Lutteurs*, et que le jugement public a baptisées les *Boxeurs*[1]. Elles y sont encore, et c'est un malheur pour le sculpteur moderne ; partout ailleurs le mérite de ces statues serait évident ; au Belvédère, il est insuffisant.

L'un des plus beaux ouvrages de Canova, *Vénus et Adonis*, appartient à un de nos concitoyens[2]. L'Adonis est mélancolique, d'une expression douce et triste, comme l'Antinoüs antique, mais avec plus d'élégance encore et de charme. La Vénus est vraiment idéale ; c'est la personnification la plus complète du génie de Canova. Les anciens ne connaissaient qu'une Vénus sensuelle, type de la beauté du corps, image corrompue et altérée de cette déesse créatrice que les cosmogonies primitives ont célébrée, que les mythologies ont adoptée en la surchargeant d'accessoires étrangers. Canova a créé un emblème de l'amour passionné, un symbole de ces délicates rêveries, de cette passion de l'âme, nées de la civilisation moderne. Bernini, en essayant de donner à la déesse ce caractère idéal, l'eût faite sentimentale et précieuse ; chez Canova elle n'offre que grâce exaltée, prestige moral, dévouement, élévation, pureté. Vénus enlace de l'un de ses bras le corps d'Adonis, et semble lui demander une grâce, une faveur, que l'adolescent refuse avec tendresse ; sans doute elle veut le retenir, elle lui témoigne la crainte qu'elle ressent, et le supplie de ne pas exposer une tête si chère. Les commentateurs varient beaucoup sur ce sujet.

Canova s'est essayé sur un autre sujet, dans le genre musculeux et énergique, le moins congénial à son talent, c'est

---

[1] Creugas et Damoxenus.
[2] M. Favre-Bertrand.

Hercule et Lychas[1], groupe colossal, conception hardie, où la main n'a pas rendu à beaucoup près tout ce que la pensée avait conçu. Michel-Ange eût exprimé complétement cette pensée terrible : Hercule broyant dans ses mains cet enfant qu'il va lancer au loin comme un caillou; il eût fait saillir ces nerfs que torture une atroce agonie, et que Canova s'est contenté d'indiquer avec précision, mais peu d'énergie. On admire dans ce groupe une belle disposition, un agencement ingénieux, beaucoup d'originalité. Un degré de force de plus, c'eût été un chef-d'œuvre[2].

Sous le ciseau de Canova, le marbre s'anime ; il semble que le sang circule dans ces veines si délicatement indiquées, mais c'est d'une vie molle, voluptueuse; les nerfs deviennent chair, les muscles perdent leur vigueur, le système osseux est sans fermeté. Thorwaldsen n'a pas moins de grâce, de poésie, de jeunesse, mais ses figures ont un caractère primitif que n'ont pas celles de Canova. Chez celui-ci on sent trop que l'inspiration a sa source dans la société civilisée, dans un monde plus ou moins factice. Son Hercule, ses demi-dieux, ont la morbidesse de Pâris, d'Adonis ou d'Antinoüs. Thorwaldsen a une pureté et une fermeté dont le charme est inexprimable.

Les *Trois Grâces* ont été faites pour l'impératrice Joséphine. C'est un des plus célèbres ouvrages de Canova, et considéré par beaucoup de connaisseurs comme le chef-d'œuvre de la sculpture moderne. Leur doux abandon, leurs sourires langoureux, leurs bras enlacés, leurs contours onduleux séduisent, mais on cherche en vain dans ce groupe la volupté pudique

---

[1] Au palais Torlonia, à Rome.

[2] Un article sur Canova, publié il y a une vingtaine d'années, dans un journal anglais, m'a fourni de précieux renseignements pour cette appréciation des œuvres du célèbre sculpteur vénitien.

qui inspira Virgile. Les *Grâces* de Canova rappellent le style de Métastase ; elles ont cette beauté un peu efféminée et toute moderne qui a son prestige, mais que désavoue un goût pur et élevé. Les anciens représentaient les Grâces sous des couleurs plus chastes et plus sévères.

Un artiste comme Canova ne pouvait échapper à l'influence de Napoléon ; tous les hommes de quelque valeur étaient entraînés par le tourbillon, les uns retenus constamment à la circonférence par un courant répulsif, les autres arrivant droit au centre par une irrésistible attraction. Canova vint à Paris en 1802, appelé par le consul Bonaparte, qui tranchait déjà du souverain par sa munificence. Il payait au sculpteur tous ses frais de voyage, et lui donnait 120,000 francs pour sa statue. C'est dans une des courtes séances où le consul posait, que Canova lui dit : « Votre figure est si favorable à la sculpture, que si on la découvrait dans un antique, on verrait qu'elle appartient à l'un des plus grands hommes de ces temps-là ; mais ce n'est pas une physionomie faite pour plaire au beau sexe. »

Préoccupé de ce caractère antique qu'il admirait en Napoléon, il fit une statue nue et de grandeur colossale. Quand elle arriva à Paris, l'empereur, choqué de ce qu'il considérait comme une inconvenance, et craignant surtout le ridicule, cette arme si fatale en France, fit reléguer la statue dans quelque réduit des Tuileries, et il n'en fut plus question[1]. Elle appartient aujourd'hui au duc de Wellington.

A peu près à la même époque, un sculpteur français, Chaudet, fit cette statue de Napoléon qui, jusqu'en 1814, a orné la salle des séances du corps législatif. C'est un des chefs-d'œuvre de l'école française. Le sujet est aussi traité à l'antique, mais

---

[1] En la voyant, Napoléon s'était écrié : « Canova croit donc que je me bats à coups de poing ? »

c'est le style héroïque, et non pas olympique; ce n'est pas la figure d'un dieu, c'est celle d'un législateur, d'un monarque; le caractère dominant c'est la pensée; les draperies sont antiques, elles ne cachent pas trop le corps, et, par un petit artifice très-ingénieux, le manteau conserve assez la forme qu'il a de nos jours pour que, sans porter atteinte au caractère dominant, l'aspect ne soit pas tout à fait étranger à nos usages.

J'ai rarement vu une statue réunir autant que celle-ci les qualités de jugement et de convenance qui sont pour l'esprit une source de si entière satisfaction. Et, par exemple, un détail qui semble d'abord peu important, mais qui est toujours un écueil pour le statuaire, l'appui indispensable à la figure est ici merveilleusement justifié : c'est le manteau lui-même qui, en descendant jusqu'à terre, donne le plus naturellement ce point d'appui. C'est ce qu'on appelle un *tronc justifié*[1].

En 1810, Canova fut rappelé à Paris pour y faire le portrait de Marie-Louise. L'empereur voulait qu'il s'y fixât; Canova ne voulait pas quitter Rome, où il avait ses habitudes et ses amitiés. C'est dans ce second séjour à Paris que le sculpteur, défendant les intérêts de l'Italie et du pape, fit entendre à Napoléon des vérités qui n'étaient pas moins courageuses pour être revêtues des formes d'une parfaite courtoisie.

Les statues de la mère de Napoléon, de Marie-Louise et de la princesse Borghèse sont d'une exécution admirable. La première est une imitation de l'Agrippine antique; sujet qui prêta

---

[1] Sous ce rapport Chaudet est un modèle de bon goût; on ne saurait trouver un meilleur exemple de la manière de sauver la difficulté qui résulte de la nécessité de donner un support à un groupe, que la statue du *Berger Phorbas portant OEdipe*; le chien qui se lève sur ses pattes de derrière pour caresser les pieds de l'enfant, soutient le groupe, en s'y mêlant de la manière la plus naturelle.

dans le temps à bien des épigrammes à l'adresse de Napoléon, et qui prouve que Canova était bien hardi, ou bien mauvais courtisan. Marie-Louise, représentée sous le costume et dans l'attitude de la Concorde[1], tient une patère antique, espèce de soucoupe dont les anciens se servaient dans les sacrifices ; ici, la patère devait rappeler la foi jurée devant les autels ; symbole que l'histoire a cruellement démenti. Un triste sourire vient se placer sur les lèvres quand on compare les flatteries officielles à la réalité des événements qui les ont réfutées et contredites.

Mais le plus beau portrait, la plus admirable statue que Canova ait jamais faite, c'est celle de la princesse Borghèse, la belle Pauline, représentée en Vénus victorieuse. Soit qu'il ait embelli son modèle, soit que la fidélité de son ciseau n'ait fait que rivaliser avec le chef-d'œuvre vivant qu'il avait à copier, jamais il n'a rien produit de plus beau.

A la seconde abdication de Napoléon, Canova fut envoyé à Paris réclamer les objets d'art que le traité de Tolentino avait ravis aux États romains. Canova refusait cette mission ; le pape insista, il fut obligé de céder. Peu de choses ont autant froissé la nation française que cet acte de restitution, et pourtant quoi de plus juste? Ce que la victoire avait conquis, une autre victoire le reprenait ; le droit de possession n'était fondé que sur la loi du plus fort, la restitution l'invoquait à son tour, en y ajoutant, ce qui est bien quelque chose pour la justice, le droit antérieur de propriété.

Toutes les puissances que la victoire avait amenées à Paris, envahirent le Louvre, chacune reprenant à la fois tout ce qui lui avait appartenu. Canova mit toute la délicatesse possible dans l'exécution de sa pénible mission ; il prit sur lui d'aban-

---

[1] Cette statue est maintenant dans le palais de Colorno, près de Parme.

donner au Musée français plusieurs objets de prix, qui avaient appartenu à Rome, et sur lesquels il ne s'élevait aucune contestation ; ce qui n'empêcha pas qu'on ne lui suscitât mille désagréments. On se rappelle cette réponse d'un ministre français à qui Canova vint se plaindre des mauvais procédés qu'avaient envers lui les employés du Musée ; il appuyait ses réclamations de son titre d'ambassadeur : « C'est emballeur que vous vouliez dire, » repartit l'Excellence.

Il profita de son voyage à Paris pour aller jusqu'à Londres, où l'appelaient le prince-régent et toute l'aristocratie britannique. Là il vit les marbres d'Elgin ; voici ce qu'il en dit : « J'ai vu les marbres venus de Grèce. Nous avions une idée des bas-reliefs, par des gravures, par quelques plâtres et des fragments de marbre, mais nous ne savions rien des figures, et c'est là que l'artiste peut montrer son vrai savoir. S'il est vrai que ces marbres sont dus à Phidias, ou dirigés ou terminés par lui, ils manifestent clairement que les grands maîtres étaient des imitateurs de la nature : ils n'avaient rien d'affecté, rien d'exagéré ni de dur, rien de ces parties qu'on appellerait de convention et géométriques. J'en conclus que, tant et tant de statues que nous avons avec ces exagérations, doivent être des copies faites par ce grand nombre de sculpteurs qui *répliquaient* les belles œuvres grecques pour les expédier à Rome. Que ce jugement suffise pour déterminer une bonne fois le sculpteur à répudier toute rigidité, en s'en tenant plutôt au beau, au doux et au développement naturel. » C'est sa propre apologie qu'il faisait, en expliquant ainsi l'œuvre de Phidias.

Il y a encore quelques ouvrages de Canova dont on ne peut se dispenser de parler, sa Madeleine surtout, qui a longtemps fait partie de la galerie Sommariva. Madeleine *pénitente* était un sujet tout à fait en dehors des notions de l'antiquité, une expression absolument chrétienne et pour laquelle la mytholo-

et éteint les ardeurs de la femme voluptueuse. Le monde est oublié ; nulle passion terrestre ne profane cette existence vouée au repentir. L'esprit de l'Evangile et sa touchante sévérité animent cette figure ; et l'artiste, habitué à répandre sur ses créations le charme d'une volupté contagieuse, s'est élevé ici jusqu'au plus haut degré de sublimité morale.

M. Cousin, dans son résumé du dix-huitième siècle, dit « qu'il ne peut y avoir de sculpture moderne ; qu'elle est exclusivement antique, car elle est avant tout la représentation de la beauté et de la forme, et que le soin comme l'adoration de la beauté appartient au paganisme. » La *Madeleine* de Canova est une victorieuse réfutation de ce paradoxe qui, du reste, ne soutient guère l'examen. Sans parler du Moïse de Michel-Ange, du Christ de Dannecker, des Apôtres de Thorwaldsen, qui sont bien des chefs-d'œuvre de sculpture, ni de tant d'autres ouvrages également admirables, inspirés par l'art chrétien, remarquons que la Madeleine de Canova pourrait égaler par la beauté des formes la Vénus de Praxitèle, sans rien perdre de l'expression qui en fait une des plus belles productions de la sculpture, antique aussi bien que moderne ; et que, depuis la Renaissance, plus d'un sculpteur a produit des œuvres inspirées par le paganisme et dignes de figurer au *Belvédère* ou à la *Tribune*. Condamner la sculpture à ne plus exister, si elle ne rivalise avec Phidias ou Praxitèle ! Autant vaudrait dire qu'aucun peintre n'ayant égalé Raphaël pour l'expression divine, la peinture doit être supprimée.

Les monuments funèbres de Canova sont d'un mérite assez inégal, mais le tombeau de Clément XIII (Rezzonico) l'emporte sur tous les ouvrages de ce genre à Rome, à l'exception du mausolée de Jules II, par Michel-Ange. Le vieux pontife est à genoux, sa vénérable faiblesse n'ôte rien à la grâce parfaite de sa pose, à l'élégance des draperies, au grandiose du style. Parmi les accessoires il y en a d'excellents et de détestables ; le Génie est dédaigneux, blasé, morose : il s'ennuie, il ne pleure pas. La Religion est une bizarre et gigantesque figure, où se combinent et semblent se combattre la sévérité calviniste et la pompe du catholicisme. Sa tête est couronnée d'une auréole qui, pour être traditionnelle, n'en est pas moins d'un effet mesquin. Mais qui ne passerait par-dessus une foule de défauts, en faveur de ces beaux lions qui gardent, on ne sait trop pourquoi, il est vrai, le tombeau du pontife et mêlent leur majestueuse terreur aux allégories qui environnent la statue agenouillée? L'art antique n'a rien à leur opposer ; c'est la nature dans sa plus grande beauté, dans toute sa puissance. Le lion dormant surtout est admirable.

Canova a essayé de la peinture ; il y a complétement échoué ; cependant, par un engouement qui n'est pas rare chez les hommes de génie, faiblesse qui révèle l'imperfection de l'esprit humain, il se glorifiait de ses tableaux plus encore que de ses sculptures. Michel-Ange était fier de sa rude poésie ; le peintre David se croyait grand violoniste, et Girodet grand poëte.

Michel-Ange, Raphaël et Canova ont commencé de même. Tous trois n'ont pas eu de jeunesse : l'inspiration est venue les chercher. A l'âge où le vulgaire des artistes est sous la tutelle du maître, ils commençaient à créer. Michel-Ange à quinze ans avait terminé son *Jeune faune*. A quinze ans Canova achevait son premier ouvrage de sculpture.

Né pauvre, il eut à lutter contre tous les obstacles que l'indigence oppose au développement du talent. Des protecteurs généreux le soutinrent au commencement de sa carrière, et un ami, Jean Faliero, le sénateur vénitien, lui fraya la route, lui prodigua des encouragements, plus utiles que des secours, lui montra la gloire en perspective, et le soutint dans ces moments de doute dont les plus grands artistes ne sont pas exempts.

Lorsque Canova eut atteint l'apogée de son talent et de sa réputation, il plaça dans la chapelle des *Saints-Apôtres*, à Rome, une tablette monumentale, consacrée à perpétuer le souvenir de sa reconnaissance et des bienfaits de Faliero. Je ne connais rien de plus touchant dans l'histoire des beaux-arts, après l'amitié qui unit Raphaël et le Pérugin.

L'essor de Canova ne s'arrêta plus. Il vit, au milieu des bouleversements des royaumes et des sanglantes querelles de la politique, le monde civilisé tourner vers lui des regards admirateurs, et chacun de ses ouvrages faire événement. Les souverains se disputèrent l'honneur de lui devoir l'immortalité. Nouveau Lysippe, il trouva son Alexandre; il fit la statue colossale de Napoléon.

Ses derniers jours s'écoulèrent dans la paix, la gloire et la fortune; les honneurs pleuvaient, pour ainsi dire, sur sa tête.

Au milieu de cette splendeur, Canova restait modeste et simple jusqu'à la naïveté. Créé membre de la Légion d'honneur par Napoléon, il refusa de faire partie du sénat. Le pape le nomma marquis d'Ischia, mais jamais il ne signa ses lettres que de son nom, ANTONIO CANOVA. Le chétif orgueil des parvenus était au-dessous de lui, et son bon sens l'avertissait que le plus glorieux de tous ses titres était celui-ci : Canova.

Désintéressé, libéral, magnifique même, il ne fut ni prodigue, ni ami du luxe. Ses profusions étaient des actions généreuses. Il ouvrit un concours à ses frais, et invita tous les jeunes sculpteurs italiens à choisir dans l'histoire de leur pays le sujet qui conviendrait à leur talent. C'est cette collection magnifique qui a été exposée, et qui l'est peut-être encore au Capitole. Quelle donation de prince fut jamais plus digne d'éloges! quelle libéralité fut plus noble et plus généreuse! Le marquisat d'Ischia, situé entre Castro et Canino, produisait un revenu annuel de 1300 couronnes [1]. A peine Canova l'eût-il reçu du souverain pontife, qu'il fit don du revenu à l'académie de Saint-Luc, pour être consacré à l'éducation et à l'encouragement des jeunes artistes. Faire de son talent un instrument de cupidité, dégrader l'art en le considérant comme un moyen de lucre sordide, accumuler, thésauriser, sacrifier à l'avide soif des richesses l'indépendante dignité de l'artiste, voilà ce que Canova ne connut jamais : le génie et la spéculation mercantile lui parurent toujours inconciliables.

Sa vie était frugale, sa demeure simple, sa philosophie dénuée d'affectation ; sa politesse venait du cœur, elle était simple, vraie, naturelle. Adoré dans l'intimité, idole des cercles qu'il fréquentait, l'envie se taisait devant ce vieillard vertueux et bienveillant ; un hommage volontaire, général, rendait justice à cette vie si pure et si belle. A Rome, les rois meurent sans que personne s'en préoccupe ; la mort de Canova y fut un jour de calamité publique. L'ancienne reine du monde venait de perdre sa dernière gloire.

Comme sculpteur, on ne peut l'apprécier justement, si l'on ne se souvient de sa position dans une époque de transition. Il s'agissait de détrôner l'école de Bernini, d'accomplir toute une révolution. Avant lui, le caprice régnait dans la sculpture; une fausse théorie avait produit une pratique plus fausse encore. L'outrecuidance du mauvais goût avait banni des ateliers l'étude de l'antique ; plus on montrait d'affectation, plus on faisait preuve de génie. Canova parut et renversa ce déplorable système. Une école dépourvue de toute vérité, de toute grâce, se trouva détrônée tout à coup.

Cependant la nature du génie de Canova, peu virile, peu énergique, étrangère aux émotions de la terreur, manquait de

---

[1] Environ 7,500 francs.

quelques-unes de ces qualités fortes qui assignent à l'artiste le premier rang parmi ses rivaux de tous les temps. On peut lui appliquer ces paroles de Quintilien sur Polyclète[1] : « La grâce et le fini sont ses mérites, et bien que la voix publique lui décerne la palme, il est des critiques sévères qui l'accusent de manquer de force. En effet, il a donné à la beauté de l'homme un charme presque divin, mais il a peut-être éteint cette expression de majesté solennelle, dont la divinité s'environne. » Doué d'un talent gracieux et féminin, les passions convulsives, l'agonie du désespoir, les visions de terreur, la sublimité de la pensée, n'appartiennent pas à Canova ; son domaine était celui des passions tendres et voluptueuses ; les nuances délicates, les rêveries de beauté surhumaine, les formes gracieuses, la jeunesse, les créations idéales et pures. Le génie de Michel-Ange s'était emparé des scènes de l'homme déchu ; Canova choisit celles de l'Eden.

[1] Liv. XII, chap. 10.

ÉCOLE LOMBARDE.

Le plan que je me suis tracé, de traiter successivement des écoles italiennes, et d'en réduire le nombre aux cinq principales qui les renferment toutes, me paraît offrir cet avantage, qu'étant ainsi obligé de revenir aux origines, pour arriver ensuite aux plus belles époques et à la décadence, nous avons plus d'occasions de fixer dans notre mémoire les grands traits de l'histoire des beaux-arts, et les principes qui en ressortent. Cela évite à la fois de trop longues études sur des points abstraits, sur des théories, et des énumérations d'ouvrages qui prendraient facilement l'aridité d'un catalogue.

Mais, en revenant sur des époques et des questions que nous avons déjà abordées, il serait superflu de les traiter de nouveau au même point de vue que nous l'avons fait; il suffira de rappeler ce que nous avons dit, et de le compléter par d'autres explications.

Les trois principales écoles dont nous nous sommes occupés jusqu'à présent : l'école romaine, l'école florentine et l'école vénitienne, les deux premières plus encore que celle de Venise, ont été concentrées chacune dans une seule ville, et sont personnifiées par des artistes qui ont reproduit au plus haut degré les qualités distinctives de leur école. A Rome, Michel-Ange et Raphaël; à Florence, Léonard de Vinci et Michel-Ange; à Venise, le Titien et Paul Véronèse; autour d'eux viennent se grouper des artistes de premier ordre.

Il n'en a pas été de même de l'école lombarde, sans doute par suite des guerres, civiles et étrangères, qui désolèrent ce magnifique pays jusque vers la fin du seizième siècle. Le siége de l'école lombarde n'appartient en propre à aucune ville, et quoique Léonard de Vinci ait fondé à Milan, vers la fin du quinzième siècle, une académie de dessin et de peinture, quoiqu'il y ait laissé son plus admirable chef-d'œuvre, Milan ne peut pas s'attribuer exclusivement l'honneur d'être le berceau, ou le foyer de l'école lombarde.

Comme dans les États de Venise, il y avait des peintres dans toutes les villes de la Lombardie et des duchés, fabriques fort actives où l'on produisait, avec plus ou moins de talent, les images que réclamait le culte; le sentiment de l'art, ses inspirations s'y réveillèrent comme dans tout le reste de l'Italie, mais l'art ne reçut pas une direction unique, il ne se concentra pas dans une école proprement dite, et quoiqu'il ait produit des œuvres admirables, et que son influence sur la peinture ait été grande, jamais il n'atteignit à la même illustration populaire.

Mantoue, Ferrare, Modène, Crémone, Parme, Milan, sont les principales divisions de l'école lombarde. Mais, notre plan n'admettant pas de minutieux détails, nous ne suivrons pas ces subdivisions, nous attachant seulement aux faits généraux, sauf en ce qui concerne le Corregio, dont le talent et la réputation ont trop d'importance pour que nous n'en fassions pas le sujet d'une étude spéciale.

J'ai déjà dit quelques mots des travaux de Giotto à Padoue; ils furent importants, et l'école qu'il fonda dans cette ville a été supérieure en mérite à toutes celles du nord de l'Italie; à la fin du quatorzième siècle, elle n'avait plus de rivale dans son voisinage, et, au commencement du quinzième, elle avait pour ainsi dire le monopole de l'éducation des artistes.

Il y a encore à Padoue quelques fresques de Giusto, de Jean et Antoine de Padoue, qui justifient pleinement l'admiration que ces artistes excitèrent parmi leurs contemporains. Les plus belles sont sur les murs intérieurs et à la voûte du Baptistère, où ils ont représenté le Christ au milieu des élus, de manière à figurer comme un abrégé de la gloire céleste, pour le spectateur qui est placé au-dessous. Ce fut la première fois que l'art essaya de produire ce genre d'illusion dont les difficultés sont si nombreuses et si grandes; il est curieux de comparer ce premier essai, où les figures sont symétriquement disposées en cercles concentriques, dans des attitudes roides et uniformes, avec les magnifiques coupoles du Correggio à Parme, dans le seizième siècle, qui forment le spectacle le plus grandiose que l'art puisse offrir à l'esprit humain, par la science des raccourcis et l'harmonie des couleurs [1].

Au quinzième siècle, on voit paraître un artiste dans une spécialité inconnue jusqu'alors, l'enseignement. Les maîtres recevaient des élèves auxquels ils apprenaient les secrets et les règles de l'art, mais qui leur servaient aussi de collaborateurs dans les entreprises dont ils étaient chargés. Le *Squarcione*, c'est le nom de cet artiste, fut simplement un instituteur; la rareté de ses ouvrages ne permet guère de le classer parmi les maîtres qui ont produit; il avait beaucoup voyagé dans toute l'Italie et en Grèce, et il avait rapporté un nombre considérable de dessins faits sur place, de fragments d'antiques, de statues et de bas-reliefs, et tous ces objets, réunis dans son atelier,

---

[1] Lanzi, Rio.

offraient aux jeunes gens de nombreuses et précieuses ressources pour l'étude. On compte jusqu'à cent trente-sept artistes qui sortirent de son école. C'est, à ma connaissance, le premier établissement de ce genre qui ait été formé en Italie.

Malheureusement il arriva au Squarcione, comme à la plupart des instituteurs, qu'enthousiaste de son système, il ne sut rien voir au delà. Pour lui, l'antiquité était non-seulement un moyen, mais un but ; les artistes florentins en étudiant les chefs-d'œuvre de la statuaire grecque, recherchaient la beauté des formes pour arriver à la perfection dans l'expression ; le Squarcione s'arrêta à ses modèles ; il ne vit pas même que, pour la peinture, l'étude de la statuaire ne suffit pas. De là, la roideur et la froideur si remarquables chez ses élèves, et chez Mantegna plus que chez tout autre, parce que les éminentes qualités de ce grand maître font d'autant plus ressortir ses défauts.

Andréa Mantegna, 1450—1506, est à l'école lombarde ce que le Masaccio fut à l'école de Florence : l'artiste éminent qui a préparé l'ère nouvelle, mais dont le style et l'exécution appartiennent encore à la Renaissance si étroitement, qu'il faut posséder des connaissances très-spéciales, et dans l'histoire de la peinture, et dans la peinture elle-même, pour apprécier tout son mérite.

Le désappointement est grand pour l'amateur qui, plein de curiosité à l'ouïe d'un nom si illustre, se trouve tout à coup en présence d'une œuvre qui n'a ni le charme de la couleur, ni la grâce des formes. Les figures de Mantegna, plus particulièrement dans ses derniers ouvrages, ont de l'expression, mais les corps sont d'une désespérante roideur. C'est le caractère de l'époque, et le Masaccio, l'artiste le plus avancé de son temps, n'en est point exempt. On étudiait les têtes, on n'en était pas encore à étudier le nu dans l'antique, encore moins dans la nature, ou, si l'on copiait les statues et les bas-reliefs des anciens, c'était sans apprendre à s'en servir dans d'autres positions.

Mantegna a des contours secs, et ses draperies sont comme des tuyaux d'orgue parallèles les uns aux autres, sans souplesse, et ne laissant point apercevoir les formes qu'elles recouvrent.

Né en 1430, il mourut en 1506; il a donc été témoin de la révolution que la découverte du procédé à l'huile apporta dans la peinture; il en profita lui-même sur la fin de sa vie, et Mantoue possède un de ses tableaux qui, sous le rapport de la couleur et du clair-obscur, ne mérite pas, à ce qu'il paraît, la critique que je faisais tout à l'heure.

C'est une Vierge, entourée de saints, et qui étend la main sur François de Gonzague, agenouillé à ses pieds[1]. « Mantoue, dit Lanzi, n'a peut-être point de peinture qui soit aussi souvent visitée et admirée des étrangers : faite en 1495, elle supporte très-bien ses trois siècles[2] de durée ; c'est une merveille que de voir des carnations si délicates, des armures si brillantes, des étoffes si bien nuancées. Chacune des têtes pourrait servir de modèle pour la vivacité ainsi que pour le caractère, et quelques-unes même pour l'imitation de l'antique ; le dessin, tant dans le nu que sous les vêtements, a un moelleux qui dément l'opinion généralement admise que le style de Mantegna est sec. On y admire en outre un empâtement de couleurs, une finesse

---

[1] Elle est connue sous le nom de *Madone de la Victoire*, parce que le marquis de Mantoue la commanda à Mantegna, en commémoration de la victoire obtenue sur Charles VIII à la bataille de Fornoue, en 1495. Mantegna était donc presque septuagénaire lorsqu'il entreprit ce chef-d'œuvre.

[2] Lanzi écrivait à la fin du siècle dernier.

de pinceau, une grâce tout à lui, qui me semble être le plus haut degré de l'art avant qu'il fût parvenu à la perfection que lui donna Léonard de Vinci. » Entre Mantegna et Léonard de Vinci il n'y a, pour l'âge, que quatorze ou quinze années de différence.

Il est fort possible que Mantegna, qui avait épousé une sœur des deux Bellini et entretenu avec eux des rapports suivis, ait modifié son coloris sur celui de l'école vénitienne; je suis tenté de le croire, mais je n'en ai aperçu aucun exemple dans les tableaux assez nombreux que j'ai vus de lui en Lombardie et dans les États de Venise ; tous m'ont désappointé au premier coup d'œil et charmé à l'étude.

Il y a de lui, au Louvre, deux compositions allégoriques qui doivent appartenir à l'époque de sa vie où son talent avait atteint toute la force et la maturité dont il était susceptible. Dans l'une, on voit les neuf Muses qu'Apollon fait danser au son de sa lyre; au-dessus, Mars et Vénus, figures pleines de noblesse et de grâce; d'un côté, Vulcain dans sa forge; de l'autre, Mercure et Pégase, disposés de manière à former un contraste qui se rattache sans doute au groupe par une pensée allégorique assez difficile à saisir. Quelques-unes des Muses sont d'une ravissante beauté; sans rappeler cependant les statues antiques; la figure de Vénus, d'un type non moins original, ni moins gracieux, sévère et chaste malgré sa nudité, prouve que l'art moderne pouvait concevoir le beau d'une manière tout autre que l'art païen, même dans des sujets mythologiques.

Le second tableau représente une sorte de lutte entre le bon et le mauvais principe ; les figures hideuses des génies infernaux et des vices sont en opposition avec les figures célestes de la Foi, de l'Espérance et de la Charité.

A une époque où le Louvre, par droit de conquête, offrait la réunion des plus grands chefs-d'œuvre de l'art, A.-G. Schlegel, qui le visitait souvent, s'arrêtait toujours de préférence devant ces deux tableaux, et le dernier agissait si vivement sur son imagination, que le seul éloge qui lui semblait digne de ce chef-d'œuvre, était de le comparer au sublime poëme du Dante ; on sait que G. Schlegel était un excellent juge des productions des beaux-arts.

Les papes, de retour à Rome de leur long exil à Avignon, se plurent à embellir le Vatican, de même qu'un nouveau propriétaire croit prendre mieux possession de son bien en le transformant. Ce fut la première origine des immenses travaux qui devaient amener si rapidement à maturité tous les arts plastiques, et surtout la peinture.

Mantegna fut appelé à Rome en 1490, pour y décorer la chapelle d'Innocent VIII. Tous les peintres italiens de grande réputation concoururent à ces vastes entreprises ; la plupart étaient étrangers à Rome et appartenaient à l'école de Florence ; Mantegna fut le représentant des écoles lombardes, et ses œuvres, qui existent encore dans la chapelle d'Innocent VIII, prouvent qu'il était digne de prendre place à côté de Masaccio, Beato-Angelico, le Botticelli et de ce Gentile de Fabriano qui fut l'un des premiers maîtres de l'école d'Ombrie et, en quelque sorte, l'un des fondateurs de l'école vénitienne, puisqu'il eut pour élève le père des deux Bellini.

Nous avons eu déjà l'occasion de remarquer le peu d'influence qu'exerça sur les peintres vénitiens la vue des chefs-d'œuvre des autres écoles ; il en fut de même pour Mantegna. On voit bien qu'il a profité des antiques qui se trouvaient à Rome, pour perfectionner son dessin, mais ses notions sur l'art n'ont subi aucune modification essentielle ; entre son premier tableau[1] et le dernier, qui fut aussi son plus grand chef-

---

[1] Le San Cristoforo.

d'œuvre, il n'y a pas une différence telle qu'on puisse hésiter sur l'authenticité, ni découvrir aisément un changement dans le procédé ou la pensée. Il y avait entre l'école de Venise et celles de Rome et de Florence, des divergences trop grandes pour qu'une fusion fut possible ; le coloris, le dessin, l'inspiration, tout provenait de sources différentes, et l'on remarque que les qualités spéciales que possède l'une d'elles ne sont peut-être dans les autres écoles pas moins caractéristiques par leur absence, c'est-à-dire que les différences n'existent pas à un degré relatif, mais qu'elles sont dans une opposition directe.

Un autre fait non moins remarquable parmi les traits caractéristiques qui distinguent les écoles, c'est, chez les Vénitiens et les Lombards, le très-petit nombre de peintres qui sont sortis de leur spécialité ; tandis que nous voyons dans l'école florentine de si nombreux et de si brillants exemples d'artistes à la fois peintres, architectes, graveurs, sculpteurs, et possédant en dehors des arts plastiques, des talents remarquables, c'est à peine si l'on peut citer dans les écoles de Venise et de la Lombardie, un ou deux noms célèbres dans plusieurs branches des beaux-arts.

Mantegna est une de ces rares exceptions, et encore la gravure, où il excella, est-elle si intimement liée à la peinture, qu'on ne peut le citer comme exemple de cette prodigieuse aptitude à embrasser toutes les connaissances, dont l'école de Florence a donné de si merveilleux modèles dans la personne de ses chefs, Léonard de Vinci et Michel-Ange Buonarotti.

Quarante ans ne s'étaient pas écoulés entièrement, depuis que Maso de Finiguerra avait exécuté la première gravure connue[1] ; l'art était encore dans son enfance ; Baldini, le

---

[1] En 1452 ; c'était une empreinte d'un nielle représentant le couronnement de la Vierge. La plaque d'argent niellée existe encore à

Botticelli, qui grava plus tard la *Foi de Savonarole*; Pollajuolo, frère de l'architecte du nouveau Vatican, et plusieurs autres artistes de mérite s'essayaient dans cette branche de l'art du dessin à peine découverte. Pollajuolo cherchait à imiter les hachures du crayon, et se fourvoyait dans la mise en pratique d'une idée qui a été en effet le principe fondamental de la gravure. Mantegna, soit que la vue de ces essais pendant son séjour à Rome l'eût stimulé à s'occuper de gravure, soit qu'à Mantoue même il eût déjà pratiqué cette nouvelle découverte, obtint bientôt des résultats qui le placent en tête de tous les maîtres de ces premiers temps.

Il a gravé quarante ou cinquante estampes de grandes dimensions, qui marquent d'une manière fort intéressante les progrès de l'art; chacune de ces planches était un nouvel essai, que Mantegna fit avec une fermeté et une intelligence qui avancèrent singulièrement la marche de la gravure. Ce fut en étudiant ces estampes de Mantegna que se forma Marcantonio Raymondo, qui grava sous les yeux de Raphaël l'œuvre presque complète de ce maître immortel.

Dans les galeries de peintures on rencontre ordinairement Mantegna et Garofalo[1], placés l'un à côté de l'autre comme les deux meilleurs peintres de l'école lombarde. Ce voisinage fait ressortir les hautes qualités de Mantegna, et la comparaison qui s'établit entre ces deux maîtres fait merveilleusement

---

Florence, et le cabinet des estampes de la bibliothèque nationale de Paris possède un exemplaire de l'estampe sur papier. V. Eymeric-David, Hist. de la Gravure, p. 173.

[1] Né en 1481, mort en 1559. Son véritable nom était Benvenuto Tisi; il prit celui de sa ville natale, Garofalo, dans le Ferrarais, et signa ses tableaux en peignant dans le coin une giroflée (garofalo). Il y a de lui un nombre prodigieux de peintures à Rome, à Bologne, et principalement en Lombardie.

ressortir la différence qui existe entre le mérite de l'exécution et celui de l'inspiration. Mantegna précède de cinquante ans le Garofalo; il appartient à la Renaissance; il en a toute l'imperfection et la roideur quant au dessin et à la touche; le Garofalo, élève distingué de Raphaël, possède toutes les ressources de l'art moderne; il l'emporte de haute main sur Mantegna quant à l'exécution, et tout amateur qui prend ses yeux, non son esprit, pour juges, n'hésitera pas à lui donner la préférence. Mais analysez les œuvres de ces deux maîtres, cherchez sous la forme, la pensée qui les a inspirés, et vous reconnaîtrez bientôt la grande supériorité de Mantegna; s'il eût connu aussi bien que Garofalo le procédé, il serait incomparablement au-dessus de lui, quoique l'élève de Raphaël ait un incontestable mérite, puisque plus d'une de ses madones et de ses Enfant-Jésus ont été attribués à Raphaël lui-même.

La supériorité des maîtres du quinzième siècle, sous le rapport de l'inspiration, est le sujet d'un étonnement toujours nouveau; souvent chez eux l'exécution laisse beaucoup à désirer, mais le sentiment, l'expression, l'originalité dans la pensée ne furent jamais surpassés. Ce que l'art gagna dans la pratique, il le perdit dans la conception.

Mantegna n'eut pas de successeur, bien que ses deux fils fussent peintres; ils héritèrent de son nom, mais non pas de son talent. Lanzi parle d'une multitude de peintures à fresque tant sur les façades des maisons que dans les églises de Mantoue, et d'une quantité non moins considérable de peintures à l'huile dispersées dans les galeries particulières qui n'avaient de Mantegna que les défauts sans aucune de ses qualités. Tout cela est répandu maintenant en Europe sous le nom de cet illustre artiste.

Vingt ans après sa mort, en 1526, Jules Romain s'établissait à Mantoue. Dans ces vingt ans, que de choses s'étaient passées dans l'histoire de l'art! Quelle immense distance sépare ces deux époques entre lesquelles, cependant, il s'est à peine écoulé le tiers de la vie d'un homme! Raphaël avait en quelque sorte débuté l'année même où Mantegna mourut (1506), et Raphaël venait de mourir quand Jules Romain, son meilleur élève et son collaborateur, vint fonder à Mantoue une nouvelle école!

Ainsi se dispersait la lumière, comme en des choses bien plus relevées, bien plus sérieuses que l'art, on avait vu tout à coup, à cette même époque, surgir un maître puissant, dont les disciples allèrent aussi répandre au loin les nouvelles doctrines. Luther ébranlait le saint-siége, le dépouillait de sa puissance et de son prestige, alors que les peintres, les architectes et les sculpteurs, par un élan inouï, immortalisaient la demeure des papes par des merveilles que le génie des arts n'a jamais surpassées, jamais égalées depuis lors!

Mantoue fut, pendant bien des années encore, l'une des villes de l'Italie où les arts brillèrent du plus vif éclat, mais son école produisit fort peu d'artistes distingués; ce furent des étrangers que la maison de Gonzague y appela, pour des entreprises dont le but était l'embellissement de la ville et des palais du prince, plutôt que les progrès des beaux-arts; le Titien, le Correggio, le Tintoret, l'Albane, Rubens, Gessi, élève de Guido Reni, etc., vinrent successivement orner Mantoue de leurs admirables productions; malheureusement les désastres de 1630 détruisirent ou dispersèrent la plupart de ces chefs-d'œuvre.

L'école de Modène aurait pu rivaliser pour le dessin avec celle de Florence; elle excellait à modeler, et le Correggio la dirigea pendant quelque temps, circonstances qui auraient dû, ce semble, lui assurer un beau développement. Mais, dans de si petits Etats, l'influence est trop concentrée dans une ou deux familles, les ressources sont trop limitées, pour que l'artiste ait cette liberté d'action et reçoive ces encouragements sans lesquels le génie ne saurait exister. Dans les cours de Modène, de Mantoue, de Ferrare et de Parme, la poésie et les arts ne pouvaient être qu'un accident, brillant mais éphémère, dépendant du caprice du prince pour son essor, aussi bien que pour sa durée.

Il y eut quelques artistes de grand mérite, tels que Nicolo del Abate et Lelio de Novella, mais qu'on ne peut cependant pas classer parmi les peintres qui ont imprimé à l'art le sceau de leur génie.

Au reste, les écoles de ces villes n'acquirent de la célébrité qu'au moment où les écoles elles-mêmes allaient disparaître dans la fusion de tous les styles, qui s'opérait en Italie. La réputation de ces anciens foyers, où s'entretenait le feu sacré des beaux-arts, s'éteignit avec les traditions scolastiques de la Renaissance; ce fut le talent du maître, et non plus le mérite de l'enseignement qui fit la gloire de l'école; de national qu'il était, le style devint individuel, et l'on compta en Lombardie un beaucoup plus grand nombre d'imitateurs de Raphaël, que de disciples de Mantegna ou de Léonard de Vinci.

Longtemps avant l'arrivée de Jules Romain à Mantoue, et du vivant même de Mantegna, l'art moderne avait pénétré en Lombardie; Léonard de Vinci avait peint à Milan son Cenacolo, en 1493, et chacun sait que cette époque de fermentation, si étonnante par le développement que prit tout à coup l'intelligence humaine, n'a pas eu de plus digne représentant, dans presque toutes les branches des connaissances modernes. Léonard de Vinci avait considérablement devancé son siècle; et avant que Raphaël eût encore rien fait, quand Mantegna et le Pérugin achevaient les derniers chefs-d'œuvre de l'ancien style, lui, il produisait les merveilles de l'art moderne.

Entre son style et celui de Raphaël il y a de très-intimes

rapports : même recherche de la beauté, même sentiment un peu mélancolique, doux, éminemment gracieux. Raphaël seul aurait pu figurer Notre-Seigneur, comme l'a fait de Vinci, avec une noblesse, une simplicité et une grâce si touchantes.

L'école de Milan eut donc, en Léonard de Vinci, un chef non-seulement maître de tous les procédés de l'art, mais le plus noble par l'élévation de la pensée, comme il était aussi le plus savant parmi tous ses contemporains. Si, sous son influence, l'école lombarde s'était élevée au-dessus de toutes les autres, ce fait aurait paru la conséquence toute naturelle de la supériorité de Léonard. Que cette école eût été savante, noble, dans ses compositions et ses sujets, comme l'école de Raphaël, parfaite dans le dessin, autant que l'a été celle de Florence, et meilleur coloriste, tout cela eût semblé l'œuvre de Léonard de Vinci.

Mais ce mérite, il ne l'a pas eu. Il a peu travaillé comme peintre pendant son séjour à Milan, et quoiqu'il y ait fait son immortel chef-d'œuvre de la Cène, cela ne pouvait suffire pour donner l'impulsion à toute une génération de peintres. Il eût fallu de vastes entreprises telles que les travaux que Jules II et Léon X firent exécuter au Vatican ; or, les circonstances politiques de la Lombardie ne permirent rien de semblable.

Remarquons aussi la grande différence qui exista entre l'académie que Léonard de Vinci fonda à Milan en 1494, par ordre de Louis le Maure, et les écoles libres de Florence, de Rome et de Venise. Dans celles-ci il faut moins voir l'enseignement du maître donné à des élèves dans des leçons régulières et directes, que l'imitation d'un grand artiste par d'autres artistes, capables de juger son système, et de suivre ses traces par leur propre impulsion. L'académie de Milan, au contraire, fut un véritable établissement d'instruction publique, et le *Traité sur la peinture* qu'on a de Vinci est probablement, ainsi que ses travaux sur la perspective, l'anatomie et l'histoire, le résumé de ses leçons.

A Florence, à Rome, il y avait abondance, mais non pas concentration de ressources; des traditions précieusement conservées, sur l'excellence du dessin et sur sa pratique; l'élève qui voulait étudier, trouvait toutes ces ressources, mais il fallait le vouloir, car il n'était astreint à aucune discipline, sa liberté individuelle restait entière. A Milan les ressources, moins abondantes, furent concentrées dans une académie et réparties, si je puis le dire, à tous les élèves qui reçurent ainsi la même nourriture et la même ration, sans égard pour leur âge, leurs forces et leur individualité. Ce fut le lit de Procruste. La spontanéité chez l'artiste fut étouffée, et l'école ne donna que ce que donne presque sans exception l'enseignement uniforme : une respectable médiocrité.

Un seul élève de Léonard de Vinci a pris rang parmi les grands peintres, c'est BERNARDINO LUINI [1], encore doit-il être considéré plutôt comme un artiste qui a reçu les conseils de Léonard, que comme un élève dans le sens que je viens d'exposer, puisqu'il paraît certain qu'il pratiquait déjà depuis longtemps dans les petites villes sur les bords du lac Majeur, lorsque de Vinci vint s'établir à Milan.

Luini est un peintre admirable; quelquefois on le prendrait pour un excellent imitateur de Raphaël, et souvent pour de Vinci lui-même, tant il y a de rapports entre ces deux maîtres, Léonard et Raphaël. « Le goût de Léonard était si parfaitement conforme à celui de Raphaël, dit Lanzi [2], par sa délicatesse, par sa grâce, par l'expression vive des passions de l'âme,

---

[1] Mort en 1531 ou 1532.
[2] Tom. IV, p 104.

que, s'il n'eût point été distrait de la peinture par une multiplicité d'autres études, et qu'il eût sacrifié quelque chose de la délicatesse, pour ajouter un peu à la facilité, à la beauté, à la rondeur des contours, le style de Léonard aurait été spontanément à la rencontre de celui de Raphaël, avec lequel il présente les rapports les plus frappants, surtout dans quelques-unes de ses têtes. »

C'est précisément ce qui est arrivé à Luini, qui vécut à une époque où la peinture prenait de jour en jour plus de facilité d'exécution et un moelleux plus parfait. Cependant on retrouve encore chez lui des traces évidentes de l'ancien style, tels que l'emploi de l'or dans les accessoires, et une architecture qui n'est pas à la hauteur du style de l'école de Raphaël.

C'est à Saronno, à quinze milles de Milan, sur la route de Varèze, que se trouve l'œuvre principale de Luini, dans l'église de Notre-Dame. Ce sont quatre grandes fresques représentant le mariage de la Vierge et de Joseph, Jésus disputant avec les docteurs, la Purification de la Vierge et l'Adoration des Mages. « Ce sont, dit Lanzi, les ouvrages qui approchent peut-être le plus du faire de Raphaël. » Il n'y a cependant aucune trace d'imitation ; l'inspiration est originale ; Luini a exprimé avec un rare bonheur ce rayonnement de la pensée, cette expression divine si évidente chez Raphaël, et qui, tout en conservant l'individualité d'une figure qui n'a rien du type conventionnel, arrive à la beauté idéale. Peu d'artistes ont eu ce don au même degré que Bernardino Luini ; le style de convention est la chose la plus rare dans son œuvre, et ses sujets sont traités avec une grâce si pleine de vie et de vérité, tant de convenance et de noblesse, qu'ils s'emparent invinciblement de l'imagination du spectateur.

Il y a de lui, dans la bibliothèque ambroisienne à Milan, une *Madeleine*, et un *Saint Jean caressant son agneau*, qu'on prendrait aisément pour des ouvrages de Léonard de Vinci. A Saint-Georges, il a peint un *Ecce homo* dont l'expression est presque aussi divine que celle du Christ dans le Cenacolo de Léonard.

C'est seulement dans la famille des Luini — Bernardino eut deux fils, Evangelista et Aurelio — que se sont perpétués les préceptes de de Vinci ; tant il est vrai, comme je le disais tout à l'heure, que Léonard ne fonda pas une école dans la véritable acception du terme, mais simplement une académie de dessin. Il faut l'autorité des grands travaux pour perpétuer celle du maître. Si Raphaël n'avait produit, comme de Vinci, qu'un petit nombre d'ouvrages, eussent-ils été ses plus merveilleux chefs-d'œuvre, Raphaël n'aurait pas exercé l'immense influence qu'il a eue non-seulement sur ses contemporains, mais sur l'art en général, dans toutes les écoles, et jusqu'à nos jours.

Un élève de Raphaël, GAUDENZIO FERRARI, 1484—1550, qui s'approcha le plus de Jules Romain et de Perrino del Vaga, prit dans l'école milanaise la place que Léonard de Vinci avait occupée, et dans laquelle Luini aurait dû lui succéder. Il suffit, pour apprécier son mérite, de comparer les fresques, représentant la *Passion de Notre-Seigneur,* qu'il a peintes en concurrence avec le Titien, dans l'église du couvent de Sainte-Marie des Grâces, à Milan, où se trouve la Cène de Léonard de Vinci. La Crucifixion est un magnifique ouvrage. Le coloris de Gaudenzio est puissant, son dessin est énergique, les airs de tête de ses madones rappellent Raphaël, ses compositions sont animées. Gaudenzio est donc un artiste de grand mérite et sa célébrité n'est pas usurpée ; mais il ne saurait cependant soutenir la comparaison avec Léonard de Vinci ; dans les qualités de l'art qui sont indépendantes du *faire,* du procédé, elle serait absurde, tant la distance est immense, et, dans ce qui frappe seulement les yeux, le successeur de Léonard semble appartenir à une école beaucoup plus ancienne ; on dirait d'un contemporain de Mantegna et non pas d'un élève de Raphaël. Je le répète, ce fait est tout à l'honneur de Léonard de Vinci, car ce n'est pas la faiblesse de Gaudenzio Ferrari qui fait sa supériorité, c'est sa propre force, son génie même.

Mais ce n'est que par les belles qualités que l'art tombe en décadence ; les imitateurs les exagèrent, ils en font des défauts, et bientôt il ne reste plus de cette première gloire que des vestiges effacés, des beautés travesties. C'est ce qui arriva à Milan, comme nous l'avons vu aussi à Rome, à Florence et à Venise.

Il y eut bien encore quelques artistes de mérite[1], mais leurs noms surchargeraient inutilement la mémoire ; vers la fin du seizième siècle la décadence était complète, malgré les efforts de quelques familles nobles, et surtout des Borromée, pour ranimer le goût des beaux-arts.

Le cardinal Charles Borromée, qui a été canonisé, et son cousin Frédéric Borromée, qui le fut aussi, quoique son nom ne figure pas dans le calendrier, et dont Manzoni a fait un si admirable portrait dans ses *Promessi sposi*, consacraient leurs richesses à soulager les malheureux et à orner les églises. Ils furent à Milan, avec des ressources plus limitées, ce que les Médicis étaient à Florence et les Gonzague à Mantoue, mais dans des principes qui honorent infiniment plus leur mémoire.

Le cardinal Frédéric, qui avait étudié d'abord à Bologne et ensuite à Rome, avait non-seulement la passion des beaux-arts, mais un goût très-éclairé. Non content d'employer les architectes, les statuaires, les peintres les plus habiles qu'il pouvait attirer près de lui, il ranima la débile existence de

---

[1] Lommazo et surtout Proccaccini.

l'académie fondée par Léonard de Vinci, lui donna une nouvelle vie en y appelant les professeurs les plus distingués, fit venir les plâtres des plus belles productions de l'antiquité et de l'art moderne, et forma une galerie de peintures.

L'Italie, au moyen âge, avait renouvelé l'art; c'est en elle-même qu'elle avait trouvé la puissance, l'inspiration, la science, que toutes les autres nations venaient chercher dans son sein. Si la découverte de la peinture à l'huile était due à un Flamand, les plus grands chefs-d'œuvre étaient le produit de l'Italie; à l'étranger le mérite du procédé, à l'Italie la gloire de l'artiste. Aucun peintre italien ne traversait les monts pour se perfectionner dans aucune des branches de l'art; mais les artistes de toutes les autres nations, les plus grands maîtres dont elles se glorifient, accouraient en Italie à l'envi les uns des autres, admirer, étudier, copier le Pérugin, Ghiberti, Michel-Ange, Raphaël, le Titien, Bramante, Palladio et tant d'autres artistes dignes de servir de modèles.

Mais à Milan, c'est l'étranger qui déjà se posait en maître. La Lombardie avait été la première province italienne conquise par les hommes du Nord; ce fut aussi à Milan que, pour la première fois, on vit les peintres flamands s'établir non plus comme élèves, ainsi que cela était arrivé à Venise et à Rome, mais comme chefs d'école.

Le cardinal Frédéric Borromée[1] fit peindre pour l'académie de Milan, par Jean Breughel, une série de paysages qui, servant de modèles aux artistes lombards, devaient leur ouvrir une nouvelle carrière. Le paysage historique, malgré les chefs-d'œuvre des Vénitiens, et ceux, peut-être plus admirables encore, du Dominiquin et de l'école de Bologne, alors dans tout son éclat, ne fut jamais en Italie qu'un accessoire, je pourrais

---

[1] Archevêque de Milan en 1595; mort en 1631.

presque dire un accident. Les semences que quelques artistes flamands et hollandais étaient venus recueillir à Venise et à Rome, avaient produit une glorieuse récolte dans les nébuleuses contrées où le coloris vénitien semblait devoir être aussi étranger que le brillant soleil de la riante Italie. Les Flamands rapportaient aux Italiens ce que ceux-ci leur avaient donné.

Et pourtant, rendue ainsi à sa première patrie, la peinture du paysage ne s'y est jamais complétement acclimatée. Il semble que la vue continuelle des chefs-d'œuvre du haut style étouffe la peinture pittoresque, en l'empêchant de s'affranchir du joug de ces règles qui ne sont pas faites pour elle; comme au pied des chênes séculaires, dans la profondeur des forêts, les arbrisseaux et les plantes végètent et dépérissent.

C'est à cette époque [1] que fut fondue en bronze et placée à Arona la statue colossale de saint Charles Borromée, faite d'après le dessin de Cesari, dit le *Guide de Milan*; probablement ce Cesari n'est autre que le chevalier d'Arpino, le Josephin, ou Joseph Cesari, ainsi désigné par son nom de famille.

La nouvelle académie de Milan s'adressa naturellement au peintre le plus célèbre pour lui offrir la présidence; le premier qui obtint ce titre fut Fédérigo Zuccaro [2], et nous savons si la célébrité de ce peintre était mesurée à son mérite! Aussi les résultats furent-ils tels qu'on peut les supposer : d'abord la médiocrité, et bientôt la stérilité.

Vers la fin du siècle dernier, les beaux-arts ont commencé en Lombardie une nouvelle période; si le nombre des artistes

---

[1] En 1697; mais l'entreprise, ou tout au moins le projet, remontait à bien des années, car d'Arpino mourut en 1640. Charles Borromée avait été canonisé en 1610, vingt-six ans après sa mort.

[2] Voyez, tome Ier, page 229.

de mérite est extrêmement limité, il s'en est trouvé deux qui tiennent un rang honorable parmi les illustrations contemporaines : Appiani et Bossi. Les expositions annuelles au Brera ne donnent pas une idée exacte du goût du public pour les arts plastiques ; il est vrai que j'ai vu la foule ébahie d'admiration devant des œuvres d'une déplorable médiocrité, mais à Milan et dans plusieurs autres villes lombardes, les classes supérieures montrent un goût très-cultivé et savent encourager le mérite. Le réveil littéraire, si remarquable à la fin du siècle, ne pouvait rester sans résultats pour les beaux-arts; Beccaria, Cesarotti, Pindemonte, Monti, Ugo Foscolo, Mazza et une foule d'autres écrivains donnaient à l'esprit une impulsion dont toutes les branches de la culture intellectuelle devaient profiter. Canova réveillait le génie des arts.

Appiani revint de Rome pour décorer de ses fresques le palais de l'archiduc d'Autriche, à Monza ; il y peignit la fable de Psyché. Napoléon, devenu roi d'Italie, lui prodigua les distinctions, et le chargea de peindre dans le palais, à Milan, les principaux faits de sa vie, depuis sa nomination de général en chef, jusqu'à son couronnement; l'apothéose de Napoléon dans la salle du trône est une admirable fresque. Le dessin, le coloris et la composition sont dignes des beaux jours de la peinture.

Bossi est plus connu par ses travaux sur Léonard de Vinci que par aucun autre de ses ouvrages; il a fait revivre le *Cenacolo* dans une copie qui se trouve actuellement dans la galerie impériale de Vienne, et qui a servi à Raphaël Morghen pour sa belle gravure de ce chef-d'œuvre.

Ces deux artistes ont été honorés après leur mort par des monuments que leur ont élevés les deux plus grands sculpteurs de notre siècle. Canova a placé le buste de Bossi dans le vestibule de la bibliothèque ambroisienne ; et, dans le palais de Brera, Thorwaldsen a sculpté sur le monument d'Appiani un groupe des trois Grâces, l'une de ses plus exquises compositions.

CORREGGIO[1].

1494—1534.

Le véritable chef de l'école lombarde, c'est le Correggio. La grandeur et l'originalité de son talent, l'importance et le nombre de ses œuvres le placent au premier rang des peintres les plus distingués. Il est, par son coloris et par la hardiesse de son dessin, l'intermédiaire qui unit l'école de Venise à l'école de Raphaël ; c'est le premier peintre qui révèle à un degré si éminent cette fusion des différents styles que commençaient à opérer et la facilité des communications, et la diffusion de la connaissance des œuvres d'art par la gravure ; les tableaux à l'huile portaient au loin la vue des progrès que la peinture à fresque avait jusqu'alors confinés à la localité même où les œuvres étaient exécutées. Tout le monde connaît cette exclamation enthousiaste du Correggio à la vue d'un tableau de Raphaël[2] : « Et moi aussi, je suis peintre. » Il est naturel de conclure que ce ne fut pas la révélation de son propre talent qui lui arracha

---

[1] Je n'ai pas suivi, pour le nom de cet artiste, l'orthographe de Lanzi, je m'en suis tenu à celle des divers auteurs qui ont traité ce sujet ; au reste, son véritable nom est *Allegri* ; Corcggio ou Correggio est celui de sa ville natale.

[2] C'était le tableau des *Cinq Saints*, et non pas celui de la *Sainte Cécile*, comme quelques auteurs l'ont dit.

ce cri d'admiration, mais bien l'art lui-même, dont il avait sous les yeux un des plus parfaits modèles, et dont il était fier d'être l'un des plus fervents zélateurs.

On a beaucoup discuté sur cette question : Le Correggio a-t-il été à Rome? son talent s'est-il formé par l'étude des chefs-d'œuvre de Michel-Ange et de Raphaël ? — C'est la même discussion qui s'est élevée au sujet de l'influence que Michel-Ange a pu exercer sur Raphaël, mais avec cette différence que ces deux artistes, vivant dans la même ville, d'abord à Florence et ensuite à Rome, il est presque superflu de se demander s'ils ont exercé quelque influence l'un sur l'autre, ou plutôt si Raphaël s'est perfectionné par la vue des œuvres de Michel-Ange, car la discussion ne pouvait porter que sur ce point.

Il n'en est pas tout à fait de même du Correggio. Né en 1494, son talent aurait pu, en effet, subir une complète transformation par l'étude des ouvrages de Raphaël, et ce n'est pas un point sans importance dans l'histoire de l'art que de constater la source d'un talent de premier ordre. Aujourd'hui on tient pour certain que le Correggio n'a jamais quitté son pays, et cependant tout le monde admet qu'il y a dans ses œuvres, non-seulement une ressemblance marquée avec le style de Raphaël et celui de Michel-Ange, mais souvent une véritable imitation, presque des plagiats d'œuvres qui se trouvent à Rome, et n'ont pu être transportées ailleurs puisque ce sont des fresques ; ce même fait a été constaté pour des peintures qui sont encore dans les catacombes de Rome.

L'explication de cette apparente énigme est dans ce que je disais tout à l'heure des facilités de communication qui s'étaient établies, au commencement du quinzième siècle, par la gravure et la peinture à l'huile.

Il y avait à Mantoue et à Parme, où le Correggio étudia et vécut, des collections d'antiques ainsi que de dessins et de copies de l'école de Raphaël et de Michel-Ange. Il en profita; mais ce ne peut être que par une étrange inadvertance qu'on a prétendu reconnaître dans les fresques de la coupole de San-Giovanni, une imitation de certaines figures du *Jugement dernier* de Michel-Ange, à la chapelle Sixtine, puisque le Correggio avait terminé son œuvre dix-sept ans avant que Michel-Ange eut commencé la sienne.

Dans sa jeunesse, le Correggio avait travaillé sous la direction du fils de Mantegna ; les occasions ne lui avaient pas manqué de se perfectionner par l'étude des œuvres de l'un des plus grands peintres de l'ancien style, se rapprochant sensiblement, dans sa vieillesse, du style moderne, c'est-à-dire de ces contours plus pleins, plus moelleux, plus gracieux, qui ont caractérisé le *faire* du Correggio.

Sa vie a servi de texte à beaucoup de déclamations sur sa prétendue pauvreté. Des écrivains, presque ses contemporains, ont déploré sa misère. « Il était, dit Vasari, d'un caractère très-timide et se fatigant sans relâche aux dépens de sa santé ; il exerçait son art pour soutenir sa famille, qui était la source de tous ses embarras. Il était chargé d'une famille nombreuse, et continuellement tourmenté du désir d'épargner, ce qui l'avait rendu tellement misérable dans sa manière de vivre, qu'il était impossible de l'être davantage. » Annibal Carrache, dans une lettre écrite de Parme, en 1580, moins de cinquante ans après la mort du Correggio, s'exprime ainsi : « J'extravague et je pleure malgré moi à la seule idée de la situation du pauvre Antonio. Un si grand homme, se consumer dans un pays où l'on aurait dû l'apprécier et le porter jusqu'aux nues ! »

Tout cela était de grandes exagérations. Le Correggio appartenait à une famille considérée, qui n'était point sans fortune, et qui lui fit donner une bonne éducation. Il n'a pas obtenu pour ses tableaux un prix à beaucoup près égal à ce qu'on donnait pour les chefs-d'œuvre de Michel-Ange, de Raphaël et du Titien, ou même d'autres artistes qui lui furent grandement inférieurs; mais lorsqu'il mourut, bien jeune encore, il laissa à ses quatre enfants un honnête patrimoine. En restant à Parme, il ne pouvait obtenir cette réputation éclatante, ni les splendides encouragements qui allaient chercher les artistes illustres à Rome, à Florence, à Naples, à Venise, à Milan, partout où la concurrence entre les puissants de la terre élevait les récompenses données aux beaux-arts au-dessus de tout ce que pouvait faire ou la maison d'Este, ou les quelques familles nobles et les corporations religieuses qui le firent travailler. Je crois qu'il n'a peint pour un prince souverain, le duc de Mantoue, que deux tableaux.

Il ne faut pas non plus juger du prix qu'il reçut pour ses principaux ouvrages, d'après ce qu'on paie de nos jours, où l'argent a considérablement perdu de sa valeur. Ainsi, ses fresques qui décorent la coupole de Saint-Jean, lui furent payées près de 6000 francs, et celles de la coupole de la cathédrale environ 4000; aujourd'hui un artiste de réputation ne se considérerait pas comme suffisamment rémunéré en recevant dix fois plus que le Correggio; mais, à cette époque, Paul Véronèse, qui n'a jamais passé pour avoir été mal récompensé, recevait 400 francs pour son immense tableau des noces de Cana, aujourd'hui le plus bel ornement du Louvre. Andréa del Sarto n'obtenait guère plus pour sa Madone du sac; et soixante et dix ans plus tard, Annibal Carrache, alors le plus illustre de tous les peintres vivants, n'obtenait que 5000 francs pour cette galerie Farnèse, qui lui avait coûté huit années de travail assidu. Sa célèbre *nuit* a été payée au Correggio 480 francs, et le *Saint Jérôme*, dont le duc de Parme offrit un million pour le racheter de la France, ne lui valut que 500 et quelques francs et son entretien pendant six mois.

C'est un chapitre fort curieux que celui de la destinée des tableaux ! mais pour être juste, il faudrait opposer aux grandes fortunes qu'un petit nombre d'œuvres ont faites après la mort de l'artiste, le nombre incalculable de peintures et de sculptures qui, richement payées au moment de leur création, ont graduellement diminué de valeur et fini obscurément dans le galetas ou sur l'étalage des brocanteurs.

Le Saint Jérôme dont il est parlé plus haut, est un des plus singuliers exemples de ces vicissitudes. C'est un tableau qui représente la Vierge tenant sur ses genoux l'enfant Jésus, auquel Madeleine baise les pieds. Deux anges, saint Jérôme et son lion contemplent ce groupe ; le saint Jérôme étant la figure la plus remarquable a donné son nom à la composition. Voici ce qu'en raconte Viardot : « Cette toile célèbre fut peinte en 1524, dans l'année même où le Correggio termina la coupole de Saint-Jean. La veuve d'un gentilhomme parmesan nommé Bergonzi, qui l'avait commandée au Correggio, la lui paya 47 sequins et la nourriture pendant les six mois qu'il y travailla ; elle lui donna de plus, à titre de gratification, deux charges de bois, quelques mesures de froment et un cochon gras. La bonne dame légua ce tableau à l'église de Saint-Antonio-Abate, où il resta jusqu'en 1749. A cette époque, le roi de Pologne, Auguste III, en offrit une somme considérable (14,000 sequins, suivant les uns, 40,000 suivant les autres[1]) ; l'abbé de San-Antonio l'aurait vendu pour achever l'église, si le duc Don Filippo, averti par la clameur publique, n'eût fait enlever le chef-d'œuvre, qu'on plaça d'abord dans la sacristie de la cathédrale. Sept ans plus tard, un peintre français[2],

---

[1] D'autres disent que ce fut don Juan V de Portugal, qui, en 1549, en aurait offert 400,000 francs.

[2] M. Jollain, qui avait reçu du duc lui-même la commande de cette copie.

n'ayant pu obtenir des chanoines la permission de copier le Saint Jérôme, porta plainte au duc, lequel fit encore enlever le tableau par vingt-quatre grenadiers, qui l'escortèrent jusqu'au château de plaisance de Colorno. L'année suivante, le duc en fit présent à l'académie, après l'avoir acheté de l'église de San-Antonio, moyennant 1500 sequins, plus un tableau commandé à Batoni, destiné à remplacer celui du Correggio, et qui lui coûta 250 autres sequins. — En 1798, à l'époque de ce que Paul-Louis Courrier nomme les *illustres pillages* de la France, le duc de Parme offrit un million de francs pour conserver le tableau payé 47 sequins par la veuve Bergonzi; mais bien que la caisse militaire fut vide, les commissaires français, Monge et Berthollet, tinrent bon, et le tableau vint à Paris, où il resta jusqu'en 1815. » Il est maintenant de retour au musée de Parme, dont c'est l'œuvre capitale.

Le caractère dominant de la peinture à l'huile du Correggio, celui qui la fait reconnaître au premier coup d'œil, c'est la couleur qui est fondue et brillante comme dans l'émail, de sorte que les lumières ont un éclat, les ombres une transparence et une profondeur, qu'on ne rencontre à ce degré chez aucun autre peintre. Bassano était un peu dans la même voie que le Correggio; c'est évidemment le même système, mais celui-ci, qui a surpassé même le Titien dans l'emploi des demi-teintes, n'a pas l'aspect heurté, dur et sombre de Bassano, il est au contraire merveilleusement lumineux et moelleux. C'est tout ce que le clair-obscur a produit de plus parfait; sous ce rapport, le chef-d'œuvre du Correggio est son fameux tableau de la *Nuit*, qui fait partie de la galerie de Dresde, ainsi que sa *Madeleine*, non moins célèbre, quoique de moindre importance. La *Nuit* représente la nativité; l'enfant est sur la crèche et dans les bras de la Vierge agenouillée; il n'y a d'autre lumière que l'éclat céleste que l'enfant répand sur tout ce qui l'environne, et c'est pour cela que ce tableau a été surnommé la *Nuit*, comme le Saint Jérôme est souvent appelé le *Jour*, « il Giorno » par les Italiens, qui expriment ainsi l'étonnante lumière qui éblouit dans cette peinture. Est-il nécessaire de dire que cette lumière est aussi harmonieuse que brillante, et que la célébrité de ces deux tableaux, la Nuit et le Jour, est due surtout à la perfection du clair-obscur [1] ?

On a cherché à découvrir le secret de ce coloris en décomposant des fragments de peinture du Correggio, comme on l'a fait aussi à l'égard du Titien, et l'on a obtenu, quant au procédé, quelques résultats positifs, mais plus curieux qu'utiles. Il paraîtrait que ce grand peintre commençait par étendre sur sa toile une couche d'huile dégraissée, et qu'il ébauchait par empâtements larges et très-accentués, en mêlant à ses couleurs du vernis siccatif, et qu'il terminait sa peinture par des demi-pâtes mélangées d'un peu de cire ; qu'il soumettait ces secondes couches à l'action d'une chaleur assez vive pour qu'elles s'unissent entre elles, sans cependant se confondre. Un tel procédé serait de nos jours le moyen presque assuré de n'avoir plus, au bout de quelques années, que des toiles noircies et indéchiffrables. Mais il est possible qu'au temps du Correggio, le soin extrême que les artistes apportaient à bien choisir et préparer eux-mêmes leurs ingrédients, diminuât ce danger.

Il est de fait que les plus belles productions de l'art, sous le rapport des couleurs, les peintures du Titien, de Paul Véronèse et du Correggio [2] sont arrivées jusqu'à nous, c'est-à-dire

---

[1] Philipps, peintre et professeur à l'académie royale de Londres, dit que le Saint Jérôme est la merveille du coloris, riche sans exagération, harmonieux sans être monotone, vigoureux sans être noir, pur et pourtant rompu, brillant et doux, en un mot, une harmonie parfaite. (*Lectures on painting*).

[2] Je ne nomme pas Giorgione, parce qu'il n'existe de lui qu'un

après trois cents ans d'existence, dans un état de conservation si parfait, qu'il est permis de croire que, si cette longue épreuve a eu sur elles quelqu'influence, c'est par une harmonie plus suave qu'elle s'est manifestée. Et cependant il est certain que ces peintures n'ont pas été faites au premier coup ; l'artiste les a travaillées et retravaillées à maintes reprises. Claude Lorrain en faisait autant, et ses peintures ne paraissent pas devoir résister moins bien que celles des maîtres que nous venons de nommer. Ni les uns, ni les autres, ne s'en rapportaient à un marchand inconnu d'eux, pour le choix et la préparation de leurs ingrédients.

La galerie Doria, à Rome, possède une ébauche par le Correggio, peinte à la détrempe, presque en grisaille, et destinée à être terminée par des glacis de teintes chaudes et profondes. Ce procédé fut, dit-on, celui de Véronèse, et ce serait à ce mode de préparation qu'il faut attribuer la pureté, l'éclat, la transparence et la profondeur du coloris du peintre vénitien. M. Constantin, qui a fait de si consciencieuses et savantes études des grands maîtres du seizième siècle, est convaincu que ce fut là leur secret quant au procédé.

Quoi qu'il en soit de ce procédé, le Correggio, comme coloriste, a un mérite qui est à la portée de tous ceux qui veulent prendre la peine de l'étudier; c'est la science de l'harmonie des couleurs entre elles, des reflets et des passages d'une teinte à une autre, par des gradations qui charment l'œil et mettent une variété infinie dans des masses qui seraient monotones à force d'analogie, ou rudes par des contrastes trop brusques. Après tout, c'est là que se trouve l'art, et quels que soient les moyens employés, les secrets et les recettes, qu'on peigne à

---

nombre de tableaux trop peu considérable pour en tirer une conclusion.

l'huile, à fresque, à l'émail, ou en mosaïque, celui-là seul est coloriste qui possède cette science, par instinct ou par étude.

Un autre caractère dominant chez le Correggio, c'est l'aspect riant, ce sont les contours pleins, les formes un peu matérielles de ses figures. Il avait sous le rapport de la beauté des lignes, les mêmes principes qu'Hogarth professa en Angleterre, deux siècles plus tard. Il évitait la ligne droite; il cherchait une certaine ondulation qu'Hogarth, plus amateur de paradoxes, plus moraliste que peintre, a cru trouver dans la forme de l'S pour la ligne de la beauté, et dans la *serpentine* pour celle de la grâce. Chez le Correggio la pratique est excellente.

Cependant sous le rapport de la beauté des figures ses notions sont plutôt flamandes qu'italiennes; il la cherche dans les formes bien plus que dans l'expression; ses nymphes et ses déesses ont une exubérance de vie et de santé que Rubens a encore exagérée en la prenant pour modèle. Sous ce point de vue le Correggio se rapproche tout à fait de l'école vénitienne; il s'adresse aux sens plus qu'à l'intelligence; son mérite est dans les qualités extérieures de l'art, si je puis m'exprimer ainsi, infiniment plus que dans la pensée, dans l'inspiration. De là les jugements très-divers qui ont été portés sur lui, les uns le plaçant au tout premier rang, les autres ne lui assignant la première place qu'après Raphaël et le Titien. Tout dépend de ce que l'amateur cherche dans l'art; celui qui ne se lasse pas d'admirer la *Madone de Saint-Sixte* à Dresde, n'éprouvera pas les mêmes sentiments devant la *Nativité*, tout en reconnaissant l'immense talent de l'artiste. Hâtons-nous d'ajouter que ce jugement porte sur l'ensemble de l'œuvre du Correggio, et qu'il y a parmi ses compositions quelques exceptions, mais rares, où l'âme rayonne à travers la forme, où l'on voit non-seulement l'action représentée, mais où l'on sent la passion qui fait agir.

L'ouvrage capital du Correggio, c'est la coupole de la cathédrale de Parme. Quel champ pour un artiste de génie que cette voûte, dont la forme et les proportions colossales lui permettent d'accomplir les rêves les plus grandioses, avec les moyens les plus puissants pour arriver à l'illusion !

Avant d'entreprendre cette prodigieuse fresque, il avait peint la coupole de l'église de San-Giovanni, où il a représenté la vision de saint Jean qui, seul survivant de tous les apôtres, voit dans un moment d'extase, son divin Maître, entouré de ses disciples, dans la gloire des cieux; les quatre évangélistes et quatre pères de l'Eglise, intronisés sur des nuages, soutenus par des nuées d'anges, contemplent ce spectacle, les uns éblouis par son éclat, les autres ravis en extase; Christ va disparaître dans des flots d'une lumière dorée. Dans ce genre de composition, le plus grand et le plus difficile, le Correggio précédait tous ses émules. En parlant de l'école de Padoue, nous avons constaté les premiers essais d'une perspective qui, vue d'en bas, nécessite des raccourcis dont les problèmes ne peuvent être résolus que par la science la plus approfondie. Mais de ces essais informes, à la perfection que le Correggio atteignit, la distance est immense. Il a servi de modèle aux Carrache, au Dominiquin, à Lanfranc, au Guido qui, tous, l'ont imité. Le Correggio n'avait que trente ans lorsqu'il termina cette première entreprise, et, quoique plus finie dans l'exécution que l'*Assomption de la Vierge*, on y reconnaît sans peine l'infériorité comparative de son talent.

La figure du Christ est sans noblesse, elle est lourde. Le coloris offre cette singularité que, dans les carnations et dans les draperies, les ombres participent plus franchement de la couleur locale que ne le font les demi-teintes ou les lumières [1].

---

[1] Philipps.

Mais dans le clair-obscur il y a un très-remarquable changement dans les notions qui avaient prévalu jusqu'alors. Léonard de Vinci enseignait à l'académie de Milan qu'il faut opposer un fond clair au côté sombre de la figure, et un fond sombre au côté éclairé. Ce système d'opposition est si naturel, qu'on ne saurait s'étonner qu'il ait prévalu non-seulement dans la Renaissance, mais chez des artistes tels que Léonard de Vinci, qui n'a jamais été surpassé. La science a démontré que les effets les plus puissants ne naissent pas des contrastes, mais des analogies, et que joindre la lumière à la lumière, l'ombre à l'ombre, par de justes gradations, produit le clair-obscur le plus vigoureux et le plus harmonieux. Le Correggio est, si je ne me trompe, le premier artiste qui ait pratiqué ce système; c'est une découverte qui lui est due entièrement, car nul ne l'a égalé dans l'usage qu'il en a fait.

L'*Assomption de la Vierge* est la plus magnifique peinture qui existe. Dans la partie supérieure, il y a une foule innombrable de têtes de chérubins, puis des archanges aux ailes déployées, puis des saints, puis les apôtres qui assistent au triomphe de la Vierge; les cieux s'ouvrent et l'ange Gabriel descend pour la recevoir; des anges la soutiennent ou l'accompagnent; les uns jouant des instruments, d'autres dansant, d'autres chantant, applaudissant, tenant des flambeaux, ou brûlant des parfums. Il y a dans tous ces visages tant de beauté et de joie, un air de fête, une si brillante lumière est répandue dans tout l'ensemble, que l'aspect de cette fresque, bien qu'elle soit fort détériorée, est vraiment ravissant.

Au premier coup d'œil, et vue d'en bas, cette immense fresque paraît confuse; les fenêtres rondes qui sont percées dans chaque pan de l'octogone du dôme, répandent une lumière tout à fait défavorable; la peinture s'est altérée avec le temps, les clairs ont un peu noirci, et en beaucoup d'endroits la fresque s'est écaillée, le crépi est tombé, et la composition est ainsi parsemée de taches blanchâtres qui nuisent à l'effet. Il faut donc ne pas céder à la première impression, ou avoir l'œil habitué à la fresque, pour bien juger de ce merveilleux ouvrage. Mais laissons parler sur ce sujet un artiste qui en avait fait une étude spéciale, Philipps, le professeur à l'académie royale de Londres ; il s'exprime ainsi dans ses leçons sur la peinture :

« La couleur dominante est un gris clair, chaud, qui s'unit dans une parfaite harmonie avec la lumière jaune du centre, et cette foule d'êtres célestes qui entourent la Vierge offrent à l'esprit l'image d'une riche guirlande des fleurs les plus délicates.

«Cette teinte grise, de plus en plus chaude, descend jusqu'à la base de la coupole, sur le tambour d'où les saints et les *génies* [1] contemplent la béatification de la Vierge. Cette partie inférieure est du caractère le plus grand et le plus riche, pour l'agencement des lignes, le clair-obscur et la couleur. Les groupes sont mieux séparés que dans la partie supérieure, où je ne puis m'empêcher de trouver une trop grande multitude de bras et de jambes qui rendent confus l'ensemble des figures..... Le choix et la manière de grouper les masses, où rien d'inutile n'est admis ; la noble simplicité des draperies ; l'harmonie du coloris ; l'éclat des couleurs uni à une grande pureté, voilà ce qui constitue la beauté de ce style. Il y a dans cette fresque une grande richesse d'invention ; chaque épisode se lie aux autres et ressort individuellement avec une imagination et une intelligence admirables, pour produire cette unité d'effet que Fuseli considère, avec raison, comme le principe fondamental qui a di-

---

[1] Ce mot *génies*, employé par Philipps à la place de chérubins, rend très-bien l'impression que produit cette fresque, celle d'une scène mythologique.

rigé le Correggio. Sous ce rapport, nul artiste ne l'avait précédé; ce mérite est entièrement à lui.

« Toutes les coupoles que j'ai vues sont lourdes et sombres en comparaison de celle-ci, et les figures n'offrent pas ce magique ensemble; dans celle du Correggio tout concourt à inspirer le même sentiment de la joie; tout se mêle à l'atmosphère qui enveloppe cette immense scène, la pénètre et lui donne cet aspect de gaîté sereine et de beauté divine. Le spectateur n'a pas la crainte qu'aucun de ces personnages, qui le dominent de si haut, vienne à tomber. »

Mais en admirant cette assomption, et bien qu'on soit dans un des sanctuaires de l'église, on oublie très-vite que ce qu'on a sous les yeux est une scène du christianisme. Ce n'est pas une assomption, c'est une apothéose.

Le reproche qu'on a souvent adressé aux fêtes de l'Eglise romaine, de trop rappeler les splendeurs de la mythologie, s'adresserait avec plus de raison encore à la peinture religieuse, depuis le milieu du seizième siècle, et le Correggio devançait tous ses contemporains dans cette nouvelle direction donnée à l'art.

Son influence fut plus grande peut-être, au moins plus générale, que celle de Raphaël, et il contribua plus puissamment que tout autre artiste à cette confusion des notions si distinctes qui avaient existé jusqu'alors, sur des sujets sans aucune analogie les uns avec les autres. De même que le sens mystique des cérémonies de l'Eglise échappait à l'intelligence de la foule qui ne se préoccupe que du spectacle, de même les artistes de cette nouvelle école s'attachèrent beaucoup plus à frapper l'imagination qu'à élever l'âme. Le sentiment qui inspira Raphaël dans son premier ouvrage au Vatican, la *Dispute du saint sacrement*, si noble, si sévère, si chrétien par la pensée, ce sentiment si merveilleusement exprimé dans la *Madone de Saint-*

Sixte, et la *Vierge de Foligno*, s'éteignit rapidement, en raison de l'influence croissante de l'école vénitienne, et plus encore du Correggio. Le charme du coloris de ce grand maître en fut la principale cause.

L'*Assomption de la Vierge* n'en est pas moins une des merveilles de la peinture. C'est le souvenir de cette œuvre étonnante qui faisait dire à l'aîné des Carrache, Louis, « étudiez le Correggio ; chez lui tout est grand et gracieux. » Annibal Carrache, qui vit cette immense fresque en 1580, disait que la parole était insuffisante pour exprimer son admiration.

C'est aussi la vue de cette peinture qui convertit le réformateur de l'art en France, David, qui se rendait à Rome, en 1775, après avoir obtenu le grand prix de l'académie française.

Tout ce que David avait fait jusqu'alors, — et il travaillait beaucoup, — était dans le très-mauvais goût dont Boucher fut le modèle. La réaction qui commençait à s'opérer par les efforts de Winkelmann, de Mengs et même de Vien, était inaperçue en France, où d'ailleurs les artistes voyaient fort peu d'antiques, et ne pouvaient étudier qu'un nombre assez limité de tableaux anciens. A Paris, avant la révolution de 1789, nulle collection n'était accessible sans formalités ; la richesse de celles qui existaient n'égalait pas à beaucoup près celle du musée actuel ; de plus elles étaient fort disséminées ; les tableaux des églises et ceux que les artistes vivants exposaient chez eux étaient à peu près les seules ressources pour les études des élèves. Aussi, David, que n'avaient point éclairé des études comparatives, disait avant son départ : « N'est pas Boucher qui veut ; soyons Français, en peinture aussi. » Mais arrivé à Parme, devant la fresque du Correggio, il s'écriait : « Tâchons avant tout d'être Italien. » La réforme fut complète ; elle toucha même à l'extrême opposé.

Les fresques de la coupole de la cathédrale de Parme, ont

eu donc sur l'art une influence pour le moins aussi grande que celles du Vatican, par Raphaël.

Si les Carrache ont osé croire à la possibilité d'une réunion des qualités transcendantes qui distinguent chaque école en particulier, c'est sans doute que, dans ces magnifiques peintures, ils virent la réalisation de leur rêve. Leur erreur fut d'espérer d'atteindre un but si élevé par un système d'imitation. Le Correggio n'a imité personne, c'est son génie seul qui a découvert ce style que les Carrache cherchèrent dans une étude spéciale des maîtres originaux.

Ainsi, son coloris est beau comme celui du Titien, mais ce n'est pas celui de l'école vénitienne; il diffère si complétement de Paul Véronèse qu'il n'y a aucune possibilité de s'y méprendre, même au premier coup d'œil. Son dessin est hardi comme celui de Michel-Ange; il excelle dans les raccourcis les plus difficiles, mais il n'y a d'analogie entre ces deux maîtres que dans leur science, il n'y en a aucune dans leur style; le Correggio est naturel jusque dans les positions les plus énergiques, les plus ardues. Chez lui la grâce n'est point la même que chez Raphaël; elle est égale, peut-être, mais elle est absolument différente.

Raphaël est par excellence, noble, sérieux, élevé; c'est la pensée qui fait la grâce de ses madones; chez le Correggio, c'est la forme. Raphaël est le peintre de l'Evangile; la contemplation de ses œuvres élève l'âme vers cette divinité, source de tout ce qui est pur et excellent. Le Correggio est gai, brillant, c'est le peintre de la mythologie; son *Assomption de la Vierge* ravit d'admiration un artiste, elle ne satisfait pas le spectateur qui cherche, au delà des merveilles de l'art, une pensée qui réponde à son âme. Même dans ses sujets mythologiques, dans sa *Galatée*, par exemple, Raphaël a une grâce sereine, qui parle à l'intelligence; dans ses sujets religieux le Correggio a des formes qui s'adressent aux sens.

Il a excellé surtout à peindre les enfants. Comme Léonard de Vinci, il avait pour habitude de porter constamment avec lui un cahier, sur lequel il faisait de rapides croquis de tout ce qui le frappait. De Vinci s'attachait de préférence à l'étude de la physionomie; la bibliothèque ambroisienne a de lui des trésors en ce genre; esquisses rapides où chaque coup de crayon est un trait de génie. Le Correggio cherchait les enfants; il les étudiait dans leurs jeux, dans leurs querelles, dans leurs occupations; c'étaient les mouvements, l'action, les groupes qu'il voulait saisir sur le fait; de là cette supériorité si remarquable dans ses têtes de chérubins. Ces jeunes visages sourient avec un naturel, avec une simplicité tels qu'ils égaient et obligent en quelque sorte à sourire avec eux; c'est Annibal Carrache qui l'a dit, ajoutant : « Cette naïveté me charme, j'aime cette candeur qui est plus vraie qu'apparente : c'est la nature même; elle n'est ni factice, ni outrée. »

Le Correggio est le premier qui ait fait entrer dans l'idée générale de la composition le choix des étoffes, soit qu'il s'en servit pour produire des contrastes, soit, au contraire, pour leur donner un caractère d'uniformité, sans tomber dans la monotonie, fournissant ainsi à l'artiste de nouveaux moyens de faire ressortir les plus simples détails dans les plus grands ouvrages.

Il y a à Parme une œuvre de lui fort intéressante au point de vue de l'art, fort curieuse assurément comme document historique. « C'est, dit un critique moderne, une des compositions les plus spirituelles, les plus grandioses et les plus savantes qui soient jamais sorties de ce divin pinceau[1]. » A cet

---

[1] Lanzi.

éloge, ajoutons que c'est la plus étrange, la plus extraordinaire peinture qu'on puisse trouver dans un couvent, dans la salle d'apparat de l'appartement d'une abbesse ; c'est une chasse de Diane entourée d'une foule de petits Cupidons ; ce sont les Grâces, les Parques, les vestales occupées à leur sacrifice ; Junon, nue, suspendue dans les airs, telle qu'Homère la décrit dans le quinzième chant de l'Illiade; un groupe de satyres, Endymion, Adonis et autres sujets de même nature.

On se demande ce que devait être la communauté religieuse dont l'abbesse commandait au Correggio des peintures si profanes, ornées d'inscriptions et de vers aussi peu propres à l'édification que les sujets eux-mêmes.

Cependant ce fut le succès qu'eurent les Vénus, les Dianes, les Junons et les Cupidons du Correggio qui lui valurent l'honneur d'être choisi pour peindre la coupole de Saint-Jean ! Les révérends pères du Montcassin, émerveillés des beautés qu'il étalait à leurs regards dans l'appartement de Mme l'abbesse, voulurent qu'il peignît la coupole de leur église, et de cette entreprise il passa au dôme de la cathédrale. C'est ainsi que la mythologie l'amena à l'Assomption de la Vierge. Pour conserver des illusions, il ne faut jamais entrer dans les coulisses; il est permis de douter que la dévotion des fidèles, qui reconnaissaient dans une madone de Raphaël la Fornarina, s'élevât de beaucoup au-dessus du modèle, et que les religieux du Montcassin, si épris des beautés de l'Olympe, contemplassent l'Assomption de la Vierge avec des sentiments d'une piété bien pure.

C'est dans cette fresque du couvent de San-Ludovico que le Correggio a imité une peinture antique qu'on voit encore à Rome dans les cryptes de la voie Appia. Toute la voûte de la salle représente une treille se détachant sur un ciel d'azur, et entourée, dans la partie inférieure, de médaillons où il a placé les divers sujets dont je viens de parler. La treille descend le long des fenêtres, autour desquelles des Amours sont occupés à divers jeux ; les uns entrent, les autres sortent ; ils ont l'air d'épier les passants, de préparer des embûches ; ils folâtrent sous la treille ; rien de charmant comme cet encadrement des fenêtres, rien de plus gracieux que ces enfants.

Le Correggio, en peignant des coupoles et des plafonds, s'accoutuma si bien à la perspective des raccourcis, qu'il est rare de ne pas rencontrer dans ses tableaux des têtes vues d'en haut ou d'en bas, mais il n'a pas toujours également bien réussi. Dans son Mariage de sainte Catherine, qui est au Louvre, les raccourcis sont en général d'un dessin faible et surtout d'un aspect désagréable. C'est un écueil que Raphaël a évité, non pas à cause de la difficulté, mais parce que toujours préoccupé de rechercher la pensée et sa plus haute expression, il repoussait tout ce qui n'était qu'un vain étalage de science.

L'école de Parme devint l'école lombarde par excellence ; la supériorité des œuvres de son illustre maître, l'importance des travaux, la beauté et l'originalité du style, expliquent cette prééminence. Ce fut dans toute l'Italie une nouvelle révolution ; partout le Correggio eut des imitateurs, depuis les plus grands artistes, tels que le Dominiquin et les Carrache, jusqu'aux infimes plagiaires. Mais il ne connut pas cette gloire ; il ne paraît pas même s'être douté de pouvoir jamais l'obtenir. Quatre ans après avoir terminé la coupole de la cathédrale, il mourut d'une fluxion de poitrine, pour avoir voulu, par économie, dit-on, rapporter de Parme à Correggio, à pied, une somme de 200 francs qu'on lui avait payée en monnaie de cuivre.

C'est cette circonstance qui a prêté à tant de déclamations au sujet de la prétendue pauvreté de ce peintre et de la sordide avarice de ceux qui l'employèrent. Nous avons vu que ces déclamations ne sont point fondées ; mais si l'on tirait de la vérité cette déduction que le Correggio fut avare, et mourut d'une excessive parcimonie, on se tromperait encore, car ses peintures témoignent que, s'il se refusait à toute dépense inutile, il n'économisait pas sur l'emploi des couleurs les plus coûteuses pour faire des tableaux dont, cependant, le prix était fixé à l'avance.

Le caractère dominant de son école, c'est la science du raccourci, comme le caractère de l'école florentine est le dessin anatomique. Les défauts de son école furent, comme toujours, l'exagération des qualités du maître. Il y a dans ses figures une plénitude de formes et de contours qui dégénéra en lourdeur, en vulgarité ; cette grâce riante qu'il sut leur donner devint la grosse hilarité de rustiques campagnards.

Ce n'est pas le reproche que mérita le PARMIGIANINO, contemporain du Correggio et, après lui, le plus célèbre peintre de l'école lombarde[1]. Il a, au contraire, donné à ses figures des proportions plutôt trop allongées, trop sveltes ; c'est un peintre de grand mérite, très-supérieur aux artistes de talent qui marquèrent le commencement de la décadence dans les autres écoles, mais à qui l'on peut reprocher, ainsi qu'au Correggio, d'être arrivé quelquefois sur la limite de l'affectation, en recherchant trop la grâce et l'élégance.

Le Parmigianino étudiait à Rome les œuvres de Raphaël, lors du sac de cette ville. On raconte que des soldats se précipitèrent dans son atelier le fer à la main, et que l'artiste, sans s'émouvoir, continua son travail, ayant à peine jeté les yeux sur ses interrupteurs. Ce sang-froid lui réussit une première fois, mais bientôt après, dépouillé, maltraité, chassé de

[1] Son véritable nom est Francesco Mazzuola, né en 1503 ou 1504, mort en 1540. Il y a eu beaucoup de peintres de ce nom.

Rome, il se réfugia à Bologne, puis à Mantoue, où il retrouva Jules Romain. Il revint enfin à Parme, où il fut à la fois le disciple et l'émule du Correggio.

Raphaël, Jules Romain et le Correggio lui avaient offert les modèles les plus parfaits que puisse se proposer un artiste, dans trois genres différents, et pourtant ayant tous trois pour premier but la beauté. Le Parmigianino s'inspira de ces modèles, mais ne les copia pas ; son style n'est pas plus celui de Raphaël que celui du Correggio ; il lui appartient en propre avec ses qualités et ses défauts. La Vierge *au long cou*, au palais Pitti à Florence, caractérise les unes et les autres, mieux qu'aucune autre de ses œuvres ; le surnom donné à la madone exprime l'exagération de ces formes allongées qui sont le trait dominant de son style, mais il faut voir la peinture pour apprécier la grâce délicate et pleine de noblesse qu'il a su donner à l'expression de la Vierge. Moins matériel dans ses formes que le Correggio, il n'a pas la puissance d'expression à la fois divine et naturelle de Raphaël ; aucune de ses madones ne s'empare de l'âme du spectateur, comme la Vierge de Foligno, ou de Saint-Sixte ; mais on n'est pas non plus exposé à prendre une Madeleine pour une divinité olympique, un chérubin pour un Cupidon.

Et il excellait, cependant, dans les sujets mythologiques ; tout le monde connaît ce tableau du Parmigianino, si souvent répété, de l'*Amour qui prépare son arc*, et aux pieds duquel sont deux enfants dont l'un pleure et l'autre rit ; idée gracieuse que l'Albane aurait pu lui envier.

Son œuvre principale est dans l'église de Santa-Maria della Steccata à Parme ; ses fresques, à l'entrée du chœur, sont devenues si noires qu'il est impossible de les apprécier ; il faut s'en rapporter à l'opinion de juges compétents qui ont encore pu les voir. Joshua Reynolds, qui, certes, n'avait aucun penchant pour la grâce qui ne s'adresse qu'aux yeux, dans le dessin et le coloris, parle en ces termes du Moïse : « Le Parmigianino, lorsqu'il peignit cette fresque, avait si complétement corrigé les défauts de ses débuts, qu'il nous est impossible de décider ce qu'il faut le plus admirer, de la correction du dessin, ou de la grandeur de la conception. Comme preuve de l'excellence de cette œuvre et de la vive impression qu'elle produit, je puis rappeler que notre grand poëte lyrique[1], lorsqu'il conçut la sublime idée du Barde gallois, avouait que son inspiration poétique « s'était allumée au souvenir de cette noble composition du Parmigianino. » Les Vertus et les Sybilles qu'il peignit dans cette même église, n'ont pas toutes été terminées par lui-même.

C'est une triste histoire que celle de la fin du Parmigianino[2]. Il avait une fortune au bout de son pinceau, il voulut l'obtenir d'un seul coup ; laissant le travail, qui ne lui montrait qu'un chemin long, mais assuré, il se donna à l'alchimie, pour découvrir la pierre philosophale ; de telles recherches n'étaient pas sans danger au seizième siècle, ni même plus tard ; ce n'était pas seulement la misère qu'en dernier résultat on pouvait craindre de trouver au fond du creuset, mais les persécutions de l'Église, qui n'attendait pas que le grand œuvre fût accom-

---

[1] Gray, si célèbre par son *Elégie écrite dans un cimetière de campagne;* c'est dans son ode du *Barde* que se trouve le passage auquel Reynolds fait allusion; son voyage en Italie avec Horace Walpole avait eu lieu en 1740. Ce ne fut que quatorze ou quinze ans plus tard qu'il composa le Barde ; l'impression qu'il reçut du Moïse du Parmigianino fut donc bien vive, puisqu'il en conserva un si long souvenir.

[2] On peut la lire dans le P. Appo : Vita di Francesco Mazzola, 1784, qui donne beaucoup de détails sur les faits qui amenèrent la mort de ce célèbre artiste.

pli pour lancer ses foudres sur l'audacieuse dupe. Le Parmigianino négligea ses travaux dans l'église de Santa-Maria, travaux qui lui avaient été payés à l'avance ; la confrérie de l'*Annonciation* se plaignit ; l'artiste n'en tint compte, espérant toujours trouver du jour au lendemain le merveilleux secret ; on le surveilla ; il fut accusé de pratiques défendues par l'Eglise, jeté en prison et menacé d'être jugé par l'Inquisition. Il s'échappa de son cachot et se réfugia à Casal-Maggiore, où il mourut bientôt après de misère, d'inquiétudes et de chagrin. C'était le 24 août 1540. Le Parmigianino mourait à trente-sept ans, comme Raphaël.

Généralement parlant, les musées en Italie sont beaucoup plus nationaux que partout ailleurs ; ce sont moins des collections de chefs-d'œuvre de l'art qu'une exposition des plus beaux produits de l'école locale. On trouve de l'autre côté des Alpes fort peu de tableaux des écoles étrangères. Si l'on veut connaître les Vénitiens, c'est à Venise qu'il faut aller ; c'est à Parme, si l'on veut connaître le Correggio et le Parmigianino.

Le musée est rempli de leurs œuvres ; d'abord le *Saint Jérôme,* dont nous avons déjà parlé, puis la *Madone à la tasse* (*Scodella*), que quelques-uns estiment à l'égal du Saint Jérôme, la *Descente de la croix,* la *Madone de l'échelle* et plusieurs autres peintures du Correggio, qui comptent parmi ses plus admirables productions. Le Parmigianino a ses principaux ouvrages dans les églises de Parme ; le musée ne renferme guère de lui, en fait d'œuvre capitale, que le *Mariage de sainte Catherine.* Mais, en compensation, tous les peintres distingués de l'école de Parme qui viennent immédiatement après ces deux illustres maîtres, Anselmi, Jérôme Mazzuola, Schidone, Rondani, sont fort bien représentés au musée de Parme.

N'oublions pas que c'est au Parmigianino que les Italiens attribuent la découverte de la gravure à l'eau-forte ; les Allemands en réclament le mérite pour Wohlgemuth : mais, quoi qu'il en soit de la priorité d'invention, il est certain que le Parmigianino est le premier, en Italie, qui ait mis en pratique ce mode de gravure, et qu'il en a obtenu les plus importants résultats.

Il y a du Correggio, à Florence, à la *Tribune* — salle réservée aux plus grandes illustrations — quatre peintures, parmi lesquelles une sainte Famille, la *Vierge adorant l'enfant Jésus*, l'une de ses plus belles œuvres pour la couleur et la pureté de l'expression. Ce tableau offre une particularité assez bizarre : l'enfant s'est endormi sur l'extrémité d'une draperie qui fait partie de la coiffure de la Vierge, de sorte qu'il serait éveillé par le moindre mouvement que ferait sa mère. Cette circonstance, un peu puérile, semble expliquer l'immobilité des personnages, et donne aux spectateurs une sorte d'anxiété qui n'est pas sans charme[1].

Après Parme, c'est à Naples que se trouvent les meilleurs tableaux du Correggio ; son célèbre *Mariage de sainte Catherine*, acheté dans le siècle dernier pour une somme de près de cent mille francs, *Agar dans le désert* et une ou deux madones.

La maison de Farnèse, établie à Parme vers la fin du seizième siècle, s'efforça de maintenir l'école de peinture à la hauteur où l'avaient placée le Correggio et le Parmigianino ; mais la plupart des artistes qui s'étaient formés sous la direction de ces grands maîtres étant morts ou arrivés à une extrême vieillesse, l'école tomba en décadence, et d'autant plus rapidement que la proximité de Bologne devait naturellement étendre sur Parme la puissante influence des Carrache, dont la réputation et le talent éclipsaient toutes les autres écoles.

[1] Viardot, 160.

ÉCOLE DE BOLOGNE.

De même que les autres écoles italiennes, celle de Bologne a sa généalogie, et s'honore de quelques illustrations au quinzième siècle. Francia, mort en 1535, ne tient pas dans les beaux-arts une place moins distinguée que le Pérugin, Mantegna et les Bellini ; Raphaël disait n'avoir vu aucune madone plus belle d'expression, de couleur et de dessin que les siennes.

Mais, après la mort de Raphaël et des grands peintres florentins, la décadence de l'art ne fut pas à Bologne moins grande qu'à Rome et à Florence, seulement elle y fut moins apparente, parce que l'art ne s'y était pas élevé à la même hauteur. Si cette école a eu son Pérugin, elle n'a pas eu de Raphaël : Francia mort, les artistes bolonais tombèrent au niveau des maniéristes de Rome et de Florence, sans avoir eu ni un Jules Romain, ni un Andréa del Sarto, ou même un Pontormo.

Dans les autres écoles nous avons pu observer une marche progressive ; la gloire y est précédée par le mérite, le mérite par le talent ; on suit sans peine Florence dans la voie où l'engagent Cimabue et Giotto ; l'impulsion donnée par les grands artistes du Campo-Santo à Pise, accélérée par le Masaccio, aboutit directement au grand siècle des Médicis. A Bologne, rien de semblable. Cette école semble destinée à ne recevoir que les reflets de la vive lumière qui illumine Rome, Florence et Venise. Située entre la Toscane, l'Ombrie et la république de Saint-Marc, elle devait en effet ressentir l'influence de ces trois foyers de l'inspiration artistique. Francia, comme Jean Bellini, Mantegna et le Pérugin, a cette individualité qui est si remarquable chez les grands maîtres du quinzième siècle; il ne suit pas un système, il obéit à sa propre inspiration; c'est son sujet qui le domine, il l'a conçu en poëte et ne l'ajuste pas selon des idées arrêtées sur la nature de l'art.

Mais les peintres bolonais, contemporains ou successeurs de Francia, n'eurent pas cette individualité; ils furent tous plus ou moins imitateurs, allant chercher leurs modèles à l'ouest, au nord et au midi; de là cette médiocrité de l'école bolonaise, dans les temps qui précédèrent les Carrache.

Vers la fin du seizième siècle, alors que toutes les écoles italiennes s'éteignaient dans une décadence de plus en plus rapide, celle de Bologne entra tout à coup dans sa période la plus brillante.

Il est vrai que son éclat est tout d'emprunt; elle ne le doit ni à l'inspiration, ni à l'originalité, mais à l'imitation; c'est un mérite de seconde main. Quelque grands qu'ils soient comme artistes, les Carrache n'ont pas été des esprits créateurs, ils n'ont pas eu cette puissance du génie qui trouve en lui-même ses éléments, qui vit de sa propre vie : la plus rare et la plus noble faculté de l'intelligence humaine. L'éclat qu'ils ont jeté sur la peinture n'a été que le reflet de la vive et pure lumière dont avaient brillé les grands maîtres de la génération qui les précéda.

Ce qui intéresse dans l'école de Bologne, c'est donc moins le mérite de ses principaux peintres, tout grand qu'il soit, que le système qu'elle a créé et qui a fini par prédominer dans l'art moderne: une fusion de tous les styles, un mélange des beautés caractéristiques de chaque école.

Même à ce point de vue, l'originalité peut être contestée à l'école de Bologne ; nous avons eu plus d'une occasion de remarquer que l'esthétique des Carrache avait été mise en pratique par plus d'un artiste, longtemps avant qu'ils l'eussent formulée en préceptes. Le Correggio, qui n'avait pas eu comme eux l'avantage d'étudier les modèles à Rome, à Florence et à Venise, s'était créé, par la seule puissance de son génie, ce style mixte dont, cinquante ans plus tard, Augustin Carrache donna la poétique recette. Observons de plus que, si le mérite de l'invention a été perdu pour le Correggio, c'est qu'il y a joint le mérite bien plus grand de faire son mélange si parfait, qu'il est bien plus difficile chez lui, que chez les autres, d'en retrouver les éléments.

Triste chose que cette substitution du métier à l'originalité individuelle ! la recette tenant lieu d'inspiration ! mais, à vrai dire, dans la profonde décadence où étaient tombées toutes les écoles, lorsque parurent les Carrache, il faut se féliciter qu'il en ait été ainsi. Si, depuis Raphaël, la peinture ne s'est jamais élevée à une aussi noble inspiration, depuis les Carrache elle n'est pas non plus retombée dans l'avilissement où la jetèrent les naturalistes et les maniéristes.

Il est bien étrange que ce système des Carrache ait pris naissance dans une école où l'inspiration religieuse, et même mystique, avait été le caractère dominant, durant les deux siècles précédents ! Des peintres bolonais refusaient de représenter Jésus-Christ sur la croix, disant que c'était bien assez que les Juifs l'eussent crucifié une fois, sans que des chrétiens fussent obligés de renouveler ce supplice de leurs propres mains. Dalmasio, peignant une image de la Vierge, se préparait au travail par le jeûne, et communiait avant d'entreprendre la figure de la mère du Christ. Ces sentiments, que nous avons trouvés également chez Beato-Angelico et plusieurs des principaux artistes du quatorzième et du quinzième siècle, sont assurément les plus opposés aux règles de l'école; l'artiste qui puise l'inspiration dans son enthousiasme religieux ou poétique, trouve dans son propre cœur l'image qu'il veut reproduire, il ne va pas emprunter à l'un son crayon, pour en tracer les contours; à l'autre, un peu de fard, pour la colorier; à celui-ci, ses draperies pour l'orner; à un autre, une expression divine qui, toute sublime qu'elle soit, n'est pas la personnification de cette figure que, dans son extase, son imagination lui a présentée en traits vivides.

Ce caractère d'individualité et de spontanéité s'est longtemps conservé chez les peintres bolonais. Francia, qui en est la plus parfaite expression, a survécu à Raphaël; il est mort en 1533, un an seulement avant le Correggio; à quarante ans il avait débuté dans la peinture par un chef-d'œuvre, et Raphaël en envoyant sa Sainte Cécile à Bologne [1], lui demandait de corriger les fautes qu'il pourrait y trouver [2].

---

[1] En 1414.

[2] Les véritables chefs-d'œuvre de Francia ne sont pas à Bologne, ni même en Italie. La galerie impériale de Vienne en possède un dans lequel la Vierge est représentée sur un trône avec l'enfant Jésus, entre sainte Catherine d'un côté et saint François de l'autre; au-dessous est le petit saint Jean debout, le doigt levé, admirable d'attitude et d'expression. Il n'est pas possible de concentrer plus de poésie dans un si petit espace. Le tableau de la galerie de Munich est encore plus parfait, du moins pour le type de la Vierge, que Francia n'a jamais fait si beau; l'enfant Jésus est couché sur le gazon parmi les fleurs, et la Vierge s'approche de lui avec une tendresse respectueuse : tout cela est divinement exprimé. La galerie de Berlin possède deux ou trois tableaux de Francia, et entre autres une madone entourée de chérubins et tenant l'enfant Jésus qui bénit plusieurs saints en adoration devant lui; c'est sans contredit l'une des

Cependant, à l'époque où Francia florissait à Bologne, le *Zoppo* y rapportait de Padoue les tristes et stériles enseignements du Squarcione[1], et introduisait ainsi le germe mortel que portait à l'art chrétien l'engouement mythologique, qui déjà s'était emparé de Florence. Cent ans plus tard, lorsque Louis Carrache vient d'entrer dans la carrière, c'est un Flamand, Dionisius Calvart, qui tient à Bologne la première école de peinture. On voit que tout s'acheminait au système que les Carrache allaient faire prévaloir.

LES CARRACHE.

Louis Carrache fut le premier auteur de cette révolution; elle ne fut pas l'œuvre du génie, mais le résultat d'un esprit laborieux, persévérant et réfléchi.

Né en 1555, mort en 1619, Louis Carrache était surnommé le Bœuf; jamais surnom ne fut mieux appliqué. Louis travaillait avec la patience, la lenteur et la force d'un bœuf, et il ruminait sans cesse sur ce qu'il avait appris; il n'avait pas assez d'imagination pour inventer, mais un sens droit et un vif sentiment du beau lui faisaient comprendre le mérite des grands maîtres, que ses contemporains avaient la ridicule prétention de surpasser.

---

plus grandes merveilles de la peinture religieuse. Dans la galerie de Bologne il y a la Madone et le Saint Sébastien, l'œuvre dans toute cette école qui a excité le plus d'admiration; elle est placée à côté d'une Assomption du Pérugin, et l'on a ainsi l'occasion de comparer deux maîtres si éminents dans l'art chrétien. Le Louvre ne possède qu'un seul tableau de Francia, et ce n'est pas un des meilleurs.

[1] Voyez page 78.

A cette époque de décadence, c'était beaucoup que de revenir à l'étude de ces modèles immortels, et ce n'est pas un des moindres titres à notre reconnaissance que cette entière abnégation de Louis Carrache, qui le porta à chercher chez les autres une inspiration qu'il aurait pu trouver en lui-même, jusqu'à un certain degré. Lutter contre son siècle pour se faire l'apôtre de ses idées à soi, n'est pas chose rare, mais engager une telle lutte pour faire triompher le mérite d'autrui, c'est peut-être le seul exemple qu'on puisse citer dans les lettres et les arts.

Un des chefs-d'œuvre de Raphaël, la Sainte Cécile, faisait partie de la galerie de Bologne. Louis Carrache l'étudia avec une infatigable persévérance ; ensuite il alla à Venise copier le Titien et recevoir les conseils du Tintoret qui, plus frappé de la lenteur d'esprit de son élève, que de la sûreté de son goût, lui conseilla de renoncer à la peinture, pour laquelle il ne lui reconnaissait aucune disposition.

De Venise, il se rendit à Florence ; l'école était en pleine décadence, mais les chefs-d'œuvre des grands maîtres occupaient toujours leurs places, et l'artiste bolonais put comparer les théories du jour et leurs résultats avec ce que l'ancienne école avait produit de plus parfait. Les peintres florentins imitaient le Correggio ; Louis Carrache alla à Parme étudier les grandes fresques de San-Giovanni et du Duomo, et les œuvres du Parmigianino.

Ainsi se formait dans son esprit, par la comparaison des œuvres et la discussion des principes, ce système savant, érudit, mais peu original, qui consiste à prendre de chaque école le mérite individuel qui la distingue.

Augustin Carrache en a réuni les préceptes dans un sonne dont le sens est que, pour faire un bon peintre, il faut réunir le dessin de Rome (par là il entend l'antique), au mouvement et au clair-obscur de Venise; le coloris lombard, la terrible énergie de Michel-Ange, la vérité du Titien, le style du Corrége, l'harmonieuse composition de Raphaël, les ornements du Tibaldi, l'invention du savant Primaticcio et un peu de la grâce du Parmigianino, etc.

Voilà une fort belle recette, et l'on ne pourrait choisir de meilleurs ingrédients, mais elle rappelle cette autre recette que vous connaissez aussi : prenez du rouge, du jaune, du bleu.... les couleurs les plus brillantes, mêlez et vous avez..... du gris, sinon du noir, du gris plus ou moins terne, mais certes rien qui approche de l'éclat d'une seule de ces couleurs, prise isolément.

L'école des Carrache ne peut être assimilée ni au noir, ni au gris, par rapport aux autres écoles; et cependant il n'en est pas moins incontestable qu'en réunissant les beautés de toutes les écoles, elle a été inférieure à chacune d'elles. Il lui a manqué ce principe de vie, sans lequel les œuvres qui émanent de la pensée, n'auront jamais qu'un mérite relatif : l'individualité. Pour beaucoup d'artistes et de connaisseurs les fresques si inégales, si imparfaites dans leur exécution, des peintres du quinzième siècle, ont beaucoup plus d'attrait que la plupart des peintures des Carrache, parce que ces fresques possèdent à un haut degré le cachet d'originalité, de pensée naïve, d'inspiration, qui est le charme le plus séduisant et le plus vrai dans une œuvre intellectuelle.

Qui dit esthétique, dit choix ; or, un choix de beautés c'est, dans les beaux-arts, une imitation des qualités transcendantes chez les grands maîtres. Ainsi Louis Carrache, dans son tableau de la *Prédication de saint Jean* (aux Chartreux), a peint les figures dans un style si littéralement imité de ses modèles qu'on les distingue, les unes sous le nom de Tizianesques, les autres sous celui de Raphaélesques, de Tintoresques, etc. Annibal

Carrache, dans un tableau d'autel qui fait aujourd'hui partie de la galerie de Bologne, imita dans la figure de la Vierge la manière de Paul Véronèse ; dans les figures de l'enfant Jésus et de Saint-Jean, le Corrége ; dans celle de l'évangéliste saint Jean, le Titien ; dans la Sainte Catherine, le Parmigianino.

Au retour de ses voyages d'étude, Louis Carrache rencontra à Bologne une vive opposition de la part de tous les peintres et du public. Il eut à soutenir la même lutte que, plus tard, Annibal Carrache soutint à Rome contre d'Arpino et les maniéristes. Le goût était perverti, de sorte que ce ne furent pas seulement les artistes qui dénigrèrent un style dont l'adoption devait les faire tomber en discrédit, mais les amateurs eux-mêmes qui avaient également désappris à apprécier le beau.

Ludovico chercha autour de lui quelque appui ; il n'en trouva aucun. Alors il songea à former des élèves, et, ayant reconnu de grandes dispositions chez ses cousins, Augustin et Annibal, presque du même âge que lui, — Augustin était né en 1558, Annibal en 1560 — il les engagea à se vouer à la peinture. Tous deux étaient fils d'un tailleur ; Annibal suivait le métier de son père ; Augustin était orfévre, et, selon l'usage à cette époque parmi les gens de son métier, il modelait, ciselait, gravait ; l'orfévrerie était un des arts les plus perfectionnés, c'était (surtout à Florence), une pépinière d'artistes éminents par la supériorité de leur dessin.

Augustin était de plus distingué par son esprit naturel et cultivé ; il avait lui-même refait son éducation, assez complète ; il vivait dans la société des hommes de lettres, et comptait déjà parmi les graveurs les plus habiles.

Annibal, au contraire, était d'une nature rude, très-ignorant, d'un caractère sombre et jaloux ; mais il y avait en lui plus de ressort, plus d'énergie que chez les deux autres.

Des trois Carrache, c'est Annibal qui est le plus grand

peintre; dans l'ensemble de son œuvre tout entier, il y a moins d'imitation que chez Louis, ou plutôt, il a su s'approprier les qualités des autres écoles de telle sorte qu'elles semblent être le résultat de sa propre inspiration, presque autant que celui de l'étude. Heureux ces trois hommes si éminents, s'ils eussent su vivre entre eux dans cette bonne harmonie que leur parenté et l'analogie de leurs talents semblaient leur devoir rendre si facile [1]!

C'est un vieux proverbe qui dit que « nul n'est prophète en son pays; » les Carrache en éprouvèrent la vérité; il s'établit entre eux et les artistes bolonais, une lutte dont ils sortirent vainqueurs, mais après tant d'épreuves, que Louis et Augustin furent plus d'une fois sur le point d'abandonner le champ de bataille à leurs adversaires. Annibal ranima et soutint leur courage. Enfin la victoire fut complète; tous les ateliers, ou, comme on les appelait alors, toutes les académies, se fermèrent successivement, les élèves s'étaient enrôlés sous les ordres des Carrache. Le premier triomphe qui changea complétement leur fortune, c'est à Louis qu'ils le durent; les deux frères avaient peint dans un palais de Bologne [2] des sujets pris de l'Enéide, en concurrence avec un des artistes les plus en réputation chez leurs adversaires, et ils avaient échoué devant l'aveugle partialité du public. Louis entreprit dans une autre salle une nouvelle série de sujets tirés du même poëme, et son succès fut si grand, que la foule passant, comme il arrive toujours dans une réaction, d'un extrême à l'autre, le proclama le plus grand peintre vivant.

Ils fondèrent alors une académie pour l'instruction des élèves.

---

[1] Il y a encore trois autres Carrache, Paul, François et Antoine, tous peintres, mais d'un talent médiocre.

[2] Palais Fava.

Augustin s'adonna plus particulièrement à l'enseignement; son esprit cultivé et ses goûts littéraires le rendaient plus apte que son frère à la direction d'une école des beaux-arts.

L'académie offrait un ensemble d'instruction et un mode d'enseignement qui, malheureusement ne se retrouve plus que dans des instituts fondés par l'Etat; or, dans ces établissements publics il ne peut pas exister la même concordance de principes, le même stimulant que dans une entreprise où le chef travaille à sa propre gloire en formant ses élèves.

Les Carrache remplirent leur atelier de dessins, de gravures, de peintures et de plâtres tirés des plus beaux antiques; ils eurent une école du modèle vivant; ils donnèrent des cours de perspective, d'anatomie, de composition, d'architecture, de critique artistique. A de certains jours il y avait exposition des travaux des élèves; c'était une fête embellie par la musique, et à laquelle prenaient part les hommes les plus distingués dans les lettres, les sciences, les arts ou les emplois publics.

L'académie du *Progrès* (Incaminati), c'est le nom qu'ils lui donnèrent, fut, sous un autre point de vue, un modèle trop rarement imité; l'enseignement y était pour ainsi dire individuel, en ce sens, que la disposition d'esprit, la tendance naturelle de l'élève, n'était pas anéantie, dénaturée par le joug d'un système uniforme pour tous; au contraire, c'était le système qui se ployait aux besoins de l'élève.

Sous ce rapport, Louis Carrache avait fait preuve d'un jugement remarquablement sain, ne donnant pas à ses deux cousins, si différents de caractère et d'esprit, la même éducation artistique. Augustin avait été placé chez Fontana, Louis avait gardé près de lui Annibal, dont il modérait la fougue.

Le succès de l'académie fut immense. Aucune école n'a produit tout à la fois un si grand nombre d'artistes distingués, en des genres si divers : le Dominiquin, Guido Reni, Albano,

Lanfranc, le Guerchin, les deux Molla, je ne cite que les principaux, car cette école a eu sur les beaux-arts, dans tous les pays, une influence si grande, qu'on peut considérer comme relevant d'elle, la plupart des peintres du milieu du dix-septième siècle jusqu'à nos jours.

Toutes les commandes arrivaient aux Carrache; les autres artistes, complétement discrédités, critiquèrent en vain; le public, qui s'était d'abord refusé à reconnaître leur mérite, ne voulut pas davantage voir leurs défauts. Enfin, lorsque Louis eut terminé les splendides fresques du palais Sampieri, les artistes eux-mêmes furent obligés de s'avouer vaincus, et la révolution qu'amenait le nouveau style, fut accomplie.

Il est à croire que ce fut précisément alors que le succès leur était assuré, que les Carrache cessèrent de vivre en bonne intelligence. Je n'ai trouvé sur ces dissentiments rien de bien précis, et je suis tenté de croire que le caractère sombre et jaloux d'Annibal a été la seule cause d'une séparation qu'on ne peut trop déplorer dans l'intérêt de l'art. J'ignore la date exacte de l'établissement d'Annibal à Rome, ce fut probablement tout à fait à la fin du seizième siècle. Augustin ne tarda pas à l'y rejoindre et en fut bientôt chassé de nouveau. Louis resta à Bologne.

A Rome, l'académie des *Incaminati* fut reconstituée par les deux frères, et réunit alors presque tous les artistes éminents qui relèvent de l'école des Carrache. Ce fut une brillante époque que celle où Annibal et Augustin, accompagnés de leurs élèves, le Dominiquin, le Guido, l'Albano, Lanfranc, Molla, etc., se rendaient au palais Farnèse pour le décorer de ces fresques qui en font un des plus beaux monuments de l'art. L'académie des Carrache fut prise pour modèle de l'établissement de même nature fondé à Rome sous le pontificat d'Urbain VIII, sous le nom d'académie romaine — même enseignement, mêmes récompenses.

Cette époque fut malheureusement trop courte. Annibal transporté de jalousie des succès qu'Augustin avait obtenus à Bologne par son tableau de la *Communion de saint Jérôme*, lui rendit fort difficile la vie en commun; cette honteuse passion dépassa toutes les bornes lorsque Augustin eut peint dans la galerie Farnèse, les sujets de *Céphale* et de *Galatée*. Il força son frère à quitter Rome; en vain les personnages les plus éminents intervinrent, Annibal fut inflexible; il déclara que lui seul était chargé des travaux, et qu'il ne se laisserait pas imposer un collaborateur. Augustin partit. Il se retira à Parme, où il mourut en 1601.

En 1608, Annibal appela à Rome Louis pour l'aider à terminer la galerie Farnèse, celui-ci n'y voulut pas rester plus de quinze jours. Bientôt Annibal partit pour Naples, où il éprouva à son tour les mêmes persécutions, les mêmes jalousies dont il avait empoisonné la vie de son frère. Il revint à Rome mourir de chagrin en 1609.

Dix ans plus tard, Louis, expirait à Bologne dans une pauvreté qui touchait à la misère. Un frère cadet d'Augustin et d'Annibal, François Carrache, peintre aussi et son élève, avait payé de la plus noire ingratitude les bienfaits dont Louis avait comblé sa famille. Artiste médiocre et grand libertin, il mourut à l'hôpital à vingt-sept ans, en 1622.

C'est à Bologne que se trouvent les principaux ouvrages de Louis, dans la galerie nationale, l'une des plus belles, assurément l'une des plus intéressantes de l'Italie, par l'ordre qui y est établi et qui permet de suivre les progrès de l'art dans sa marche historique.

La galerie renferme treize ouvrages de Louis Carrache, qui tous sont considérés par les meilleurs critiques comme dignes d'être classés parmi les plus excellentes productions de l'art. La *Vierge dans la gloire* est le morceau capital, c'était, à ce qu'il paraît, le sujet favori de l'école bolonaise, prédilection qui survivait aux notions artistiques du siècle précédent, aussi la différence dans la manière de le concevoir est-elle fort grande. Ce n'est pas Francia, encore moins Vital ou Dalmuzio, qui auraient représenté la madone sous les traits d'une beauté toute mondaine, et attifée avec une élégance pleine de coquetterie. Mais c'est là précisément ce qui caractérise l'école des Carrache ; examinez l'œuvre uniquement au point de vue de l'art : le dessin, le coloris, la composition sont excellents ; il y a dans l'action une convenance parfaite, les draperies et les accessoires montrent un goût pur. C'est la vie intérieure qui manque ; plus vous examinerez l'œuvre, plus votre esprit sera satisfait et votre âme indifférente. La Vierge est dans le ciel, entourée d'une nuée d'anges, au-dessous est la lune dans son croissant ; saint François et saint Jérome sont en adoration ; l'enfant Jésus tend la main à saint François qui la baise. Le voile de la Vierge, qui retombe sur ses épaules et son sein, est d'une coquetterie parfaite, sans afféterie, sans la moindre trace du mauvais goût des Bernini, mais tout aussi dépourvu de cette simplicité si noble et si chaste qu'on remarque dans les draperies de Raphaël, sauf dans la *Vierge à la chaise*, et c'est la seule exception.

Viardot, résume ainsi la réforme que les Carrache introduisirent dans la peinture : « On sait qu'elle porte principalement sur l'abandon de la manière simple et peut-être un peu uniforme de l'école florentine-romaine, et sur la préférence donnée à l'emploi du clair-obscur, des raccourcis, en un mot des grands effets pittoresques substitués à la pureté de la forme et à la seule puissance de l'expression. Pour les gens au goût sévère, ce changement a été le signal de la décadence, ou du moins de la décadence érigée en système. Pour les autres, moins exclusifs, il a été, au contraire, un temps d'arrêt dans la décadence, une transformation, et comme une seconde renaissance de l'art, qui l'a fait vivre avec éclat un grand siècle de plus. Sans prendre parti dans la querelle, où, comme d'habitude, chacun a moitié tort et moitié raison, je dirai seulement qu'il est difficile de se plaindre de la création d'une école d'où sont sortis, outre les Carrache, ses fondateurs : Dominiquin, Guido, Guerchin, Albane, Caravage [1]. D'ailleurs, après l'imitation outrée de Michel-Ange et les écarts déplorables qu'elle produisit, les Carrache furent assurément des réformateurs pleins de sens et de goût. »

Nous sommes fort de cet avis, et nous croyons que chacun aurait entièrement raison, si tous se mettaient à un même point de vue : comparés aux grands maîtres qui les précédèrent, les Carrache sont inférieurs, non dans l'exécution, mais dans l'inspiration ; comparés à leurs contemporains et à leurs successeurs, leur supériorité n'est pas moins évidente. Voilà, pour les connaisseurs ; quant au public qui juge l'œuvre sur son aspect, on ne lui fera pas facilement comprendre que le Pérugin et Francia sont plus artistes et plus véritablement grands que les Carrache.

Augustin n'a que deux tableaux dans la galerie de Bologne : la *Communion de saint Jérôme*, et une Assomption de la Vierge.

Annibal a six tableaux, dont les plus remarquables sont deux « Vierge dans la gloire » et une Assomption. C'est à Rome qu'il faut aller pour connaître Annibal ; c'est dans le palais Farnèse que se trouve une série de peintures à fresques, son œuvre ca-

---

[1] Viardot met Michel-Ange de Caravaggio au nombre des élèves des Carrache ; il fut à Rome l'auxiliaire très-indépendant de la réforme qu'y introduisait Annibal, mais dans un sens tout autre que celui du Bolonais.

pitale et la plus caractéristique de l'école bolonaise. C'est là qu'en admirant les grandes qualités de ce peintre, on peut se convaincre qu'il ne suffit pas d'être coloriste et dessinateur correct, d'exceller dans la disposition des groupes, dans les effets d'ombre et de lumière, pour être l'égal de Raphaël, de Michel-Ange, du Titien et du Correggio, de ces grands maîtres qui trouvèrent en eux-mêmes l'inspiration; de ces vrais artistes dont la pensée poétique, le génie s'alluma, non pas à la vue des œuvres de l'art, mais à la représentation vivide de leurs propres conceptions.

Le palais Farnèse, commencé par San-Gallo et terminé par Michel-Ange, est l'un des bâtiments les plus remarquables de Rome; il a été construit avec d'énormes blocs de travertine arrachés au Colysée. Dans la galerie, au centre du plafond, est la fameuse *bacchanale* représentant le triomphe de Bacchus et Ariane, tant admirée de N. Poussin. Le prélat Agucchi avait choisi les sujets; sous les allusions de la mythologie, il prétendait offrir à l'esprit le spectacle des passions. L'amour déréglé fut le sujet qu'il désigna pour orner le principal salon du cardinal Farnèse; les faunes, les satyres et les bacchantes qui entourent Bacchus et Ariane, offrent, en effet, des détails dont le prélat a dû être charmé. L'amour vertueux est représenté par Arion et par Prométhée.

Les allégories des vertus sont reléguées dans un cabinet qui n'est pas facilement ouvert aux étrangers; c'est Hercule, entre le vice et la vertu; Anapius et Amphinome, sauvant leurs parents d'une éruption de l'Etna; Ulysse échappant aux syrènes.

Dans d'autres salles, Annibal a peint Mercure présentant la pomme à Pâris; Polyphème jouant de la flûte de Pan; Persée et Andromède; Jupiter et Junon; Galatée entourée de tritons et de nymphes; Apollon écorchant Marsyas; Borée enlevant Orythée, etc., etc., en tout une quarantaine de sujets mythologiques.

Les fresques du palais Farnèse firent à Rome une prodigieuse sensation; l'importance de l'ouvrage et l'immense mérite de l'exécution en faisaient un de ces monuments dont l'influence sur l'art est irrésistible. La lutte que les Carrache, et plus particulièrement Annibal, avaient engagée à Rome contre les maniéristes, cessa « faute de combattants. » Les maniéristes étaient vaincus et ne purent se relever. C'est à dater de cette époque, que l'école des Carrache prit l'ascendant, non-seulement en Italie, mais dans tous les pays où l'art moderne a pénétré.

Son contemporain et son antagoniste, le chevalier Baglione, avoue qu'Annibal a eu le mérite de ramener à l'étude de la nature, et d'introduire le véritable style du paysage historique. N. Poussin affirmait que, depuis Raphaël, on n'avait pas vu de productions supérieures à ces fresques. Enfin, dans le siècle dernier, Mengs, plus célèbre encore par ses écrits sur les beaux-arts que par ses peintures, place Annibal immédiatement après Raphaël, le Titien et le Corrège, et même il prétend que, pour les formes viriles, Carrache l'emporte sur eux.

Aidé de quelques-uns de ses élèves, il avait consacré huit années à peindre ces fresques, et il ne reçut cependant du cardinal Farnèse, pour toute récompense, que cinq cents écus d'or — environ trois mille francs de notre monnaie. — Il fut profondément affligé d'un procédé qu'il considéra comme un outrage portant atteinte à sa réputation, bien plus encore qu'à sa fortune.

Ce fut à ce moment que les « Cavalieri deputati » de Saint Janvier l'appelèrent à Naples pour y orner de ses peintures les églises de *Spirito santo* et de *Gesù nuovo*. Les dégoûts, les mauvais procédés qu'il éprouva dans cette ville à l'instigation de Ribera et de ses acolytes, le forcèrent à revenir à Rome, où il mourut bientôt après, en 1609 ; il n'avait pas encore atteint sa cinquantième année.

On a souvent répété qu'Annibal Carrache posait en principe qu'un tableau ne doit pas présenter plus de douze figures, et en effet, il a presque toujours respecté cette limite, trop étroite pour être absolue. De même que le Parmigianino, il avait le rare talent de remplir un grand espace par un petit nombre de figures. Cependant, l'un de ses plus grands chefs-d'œuvre, « Saint Roch distribuant ses biens aux pauvres[1], » viole cette règle avec un si grand succès, qu'il serait difficile de la défendre dans un sens absolu. Peu d'ouvrages de l'école des Carrache caractérisent leur système aussi bien que celui-ci, et le rendent plus attrayant : un mouvement étonnant ; des raccourcis savants et bien justifiés, une grande variété d'expressions et d'actions ; une couleur harmonieuse, l'effet du clair-obscur agréable à l'œil et qui fait ressortir admirablement les principales figures ; enfin, un fond d'architecture dont les lignes très-belles soutiennent la disposition diagonale des groupes.

Lorsque éclata la lutte entre les Carrache et les artistes de Bologne, lutte dans laquelle ces derniers se montrèrent aussi violents, mais non pas aussi criminels, que Ribera, Corenzio et Caracciolo le furent, quelques années plus tard, à Naples, envers leurs rivaux et plus particulièrement envers Annibal Carrache et le Dominiquin, celui-ci était un jeune écolier. Son maître Calvart, l'ayant surpris à copier une gravure d'Augustin Carrache, le frappa à la tête avec tant de fureur que ses jours furent en danger.

Ces violences, opposées à l'enseignement si aimable des Carrache, et la supériorité des talents de ceux-ci, leur amenèrent bientôt toute la jeunesse bolonaise qui se destinait aux beaux-

---

[1] Fait partie de la galerie de Dresde.

arts : Guido Reni, le Dominiquin, l'Albane, quittèrent l'atelier de Calvart pour devenir les élèves d'Augustin Carrache. Ils suivirent leur maître à Rome, et se trouvèrent ainsi les plus anciens, comme ils ne tardèrent pas à devenir les plus illustres disciples de l'académie qu'y fondèrent les deux Carrache.

Lanfranc, de même âge que le Dominiquin, avait étudié sous Louis, mais il s'attacha plus particulièrement à Annibal, avec lequel il vécut sous le même toit et à la même table.

La jalousie et les violences d'Annibal amenèrent des dissentiments entre les élèves ; ceux d'Augustin étaient tous restés à Rome après son départ, mais Annibal ne les considérait pas du même œil que ses propres élèves. Il encouragea dans Lanfranc une sourde hostilité envers le Dominiquin. Alors commença entre ces deux artistes une de ces inimitiés d'enfance qui durent toute la vie, sans motif, sans autre cause qu'elles existent parce qu'elles ont toujours existé. Le Dominiquin en fut la victime; cela devait être : il avait l'incontestable supériorité du talent, et la plus complète inhabileté aux choses de ce monde.

Faible de corps, timide, et même craintif, Le DOMINIQUIN (Domenico Zampieri, 1581—1641), fils d'un ouvrier cordonnier, était humble par caractère et par position. Lanfranc était hardi, audacieux, insinuant ; il avait été élevé dans la famille des comtes Scotti de Plaisance et tranchait du gentilhomme.

Quand le Dominiquin, accablé de persécutions, se mourait à Naples d'inquiétudes et de chagrin[1], Lanfranc y arrivait en magnifique équipage, suivi de nombreux domestiques, accompagné de sa femme, l'une des beautés les plus célèbres de l'époque, et de ses trois filles, non moins belles, non moins brillantes, non moins à la mode. L'un fit son chemin par la faveur,

---

[1] Voyez tome II, page 61.

par le savoir-faire, plus encore que par son mérite; il eut de son vivant toute sa récompense. L'autre s'occupa beaucoup moins à obtenir des succès qu'à s'en rendre digne; il ne songea qu'à agrandir son génie, à élever et ennoblir sa pensée. La postérité a placé le Dominiquin infiniment au-dessus de Lanfranc; ce ne fut que justice. N. Poussin déclare qu'après Raphaël, le plus grand peintre c'est le Dominiquin.

Plus inégal que les Carrache, il s'est souvent élevé fort au-dessus d'eux; mais, lui aussi, tout grand artiste qu'il est, appartient à cette classe de peintres qui ont cherché dans un système préconçu cette supériorité, ce génie, que l'inspiration a donné aux grands maîtres originaux. Il y a plus de profondeur de pensée, plus d'expression, plus de cette impulsion intérieure qui provient du feu sacré, dans les œuvres de Bartolomeo, de J. Bellini, de Mantegna, et en général de tous les peintres du quinzième siècle, que chez le Dominiquin et, par conséquent, dans toute l'école bolonaise.

Par exemple, Raphaël a fait un assez grand nombre d'emprunts, mais il s'est si complétement approprié ces sujets, il les a si entièrement revêtus de sa pensée, que la forme seule permet d'en tracer l'origine; l'expression, le sentiment intellectuel lui appartiennent à lui seul; de même que personne ne peut songer à contester à La Fontaine l'originalité de ses fables, bien qu'il n'y en ait pas une seule, peut-être, dont le fond lui appartienne en propre; c'est ce que Molière appelait « reprendre son bien partout où on le trouve. »

La *Communion de saint Jérôme* du Dominiquin, qui figure au Vatican comme le digne pendant de la *Transfiguration* de Raphaël, est une imitation assez servile du même sujet traité par Augustin Carrache, les différences sont de petite importance. En créant cette œuvre si célèbre, le Dominiquin fit une mauvaise action; il céda aux obsessions jalouses d'Annibal, qui voulait susciter un rival à son frère, et flétrir le succès que celui-ci avait obtenu en traitant ce sujet. La *Confession de saint Jérôme*, par Augustin, avait été un grand événement dans le monde artistique. Depuis bien des années on n'avait pas vu une composition si émouvante réunir tant de mérites, au point de vue de l'art et de la pensée. Les jeunes peintres accoururent en foule pour en faire des études, et ce fut alors qu'Annibal s'efforça de faire renoncer son frère à la peinture, en le ramenant à ses travaux de gravure, dans lesquels il excellait.

Le Dominiquin n'a donc qu'un mérite secondaire dans ce tableau, qui est considérée comme l'une des plus grandes merveilles de l'art.

Une autre imitation qu'il s'est permise, est celle du célèbre tableau du martyre, ou plutôt du *Meurtre de saint Pierre de Vérone*, par le Titien ; c'est, à bien peu de chose près, le même tableau, présenté dans l'autre sens. Ainsi deux de ses peintures les plus capitales sont des plagiats, ou peu s'en faut.

Au reste, la plus grande partie de son œuvre se compose d'emprunts, de réminiscences, ou d'imitations qu'il ne puisait pas toujours aux meilleures sources. Soit défiance de lui-même, soit manque d'esprit d'invention, il cherchait ses idées chez ses rivaux ; son *Aumône de sainte Cécile* est une imitation de l'*Aumône de saint Roch*, d'Annibal Carrache. Aussi, au nombre des peines qui troublèrent sa vie, faut-il mettre les accusations de plagiat que ne lui épargnèrent pas ses ennemis ; il leur fournissait de nombreux et plausibles prétextes, et la supériorité avec laquelle il s'appropriait les idées d'autrui, pas plus que la bonne foi qu'il mettait à s'en servir sans déguisement, ne le protégèrent, on le conçoit, contre ces accusations. Aussitôt qu'il eut produit devant le public son Saint Jérôme, ses adversaires, à la tête desquels s'était placé

Lanfranc, firent graver le Saint Jérôme d'Augustin, et répandirent à profusion cette estampe comme preuve que le Dominiquin n'était qu'un copiste et un imposteur.

La timidité du Dominiquin, la lenteur de son travail, et ces nombreux emprunts obscurcissaient singulièrement son mérite aux yeux de ses contemporains. Son caractère déteignait sur ses tableaux. Tandis que Lanfranc, encore plus habile dans sa conduite que dans son travail, d'une imagination prompte et souple, improvisait avec verve sur les idées que ses protecteurs lui suggéraient. Cette lutte, où le savoir fut constamment sacrifié au savoir-faire, ne cessa que lorsque la mort eut recueilli les deux artistes, leurs prôneurs et leurs adversaires ; les œuvres, abondonnées à leur seul mérite, prirent enfin leur véritable place.

La galerie de Bologne a du Dominiquin trois œuvres capitales : Le *Meurtre de saint Pierre de Vérone*, imité ou plutôt copié du Titien, la *Notre-Dame du Rosaire*, et le *Martyre de sainte Agnès*. John Bell, dans son excellent ouvrage sur l'Italie, apprécie ainsi ce dernier chef-d'œuvre : « Peinture d'un coloris grand, riche, profond. La figure, belle et sereine de la sainte, est comme illuminée par une expression de céleste extase et de divine résignation, qui contraste admirablement avec la terreur et l'étonnement de la foule ; tout cela est rendu par l'artiste avec une science et un effet remarquable. Sur le premier plan, l'épisode des deux femmes qui cachent la figure d'un enfant et s'efforcent d'étouffer ses cris de frayeur, est un groupe parfaitement rendu. Cependant, le martyre même est une scène trop froidement accomplie ; en plongeant son poignard dans le sein de sa victime, le bourreau devrait montrer quelque émotion, quelque horreur d'un acte qui n'est pas commis sous l'impulsion de la colère ou de la vengeance[1].

---

[1] Il y a peu de galeries de quelque importance qui ne possèdent des

L'Albane, qui resta toujours lié d'une étroite amitié avec le Dominiquin, lui procura un protecteur puissant. C'était le frère du cardinal Agucchi, le même prélat qui avait présidé aux travaux de la galerie Farnèse et qui, malheureusement, fut assez présomptueux pour imposer à ce grand artiste ses sujets et ses idées sur la manière de les traiter. Ce ne furent pas les meilleurs ouvrages du Dominiquin ; par compensation, cette protection lui valut d'autres commandes où sa liberté ne fut point enchaînée. C'est ainsi qu'il fut appelé à peindre en concurrence avec Guido Reni, dans l'église de San-Gregorio à Rome, cette belle fresque qui représente la *Flagellation de saint André*; Guido prit pour sujet saint André conduit au martyre.

On retrouve à chaque pas, en Italie, des monuments de ces luttes qui agitèrent et stimulèrent l'école des Carrache. Bologne est remplie d'œuvres que ces artistes firent en concurrence les uns avec les autres ; à Rome, les églises de San-Andréa della Valle, de San-Gregorio, sont célèbres par les fresques de Lanfranc, du Guido, du Dominiquin ; à Naples, Lanfranc et le Dominiquin sont encore en opposition; mais c'est à Fano, sur la route de Bologne à Ancône, après avoir passé Pesaro, que se trouve le monument le plus remarquable en ce genre et le plus important dans l'œuvre du Dominiquin.

Fano est une charmante petite ville, sur les bords de l'Adriatique ; elle ne compte pas dix mille habitants, mais elle renferme, en fait de beaux-arts, des trésors qui suffiraient à illustrer une grande capitale de ce côté-ci des Alpes. Telles sont

peintures du Dominiquin : à Rome, c'est dans la villa Ludovisi et dans le palais Doria que sont les plus belles, après les chefs-d'œuvre que nous venons de nommer ; il y en a aussi d'excellentes au couvent de Saint-Onuphre.

les richesses artistiques de l'Italie, que bien peu d'étrangers connaissent cette ville, même de nom ; en toute autre contrée, elle serait pour les artistes et les amateurs le but d'un pèlerinage ; mais elle est en Italie, et l'on n'y va qu'autant que la route qu'on suit y aboutit ; on s'y arrête, si le *Vetturino* y fait reposer ses chevaux ; c'est au hasard, à un accident heureux, qu'on doit de franchir ses portes, car la route tourne autour des murs extérieurs, et le voyageur qui visite Florence, Rome et Naples, uniquement pour obéir à la mode et *tuer le temps*, a la meilleure raison du monde de n'avoir pas vu Fano : la poste n'y entre pas.

Toute l'école bolonaise semble s'y être donné rendez-vous : Louis Carrache, Guido Reni, le Dominiquin, l'Albano, le Guerchin. D'autres peintres y ont laissé quelques-uns de leurs chefs-d'œuvre, entre autres le Pérugin, Raphaël, Palma Vecchio, et, chose bien rare en Italie ! Van Dyck, qui a peint sur pierre le portrait d'un Raynalducci [1].

Dans la cathédrale, il y a seize fresques du Dominiquin, dont les sujets sont tirés de la vie de la Vierge ; elles ont souffert dans un incendie qui consuma une partie de l'église ; mais, malgré ces traces enfumées, la plupart sont dans un état de conservation très-satisfaisant : le *Mariage*, l'*Annonciation*, la *Nativité*, sont d'une beauté qu'il n'a jamais surpassée ; la Visite de Marie à Elisabeth est surtout remarquable par une expression de pureté et de candeur qui ne se rencontrent certainement pas à ce degré dans aucun de ses autres ouvrages [2].

---

[1] Ce Van Dyck ne serait-il pas Daniel, et non pas le célèbre Antoine ? Ce Daniel Van Dyck était, au commencement du dix-septième siècle, conservateur de la galerie de Mantoue, et avait de la réputation comme peintre de portraits.

[2] C'est dans le collége Folfi qu'on voit encore cette célèbre figure

Les mauvais sentiments de rivalité et de jalousie qu'Annibal avait entretenus envers son frère Augustin s'étaient infiltrés dans l'école : ils empoisonnèrent la vie du Dominiquin en but à la haine de Lanfranc ; ils éclatèrent en hostilités ouvertes entre l'Albane et Guido Reni. Ce dernier, qu'Annibal Carrache avait cherché à opposer au Dominiquin, devint bientôt l'antagoniste d'Annibal lui-même, qui voulut alors lui susciter un rival dans le Guerchin. Lanfranc vivait mal avec tous ses condisciples.

Quelle différence entre cette école des Carrache et l'école de Raphaël ! et combien la comparaison entre elles grandit encore cette noble et aimable figure du peintre d'Urbin ! Cinquante artistes travaillaient sous la direction de Raphaël, tous peintres de talent, quelques-uns du plus haut mérite ; tous vivaient dans un parfait accord ; il semble que leur cœur, aussi bien que leur génie, s'absorbaient dans le génie et le cœur du maître. Lui mort, cette unité de sentiments et de vie artistique est rompue ; l'école n'existe plus. L'école des Carrache survit aux maîtres, mais le lien commun ne se manifeste que par la jalousie et les inimitiés.

GUIDO RENI, 1575 — 1642, abandonna les Carrache pour se faire l'imitateur de Polydore de Caravaggio [1], alors en

---

de David portant la tête de Goliath, qui suffirait seule, dit Lanzi, pour éterniser le nom d'un artiste. — Le musée de Genève possède un magnifique tableau, même sujet, attribué au Dominiquin, mais que des connaisseurs éclairés croient être de Spada, élève des Carrache et de Caravaggio, plus tard imitateur du Parmigianino, dont ce tableau rappelle, en effet, le dessin par l'élégance des figures.

[1] Plusieurs écrivains ont confondu dans cette circonstance Polydore, élève de Raphaël, avec Michel-Ange de Caravaggio, sans remarquer que la critique d'Annibal Carrache ne pourrait s'appliquer à aucune des œuvres de Michel-Ange de Caravaggio.

grande faveur. Une réflexion d'Annibal le conduisit à se créer un style presque en tous points l'opposé de sa première manière. Un jour, qu'ils examinaient ensemble un tableau de Polydore, Annibal Carrache fit observer qu'au lieu de la lumière pâle et incertaine qui domine chez ce peintre, il faudrait une lumière franche et éclatante ; opposer à sa douceur, la rudesse ; substituer à ses contours mal définis, un trait bien accentué, et remplacer des formes vulgaires, par des formes élégantes et bien choisies. Le Guido, frappé de cette critique, chercha le nouveau style que lui indiqua son maître. Il s'attacha à trouver une beauté idéale, mais plutôt dans les formes que dans l'expression.

C'est là un des traits caractéristiques de l'école des Carrache, que ses plus grands élèves, Dominiquin, Guido Reni, l'Albano, ont en général montré peu d'aptitude à rendre une expression passionnée en même temps que noble. Dans les sujets de ce genre, le Dominiquin est froid, théâtral ; Guido a une grâce tout à fait déplacée ; l'Albano est le type d'une élégance artificielle qui n'admet pas même l'idée que la passion soit possible.

Peu de peintres ont été aussi inégaux que Guido Reni, quoique ses peintures aient un caractère si distinct qu'il est plus facile de les reconnaître que celles de tout autre artiste. Si l'amateur ne se contente pas du masque, si, sous la contraction ou l'expansion des traits, il veut découvrir la véritable passion que révèlent mille symptômes impossibles à décrire, Guido Reni est un artiste très-incomplet ; il est, au contraire, artiste admirable pour celui qui ne demande à l'art que la forme et la couleur. Nous parlons de son œuvre en général, et non pas des quelques exceptions qu'on y trouve, telles, par exemple, que la fresque peinte par lui à la chartreuse de Naples ; c'est une Nativité, et dans cette fresque, les femmes et les enfants qui adorent l'enfant Jésus ont une expression d'une beauté et d'une vérité admirables, mais bien plus faciles à atteindre dans de pareils sujets que dans la représentation des grands mouvements de l'âme.

Le chef-d'œuvre qui caractérise le mieux la manière de cet artiste, c'est le *Char des Heures*, ou, pour mieux dire, l'*Aurore précédant Phébus sur son char*, magnifique fresque qui couvre le plafond d'un pavillon dans le jardin du palais Rospigliosi, à Rome. Tout le monde la connaît, au moins par la gravure. Ce sont les sujets de ce genre qui conviennent le mieux au talent du Guido : à Rome, le Saint Michel; la Fortune, au Capitole; l'Hélène, du palais Spada; l'Hérodiade, des Corsini; la Madeleine, de Barberini ; la Purification, à Modène; Job, à Bologne; Saint Thomas, à Pesaro; l'Assomption, à Gênes. « Ces peintures, dit Lanzi, sont les prodiges du Guido. »

Il avait étudié Raphaël de la même manière que le Parmigianino, Paul Véronèse et le Correggio, non pas pour découvrir le secret de la beauté des madones de Raphaël, mais pour attraper quelque chose du caractère extérieur; comme ces écrivains qui ne voient la naïveté de Montaigne et d'Amyot que dans la tournure de la phrase et l'emploi de certains mots. C'est ce qu'un historien des beaux-arts a dit, en croyant faire l'éloge de cet artiste : « Il n'y a point d'action, point d'attitude, de sentiment, qui puisse altérer la beauté de ses figures; il les tourne de tous côtés, les reproduit dans toutes les positions, et jamais elles ne paraissent moins agréables[1]. » C'est fort notre avis ; mais, à nos yeux, c'est le juste sujet d'une critique, et non pas d'un éloge.

« Ce qui surprend davantage, continue Lanzi, est la variété qu'il met dans cette beauté; avantage qu'il ne devait pas moins

---

[1] Lanzi.

à son imagination féconde qu'à ses études. En dessinant jusque dans ses dernières années à l'académie, il combinait toujours des choses nouvelles, afin que le beau fût varié dans ses peintures et qu'elles fussent exemptes, par ce moyen, de produire la satiété. Il se plaisait à faire des visages qui regardassent en haut, et il disait qu'il avait cent manières diverses de les reproduire. C'est ainsi qu'il variait de toutes les façons imaginables les plis des draperies ; il ne mettait pas moins de soins à rendre cette diversité frappante dans les coiffures des têtes jeunes : il disposait leurs cheveux de mille manières, tantôt dénoués, tantôt arrangés avec art ou négligés à dessin ; ou bien il les enveloppait de voiles, de réseaux ou de turbans, et toujours avec une grâce nouvelle. Il multiplia avec la même fécondité les têtes de vieillards, dans lesquelles il exprima, de la manière la plus naturelle, les inégalités de la peau et la chute de la barbe, en tournant les mèches dans tous les sens, en les animant par certaines touches hardies et fermes, en déterminant leurs formes par des jets de lumière de l'effet le plus heureux. Le palais Pitti, la galerie Barberina et la galerie Albana renferment des têtes de ce genre, de la main du Guido, ce sont les moins rares de ses ouvrages. Il mit aussi un grand soin à varier le ton des chairs : dans les sujets gracieux, il les fit d'une grande blancheur, et il y ajouta certaines nuances plombées et azurées, mêlées à des demi-teintes auxquelles on a reproché un peu de maniérisme. »

Tout cela est d'une grande vérité ; on ne saurait mieux apprécier le Guido ; mais pour bien comprendre la place qu'il occupe dans l'histoire de la peinture, il suffit de supposer que ces éloges s'adressent à Raphaël, et le sentiment même de leur insuffisance donnera la mesure de l'immense distance qui sépare ces deux maîtres. Qui jamais s'avisa de louer Raphaël de savoir arranger de mille manières des coiffures, des voiles, des turbans, des mèches de cheveux, et d'imaginer des positions de tête et des airs de svisage, comme une coquette qui s'apprête devant son miroir à jouer un rôle dans un salon !

Dans les derniers temps de sa vie, Guido, qui s'était adonné au jeu et perdait, aussi vite qu'il les recevait, les sommes immenses qu'on lui payait pour ses peintures, tomba dans la misère et le mépris; il ne travailla plus que pour se procurer les moyens de satisfaire à son insatiable passion; ses peintures, faites à la hâte, sans soins et sans inspiration, perdirent peu à peu toutes les qualités qui avaient donné de la valeur à ses premières productions.

L'ALBANE, 1578—1660, n'avait pas élevé sa pensée jusqu'aux hautes régions de l'art; sa vie, fort douce, fort épicurienne, explique la nature de son talent. Il possédait une *villa* délicieuse, qui lui offrait en abondance ces sites magnifiques, gracieux, variés, que l'on admire dans ses tableaux; sa femme lui servait de modèle pour ses Vénus, et douze enfants, tous d'une beauté remarquable, lui offraient cette troupe d'amours et de chérubins qui peuple ses riants paysages[1]. Quelquefois Albane a tenté de peindre des sujets religieux; mais ses anges sont encore des amours, et ses madones des Vénus. En ce genre, l'une de ses meilleures compositions et qu'il a souvent répétée, c'est l'enfant Jésus endormi sur la croix.

Tous ses ouvrages, paysages et figures, ont ce caractère de

---

[1] On s'est moqué de cette circonstance que tous les biographes de l'Albane ont rapportée, mais il est plus ridicule de supposer qu'il avait besoin de faire poser sa famille pour les groupes qu'il peignait, que d'admettre qu'il s'inspirait des gracieuses figures dont il était entouré.

décor qui plaît à l'œil, mais qui ne va jamais jusqu'à l'âme. L'élégance est tout extérieure, elle s'élève bien rarement à la grâce intellectuelle; ses « jeux et ses ris » sont ceux de l'Opéra, et n'ont pas cette gaîté innée naturelle que donne l'innocence et le plaisir.

Mais si l'on ne cherche dans les œuvres de ce peintre que ce que peuvent donner de tels sujets, il faut lui reconnaître un grand mérite dans la manière de grouper ses personnages, et d'animer l'action. C'est surtout comme paysagiste qu'on peut étudier l'Albane dans le très-petit nombre de ses peintures qui ont résisté à l'action du temps. Le coloris est d'une grande vérité, et après Claude Lorrain, je ne connais pas de peintre qui ait mis plus de perspective aérienne dans ses paysages; ses lointains sont d'une extrême finesse. Il ne faut pas oublier que l'Albane a précédé Claude de plus de vingt ans; il était célèbre quand celui-ci grillait les cotelettes d'Agostino Tassi.

L'Albane, aussi, s'est survécu à lui-même; il peignit longtemps encore après que son talent avait déchu au-dessous de la médiocrité

Le Guerchin—G.-F. Barbieri, 1590—1666, n'est considéré comme appartenant à l'école des Carrache, qu'en raison de la nature de son talent; il ne fut jamais leur élève. Augustin était mort quand le Guerchin était encore enfant; Annibal, ou Louis aurait pu diriger ses premières études, mais, outre qu'il ne fit pas alors de résidence à Bologne, il s'était lié, dès son arrivée à Rome, avec un artiste d'assez médiocre talent, dont il devint le disciple, Secchi surnommé le *Caravaggio*, ou plutôt le Caravaggino [1].

---

[1] Ce qui a induit en erreur plusieurs écrivains, qui font du Guerchin l'élève et l'ami intime de Michel-Ange de Caravaggio, mort

Qu'il ait étudié les œuvres des Carrache, cela n'est pas douteux, mais il les étudia comme celles de Michel-Ange de Caravaggio, sans recevoir directement les conseils du maître. Il forma son style sur ces deux manières, presque opposées l'une à l'autre.

La réforme de la peinture, au commencement du dix-septième siècle, avait ce double caractère, que les Carrache cherchaient à ramener au dessin de l'antique et à l'étude des grands peintres du siècle précédent; tandis que le Caravaggio s'attachait exclusivement à reproduire la nature pittoresque.

Cette double tendance est très-visible, même dans l'école des Carrache; Guido Reni montre dans ses tableaux d'évidentes réminiscences de l'antique; la Vénus de Praxitèle, les Niobés, se retrouvent fréquemment dans ses compositions, tandis que ses effets de clair-obscur sont empruntés au Caravaggio.

Le Guerchin chercha à concilier ces deux manières. De là, la supériorité qu'il a sur le Caravaggio lui-même, et son infériorité, comparé au Dominiquin qui a conservé plus d'originalité. Par la composition et le dessin il appartient à la haute école; par son coloris et ses effets d'ombre et de lumière il est le disciple de l'école romantique, ou plutôt de l'école pittoresque; car de romantisme, il n'était heureusement pas encore question.

Son chef-d'œuvre est la *Sainte Pétronille*, le plus beau tableau de la galerie du Capitole, à Rome, et l'une des trois merveilles de la peinture, dans le monde entier [1]. Le dessin est si beau, la composition si saisissante, le coloris si lumineux, l'effet si puissant, qu'il n'existe peut-être pas une autre peinture qui,

---

en 1609. Les trois peintres qui portent le surnom de Caravaggio ont été l'occasion de bien des erreurs pour les gens qui n'y regardent pas de près.

[1] La copie en mosaïque est à Saint-Pierre.

LE GUERCHIN.

à la première vue, s'empare aussi vivement de l'imagination.

Une critique sérieuse cependant s'attache au sujet lui-même; est-ce l'inhumation ou l'exhumation de Pétronille? Les deux versions sont également admises. Selon la légende, sainte Pétronille, fille de l'apôtre saint Pierre, avait été enterrée dans un cimetière, sur le chemin d'Ardée; au huitième siècle, le pape Paul III fit retirer le corps, pour le placer dans l'ancienne métropole de Saint-Pierre, et, malgré les huit siècles passés en terre, la sainte fut trouvée dans un état de conservation aussi miraculeux que sa beauté. A mon avis, c'est cette seconde cérémonie que le Guerchin a représentée; le doute ne me paraît même pas possible.

Sur le devant du tableau deux hommes soutiennent par des linges le corps qu'ils descendent dans le caveau; à droite, un jeune seigneur richement vêtu, et deux spectateurs, montrent à la vue de la sainte un étonnement mêlé d'admiration; cette expression est plus marquée encore sur la figure d'un clerc qui s'avance, un cierge à la main, pour plonger un dernier regard dans la fosse. Au fond, des femmes pleurent. Toute la partie supérieure de la peinture est occupée par une vision de sainte Pétronille reçue dans le ciel par Jésus-Christ.

Il n'est guère possible de voir un fiancé, un amoureux, dans le jeune homme qui interroge les deux personnages, dont l'un porte un turban; sa résignation ferait assurément le plus grand honneur à sa religion, mais il n'est pas même résigné, il a tout juste cette bienséante tristesse que commande une telle cérémonie, et rien de plus. L'architecture montre que l'inhumation se fait à l'entrée d'une grande église, et quant à la réception dans le ciel qui, au dire des uns, prouve qu'il s'agit de l'enterrement immédiatement après la mort, puisque Pétronille en sa qualité de sainte et de fille de l'apôtre qui tient les clés du paradis, n'a pas dû attendre pendant huit cents ans d'y être admise, il faut se rappeler que les peintres ne se sont jamais fait de scrupule de lier ainsi deux événements parfaitement distincts et souvent accomplis à des époques très-éloignées l'une de l'autre. Il n'est pas rare de voir une nativité dans le fond d'un tableau représentant les fiançailles de Marie, ou, dans une nativité, d'entrevoir le Calvaire ; ces licences poétiques n'ont rien de choquant lorsque le sujet subsidiaire n'intervient point avec le principal.

La figure du Christ qui reçoit sainte Pétronille est du plus beau caractère, elle rappelle les plus nobles conceptions des artistes du quinzième siècle, mais l'ensemble de la scène a je ne sais quoi d'olympique ; les anges et les chérubins sont si semblables aux génies et aux Cupidons, que l'impression produite n'est certes pas en harmonie avec une pensée chrétienne. L'imitation du Correggio n'est peut-être que la conséquence inévitable d'un sujet vu d'en bas, et offrant ainsi les raccourcis que ce grand maître se plaisait à reproduire, toutefois, dans les figures d'anges, cette imitation est frappante.

La coupole de la cathédrale de Plaisance est une des œuvres capitales du Guerchin ; elle représente des prophètes, des sybilles, des chœurs d'anges ; la couleur est remarquablement belle ; on dit que le Guerchin s'était efforcé de rivaliser pour le coloris avec les œuvres que Pordenone avait faites à Plaisance, et entre autres, la coupole de Santa-Maria della campagna, l'une des merveilles de l'école de Venise [1].

Il y a trois manières dans l'œuvre du Guerchin ; la seconde est la meilleure. Il voulut, vers la fin de sa carrière, imiter le

---

[1] Cette coupole offre une étrange particularité ; parmi les sujets bibliques, sont intercalés des sujets mythologiques : l'*Enlèvement d'Europe*, l'ivresse de Silène, Vénus et Adonis, Diane entourée de nymphes et de satyres, etc.

Guido, dont le style était le plus à la mode; ce n'était pas sa conviction qui l'y portait, mais le désir d'obtenir la popularité, et, avec elle, tous les avantages qui en proviennent; il n'eut pas le courage de résister à l'invasion du mauvais goût; son coloris devint faible, sans vérité et sans charme. Le Guerchin avait eu plus d'inspiration, plus de force et d'originalité que Guido Reni, cela ne l'empêcha pas de tomber aussi dans le maniérisme.

Après les artistes célèbres dont nous venons de nous occuper, l'école de Bologne compta encore bien des peintres de grand mérite, si on les compare à leurs successeurs, mais toujours d'un mérite d'emprunt, et qui n'a eu aucune influence sur le développement de l'art.

Avec le système des Carrache, le nombre des artistes de second ordre augmente; les artistes de génie disparaissent entièrement. Après eux, il n'y a plus à citer un seul nom dont l'éclat, comme au siècle de Léon X, jetterait dans l'ombre ceux qui de nos jours brillent au premier rang.

Le *proprio motu* ne se rencontre plus que très-rarement. Géricault et Léopold Robert sont, parmi les peintres modernes, les seuls qu'on puisse citer pour ce rare mérite, et l'un et l'autre sont étrangers à l'Italie; si Robert a emprunté à cette terre classique quelques-unes de ses plus belles compositions, il ne s'est pas inspiré des œuvres de l'art; il a puisé directement à la source, la nature.

Chez les Carrache et leurs plus illustres élèves, c'est à peine si l'on découvre cette inspiration individuelle si remarquable chez les maîtres du quinzième siècle et de la première moitié du seizième. L'école de Bologne était basée sur l'imitation; or, rien de plus contraire à la spontanéité du génie et à son originalité. Cela est si vrai, que les Carrache eux-mêmes, par cela seul qu'ils ont conçu ce système, sont supérieurs à tous les artistes qui l'ont pratiqué ; ce fut leur pensée qu'ils mirent en œuvre; pour les autres, ce fut une recette dont ils se servirent avec plus ou moins d'habileté en gens de métier, et qui fut pour eux un but, non un moyen.

Ce que M. Vinet, ce penseur si profond et si vrai, a dit de l'esprit littéraire peut s'appliquer également à celui des arts, la source est la même, le but aussi. Ses paroles résument si bien notre pensée que nous ne résistons pas au désir de les reproduire. D'ailleurs nous ne nous sommes point fait de scrupule d'emprunter tout ce qui pouvait concourir au but que nous nous sommes proposé, et ce n'est pas au moment de terminer notre tâche que nous renoncerons à un secours si efficace.

« .... les caractères de l'art, comme ceux de la philosophie, s'altèrent dans les préoccupations d'un but actuel et pratique. Ceci est incontestable, et c'est par là que nous nous expliquons pourquoi le dix-huitième siècle fut moins littéraire, et même aussi moins philosophique que son devancier immédiat. (Pour la peinture, c'est déjà le dix-septième siècle, comparé au précédent.) Tous les arts et la philosophie avec eux, réclament un noble désintéressement de la pensée; tous aspirent vers l'idée pure. Mais cette doctrine ne va point à établir que l'art, pour être pur, doit s'absorber dans la pensée de la forme. Comment gagnerait-il quelque chose à mentir à son origine? N'exista-t-il pas comme moyen avant d'être offert comme but? Chercha-t-on d'abord une idée pour des expressions, ou des expressions pour une idée? Qu'est-ce donc, aux yeux de la conscience humaine, que l'art séparé de son objet, ou se faisant de son objet une simple occasion? Ce qui est certain, c'est que, posé sur cette base, l'art dépérit comme art, et que la recherche exclusive de la forme ruine la forme elle-même. L'éducation littéraire (ou artistique), obligée de traiter de la forme à part, de concentrer l'attention, durant des années, sur des mots et sur des phrases (des yeux, des nez, des oreilles, des bouches et des têtes), l'éclat plus bruyant des succès; le charme plus sensible des travaux où la recherche de la forme prend nécessairement une grande place : tout cela tourné, ce semble, à l'avantage de l'art, n'a trop souvent pour effet que de l'amincir et de l'évider. Une pensée forte, un ferme savoir sont les premières conditions de l'art, et, comme on l'a fort bien dit, il n'y a que les substances compactes qui soient susceptibles d'un beau poli. »

Les réflexions que l'école de Bologne nous a suggérées mettent en exemple les principes énoncés par M. Vinet. Le Guido, que certains auteurs considèrent comme la personnification la plus complète de cette école, nous a fourni l'occasion de montrer combien, chez elle, la forme a prévalu sur la pensée; « chercher une idée pour une expression » n'est-ce pas là ce qui frappe le plus dans l'art moderne dont les Carrache sont les créateurs? On fait un tableau en vue de certains effets de couleur et de clair-obscur; que de figures qui ne sont que des mannequins sur lesquels l'artiste étale la combinaison de ses étoffes, ou qui prennent certains airs de tête, comme le comédien qui se grime devant une glace!

Vers la fin du dix-huitième siècle, il y eut en Italie, ainsi qu'en France, comme une seconde Renaissance. L'Italie fut encore la première à ouvrir cette nouvelle voie. La corruption des mœurs amenait enfin une fermentation dans les idées; sans se rendre compte ni du but, ni des moyens, on marchait vers la réforme. En France c'est par les lettres qu'elle commença; en Italie ce fut par les arts, et, comme si le sol était épuisé, ce furent des étrangers qui y donnèrent la première impulsion.

Winkelmann, par ses savantes recherches sur l'antiquité, en réveilla le goût; R. Mengs, par sa critique artistique, ramena les peintres à l'étude des grands maîtres, aux saines doctrines, aux vrais principes. Mais l'étude et la critique ne suffisent pas; l'une fortifie le génie, l'autre le dirige et l'éclaire; ni l'une ni l'autre ne le créent. Les arts plastiques sortirent de l'ornière où ils se traînaient misérablement, mais aucun grand artiste ne surgit.

En France, on place Greuze au nombre des réformateurs de la peinture, et l'on a raison, car chez lui, si la forme est souvent imparfaite, il y a abondance d'originalité; il s'est inspiré de la nature même, et il a suivi son propre instinct dans le choix de ses sujets; bonhomme, il ne s'est pas fait héroïque; dans ses scènes les plus dramatiques, il n'a pas visé au grand style; mais aussi que de vérité et de charme dans la plupart de ses œuvres! Son contemporain Vien, le maître de David, plaçait dans l'imitation des grands maîtres la base de sa réforme; il tentait de refaire ce qu'avaient fait les Carrache, c'est-à-dire que pour lui aussi la forme devint le but tout autant que le moyen; voilà ce qui le préoccupait et ce qui préoccupa bien davantage son élève, David.

Quand David vint à Rome, il n'y avait plus dans cette immortelle capitale des beaux-arts qu'un seul peintre de quelque mérite, Pompeo Batoni — 1708 à 1787 — et lui aussi avait commencé sa réforme en revenant à l'étude de l'antique et de Raphaël, étude qu'il affermissait par des travaux d'après nature. A l'opposé de David, il ne faisait pas ses tableaux d'après des *académies*, il avait horreur du *modèle* vivant, autant que du mannequin, trouvant avec raison qu'il faut surprendre la nature et non pas la faire poser. Mais Batoni n'était qu'un homme de talent, il n'eut pas l'autorité du génie ; sa réforme ne s'étendit pas au delà de lui-même ; il fit de beaux tableaux, d'un coloris charmant, devant lesquels on s'arrête avec plaisir, mais il ne créa pas une école. Il y a de lui, à Rome, dans l'église de Santa-Maria degli angeli, une peinture représentant la *Chute de Simon le magicien* qui est bien certainement le chef-d'œuvre romain du siècle dernier; cette production très-remarquable, qui semblait annoncer une ère nouvelle, ne fut suivie d'aucun résultat.

C'est de l'étranger que l'Italie devait recevoir l'impulsion. Le séjour de David à Rome, alors que Batoni s'éteignait dans une longue vieillesse, et surtout l'influence qu'exerça sur l'Europe la France républicaine, donnèrent à cette réforme le caractère passionné et exclusif de la politique du jour, dont le peintre David s'était si tristement fait le représentant.

Les idées littéraires, le théâtre surtout, subissaient également ce retour aux formes de l'antiquité ; cet engouement populaire s'empara de tous les éléments de la société : les costumes, les ameublements, les arts, le langage, les noms, tout fut grec ou romain.

Nous l'avons déjà dit, cette réforme, David la poussa à l'excès ; il tomba dans l'abus opposé à celui qu'il voulait détruire ; en haine de l'afféterie et des mignardises, sa peinture fut froide, sévère et roide comme le marbre. Mais, si l'on en juge par son admirable portrait de Pie VII, quels chefs-d'œuvre de vérité et d'inspiration n'eût-il pas accomplis si, moins préoccupé de l'art, il eut cédé davantage à sa propre inspiration ! Toute sa vie est pleine de cette lutte entre la forme et l'idée ; partout on y retrouve la trace de l'amour de la nature étouffé par un système préconçu.

L'influence de David fut grande en Italie. Là, plus qu'ailleurs, le mauvais côté de cette réforme aurait pu être atténué, parce que la nature y est si riche en types admirables, que pour n'y pas revenir sans cesse, il faut ou un aveuglement complet, ou une force de volonté qui ne saurait être de longue durée. Et pourtant l'expérience le prouve, ces richesses furent perdues pour les artistes italiens; ils s'épuisèrent à la recherche de je ne sais quelles idées factices et mesquines, quand la nature leur fournissait en abondance les sujets les plus nobles et les formes les plus parfaites.

La réforme a donc été à peu près stérile pour eux. Il y a bien quelques noms à citer, mais ils sont rares, et les rayons de leur gloire n'ont pas franchi les Alpes: Pietro Benvenuti à Florence; Cammuccini, à Rome; Massimo Azeglio, à Turin, celui-ci plus illustre encore comme écrivain, comme vrai patriote, réunissant aux nobles aspirations d'une imagination d'artiste les vues pratiques de l'homme d'Etat[1]. Une demi-douzaine d'artistes ayant un talent facile, spirituel, élégant, dans la peinture de style, et une vingtaine d'habiles fabricants de vues d'intérieurs, de villes, de monuments, de scènes populaires ou de copies des chefs-d'œuvre du grand siècle; voilà toutes les richesses artistiques de l'Italie, quant au personnel de son école moderne.

Pietro Benvenuti, né à Pérouse, a été longtemps directeur de l'académie de Florence; sa *Judith montrant la tête d'Holopherne* (à la cathédrale d'Arezzo), son *Pyrrhus tuant le roi Priam, après la prise de Troie*, qui est dans la galerie Corsini, à Florence, sont au nombre des meilleures productions de l'é-

---

[1] Massimo Azeglio est actuellement le premier ministre de S. M. le roi de Sardaigne; il peignait le paysage historique avec une poésie et un talent d'exécution très-remarquables; ses œuvres ont en Italie une grande popularité.

cole de David. Cet artiste a dû en grande partie sa célébrité à un tableau historique qui est maintenant en Angleterre. « Il représente, dit Schlégel, un événement qui n'a jamais eu lieu, une scène de nuit où il montre les Saxons prêtant à Napoléon le serment de fidélité, ce qui est, à peu près aussi vrai que les uniformes qu'il a donnés aux soldats. »

Camuccini, de Rome, est le plus célèbre artiste de cette nouvelle école; son style est grand, un peu dans ce genre de décor si caractéristique de la manière bolonaise, mais ses dessins sont supérieurs à ses peintures.

Canova et Appiani sont les seuls noms dont la grandeur et le retentissement aient répandu sur l'Italie un nouvel éclat.

Cet éclat même n'a été que passager. Comme au milieu des débris d'un vaste incendie, une flamme mourante vient à jeter quelques lueurs et s'éteint aussitôt; de même, dans cette Italie si riche en monuments, les beaux-arts ne vivent plus que dans les souvenirs; le feu sacré n'a plus qu'une lumière pâle et sans chaleur; le foyer a été transporté sous d'autres climats.

Les expositions annuelles des beaux-arts offrent bien peu d'œuvres dignes d'arrêter les regards du véritable amateur. Les peintures de mérite sont de très-rares exceptions.

L'Italie est le vivant témoignage de cette vérité que, pour l'homme, rien n'est immuable, pas même dans ce domaine de l'intelligence où les conquêtes, mises sous la garde de l'humanité tout entière, sembleraient ne pouvoir jamais périr.

On devrait croire que si un génie de premier ordre, un de ces génies qui ont fait faire au progrès des pas fermes et marqués, vient à disparaître, la voie étant toute tracée, ceux qui suivent ne peuvent plus s'égarer. Il n'en est point ainsi.

Il y a trois cents ans que Raphaël est mort, et de tant de peintres qui sont venus après lui et les grands maîtres, ses contemporains, nul n'a su s'approprier à la fois la sublimité de son expression et la magie du coloris du Titien ; la grâce du Correggio ne s'est jamais rencontrée unie à la noblesse de la pensée, au choix des contours : union qui eut porté l'art à sa dernière limite. Les Carrache conçurent l'espoir de concentrer dans leur école les mérites spéciaux de toutes les autres, et ils ne parvinrent pas à égaler un seul de ces maîtres qu'ils aspiraient à surpasser. Après les Carrache et le Dominiquin, l'art continua à décliner ; les générations suivantes perdirent jusqu'à la faculté de discerner le beau.

Quelle est donc cette force cachée qui arrête l'humanité au milieu de sa course, qui la force à rétrograder et flétrit cette espérance la plus chère, la plus noble de toutes, celle de s'élever jusqu'à la perfection ?

Il en est de ces génies créateurs, lorsqu'ils viennent à disparaître, comme du soleil qui, en descendant sous l'horizon, laisse dans l'atmosphère une teinte générale dont le reflet jette sur tous les objets un même ton de couleur, une teinte dominante qu'il est impossible de neutraliser. Tous les yeux sont affectés de la même manière, tous voient de même. Il faut que la nuit se fasse pour anéantir cette impression, et rendre à notre vue la liberté de juger chaque objet avec vérité.

Pope disait qu'Homère, semblable à un grand astre, entraîne dans son tourbillon tout ce qu'il rencontre dans la sphère de ses mouvements. Il en est de même de tout grand génie, aussi bien dans les beaux-arts qu'en poésie. La méthode de ces maîtres, de ces chefs d'écoles, justement admirée, devient pour chacun un but d'étude, le modèle par excellence. Chacun l'adopte, l'artiste, l'amateur, le public qui se pose en juge, et l'on ne trouve d'attrait qu'à ce qui se rapproche de ce nouveau type, qu'à ce qui flatte ce goût, d'autant plus entraînant qu'il est plus général. S'en écarter dans les premiers temps, c'est vouloir ne pas plaire ; c'est s'engager dans une route que l'engouement populaire tiendra pour fausse et mauvaise.

C'est donc une nécessité pour qui vient après ces grands génies, que de les imiter. Or, quel imitateur s'éleva jamais à la hauteur de son modèle, surtout si celui-ci est plein de verve et d'originalité?

Le génie, pour être créateur, doit prendre sa puissance en lui-même; ce n'est pas l'inspiration d'autrui, c'est la sienne propre, qui peut être ce souffle de vie, sans lequel l'artiste n'est plus qu'un copiste, ou un imitateur.

Ce n'est pas tout. Ceux qui suivent veulent aller plus loin encore que leurs devanciers, et finissent par tomber dans l'exagération et le ridicule. N'est-ce pas ainsi que l'admirable style poétique du quatorzième siècle fut corrompu par Marini et les *seicentisti*, en même temps que les successeurs de Léonard de Vinci, de Raphaël, de Michel-Ange, du Titien, jetaient la peinture dans une rapide décadence; que la secte des Tenebrosi a terni le brillant coloris de l'école vénitienne; que les belles formes grecques de l'architecture de Palladio ont été dénaturées, d'abord par Scamozzi et ensuite, bien plus encore, par Borromini?

Il n'est que trop vrai! l'expérience le démontre : après les grands artistes, l'art, au lieu d'avancer encore, tombe en décadence, et, s'altérant de plus en plus, arrive enfin à une manière complétement mauvaise : c'est la nuit. Après cette nuit brille une nouvelle aurore qui ramène la lumière. Mais hélas! ce n'est pas la vie humaine qui sert de mesure à ces longues périodes; pour une seule génération qui voit la pure lumière, combien qui se succèdent dans le crépuscule ou les ténèbres! La nature est avare de grands génies; il lui a fallu des siècles pour former Raphaël, et il a vécu trente-sept ans! Michel-Ange a vu se lever l'aurore et se coucher le soleil de cette génération d'immortels artistes.

FIN.

TABLE DES MATIÈRES.

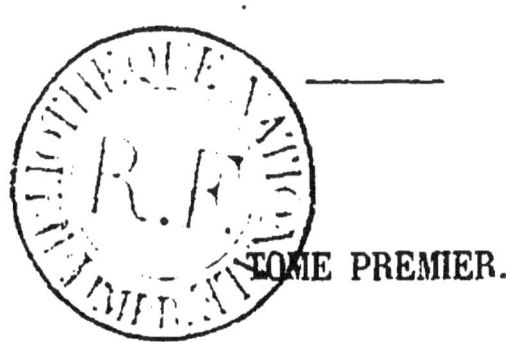

TOME PREMIER.

INTRODUCTION.

	Pages.
De la peinture chez les Grecs.	13
L'organisation sociale chez les Grecs développe chez eux le goût des beaux-arts.	14
Tous les genres sont cultivés chez les anciens, à l'exception du paysage.	16
La beauté est le but de l'art antique.	18
La décadence amène deux systèmes : la beauté idéale et le naturalisme.	19
Différence essentielle entre l'art antique et l'art chrétien.	20
Les chefs-d'œuvre de l'art antique sont importés en Italie.	21
L'art chez les Romains.	22
La barbarie.	24
L'architecture est le premier d'entre les beaux-arts à profiter de la Renaissance.	26
Progrès au treizième siècle.	27

LA MOSAÏQUE.

C'est dans la mosaïque qu'il faut chercher l'histoire de la peinture dans ces temps reculés.	28
Elles sont toutes du style byzantin.	29
Leurs défectuosités.	29

	Pages.
On supplée à l'infériorité de l'art par la richesse des matériaux.	30
Saint-Marc de Venise.	31
Mino de Turrita.	32
Giotto. Sa navicella.	33
Les Zuccati et les Bianchini.	—
Ce qu'est de nos jours la Mosaïque.	34

LA RENAISSANCE.

Ce qu'était l'art au commencement du treizième siècle.	37
NICOLAS DE PISE.	39
CIMABUE.	40
GIOTTO.	41
Ses œuvres à Naples, t. II, 50.	
Id. à Padoue, p. 192.	
Le Campo-Santo de Pise.	44
La peinture tenait alors lieu de l'imprimerie.	45
Les visions de Dante se retrouvent au Campo-Santo.	46
Ces peintures forment un cycle.	—
Gozzoli, Buffalmacco, Simone Memmi, les deux Orcagna.	—
L'inspiration est sérieuse, originale, mais la pensée est incorrecte.	47

Des associations de peintres.

Académie de Saint-Luc, à Florence.	47
Utilité de ces associations.	48
Ce sont des corporations de métier.	50
Ce qu'était le métier de peintre au treizième siècle.	51

De la corporation des francs-maçons.

Parfaite analogie de l'architecture religieuse, dans toute l'Europe, au moyen âge.	53
Ce qu'était alors l'architecture civile.	—
C'est en Lombardie que renaît l'architecture.	54
Priviléges des francs-maçons.	55
Accroissement des loges.	56
Trois styles distincts.	—
L'architecture gothique se divise en deux branches.	—
Organisation des francs-maçons.	57

	Pages.
D'où provient l'étonnante variété des détails dans l'architeure gothique.	59
Grand nombre d'édifices religieux construits au commencement du onzième siècle.	60
Science des francs-maçons.	62
Perdue avec l'anéantissement de la corporation.	—

DES PROGRÈS DE L'ARCHITECTURE.

L'architecture est l'art par excellence chez les Romains.	63
Le sixième siècle est le point de séparation entre l'ancienne et la nouvelle architecture.	66
Style lombard.	67
Trois styles distincts : arabe, moresque et gothique.	68
Différence entre le gothique moderne et le gothique primitif.	70
Ce style convient aux climats septentrionaux, mieux que l'architecture grecque.	70
Les ornements des anciennes églises sont symboliques.	71
Popularité du style gothique en Italie.	72
Orcagna, ramène au goût de l'antiquité. *La loggia dei Lanzi.*	73
Brunelleschi. Léon B. Alberti, Bramante, Michel-Ange Buonarotti, Giocondo, suivent et développent le nouveau style.	74
Palladio le porte à la perfection t. II, p. 163.	
Scamozzi et Bernini l'altèrent.	74
De nos jours il n'y a plus d'architecture nationale.	75

DES ARTISTES FLORENTINS AU QUINZIÈME SIÈCLE.

Influence des Médicis.	78
Rivalités entre les familles, les villes et les corporations	78
Etat de l'art au commencement du quinzième siècle.	79
Enseignement de l'école florentine, et son succès.	80
La perspective linéaire et la science du clair-obscur.	—
Ce qu'était la perspective chez les anciens.	81
Opinion de M. Töpffer sur le clair-obscur.	83
MASACCIO un des plus grands génies de la Renaissance	84
En quoi consiste son mérite.	85
FILIPPO LIPPI. Sa vie aventureuse influe sur son talent.	86
BEATO-ANGELICO. Ecole extatique.	87

TABLE DES MATIÈRES.

	Pages.
D. GHIRLANDAJO. Commence l'école naturaliste.	90
VEROCCHIO. Maître du Pérugin et de Léonard de Vinci.	91
Ses aventures à Venise.	—
Etat de l'art à la fin du quinzième siècle.	92

DÉCOUVERTE DE LA GRAVURE SUR MÉTAL.

Les empreintes des nielles en sont l'origine.	93
Découverte de la peinture à l'huile.	97
Van Eyck. Ou Jean de Bruges.	98
Des différents procédés en usage auparavant.	—
Antonello communique le secret à Domenico.	101
Domenico est assassiné par Andréa del Castagno.	—

LÉONARD DE VINCI.

Sa vie est la préface du grand siècle.	102
Il a eu deux manières.	105
Le Cenacolo (la Cène).	106
Représentations de la divinité.	108, 149
Beauté du sujet de la Cène.	108
Léonard a moins bien représenté, dans Judas, la laideur morale, que Raphaël qui était par excellence le peintre de la beauté.	109
Études de la tête de Jésus et documents historiques.	111
Léonard de Vinci musicien.	114
Ingénieur, mécanicien.	115
Rival de Michel-Ange Buonarotti. Concours des cartons.	115
Concours de sculpture.	131
Ses œuvres à Rome.	117
Méthode pour examiner les galeries.	118
Ses œuvres diverses.	119
Ses travaux scientifiques.	180
Rapports entre son style et celui de Raphaël, t. II, 202.	
Son école à Milan, t. II, p. 205.	

DÉCOUVERTE DES ANTIQUES.

Influence du christianisme sur les beaux-arts.	123
Pétrarque réveille le goût pour les antiques.	124

TABLE DES MATIÈRES.

	Pages.
Encouragements donnés par les papes.	125
Le Vatican. Projets de Nicolas V.	126
La période où les arts ont le plus fleuri commence avec le pontificat de Jules II.	128
Bramante.	129
Chargé de construire Saint-Pierre.	133
Ses intrigues, contre Michel-Ange.	139, 142, 143

MICHEL-ANGE BUONAROTTI.

Lutte avec Léonard de Vinci.	131
Mausolée de Jules II.	132
Premier projet de construction de Saint-Pierre.	133
Conséquences de ces entreprises.	134
Portrait de Michel-Ange.	135
Sa jeunesse.	136
Il étudie l'anatomie.	137
Cupidon endormi.	138
Sa querelle avec Jules II.	139
Fausse position des artistes.	140
Chapelle Sixtine.	142
Comment le moyen âge envisageait les Sybilles.	144
Difficulté d'apprécier les fresques de Michel-Ange.	145
Ces fresques composent un cycle.	152
Comparaison entre Michel-Ange et Raphaël.	153
Comparaison entre Michel-Ange et le Dante.	154
Ce qu'était la science du nu avant Michel-Ange.	160
Sa rivalité avec Raphaël.	168
Michel-Ange fait venir à Rome Sébastiano del Piombo.	—
Il est peu employé par Léon X.	185
Il rectifie les calculs de San-Gallo pour la coupole de St-Pierre.	197
Il est, en qualité d'ingénieur, chargé de la défense de Florence.	227
Fâcheuse influence de son talent (t. II, p. 132).	228
Il reçoit le Titien à Rome (t. II, 114).	
Lutte entre ses partisans et ceux du Titien.	117
Le Tintoret le prend pour modèle.	131
Comparé à Bossuet.	148
Collaborateur de Sansovino.	159

LE PÉRUGIN.

	Pages.
Rapports entre lui et Léonard de Vinci.	156
Caractères de sa peinture.	157
Son amitié pour Raphaël.	167
Son influence à Naples, t. II, p. 50.	

RAPHAEL.

Ses premiers travaux à Sienne.	159
Ses condisciples à Florence.	160
Il n'y a chez lui aucune trace d'imitation.	161
Ses œuvres à Pérouse.	162
La *Vierge la Jardinière*.	163
Dispute du saint sacrement.	—
De la symétrie dans la composition.	165
Effet produit par cette première fresque.	167
Amitié entre le Pérugin et Raphaël.	—
Caractère de Raphaël.	—
Rivalité entre Raphaël et Michel-Ange.	168
Beau choix des sujets qui lui sont donnés.	169
Pensée qui y a présidé.	—
École d'Athènes. Elle a deux points de vue.	170
Ses fautes savantes.	171
Les *Stanze*.	173
Difficultés des sujets abstraits.	174
Raphaël a-t-il étudié Michel-Ange ?	176
Léon X.	178
Mouvement intellectuel au commencement du seizième siècle.	179
Influence de Raphaël sur ses élèves (t. II, 258).	185
Connaissances variées de Raphaël.	185
La Farnésina.	186
Importance de ces sujets dans son œuvre, t. II, 127.	
Grand nombre de ses peintures à l'huile.	187
Portraits de Léon X et de la Fornarina.	—
Son propre portrait.	189
Du mérite de Raphaël.	—
De l'influence du paganisme.	190

TABLE DES MATIÈRES.

Pages.

De la Fornarina dans la représentation de la madone.	193
Du portrait dans les sujets d'invention.	194
Ses madones.	195
Ses emprunts (t. II, 253).	196
Les *Loges*.	197
Des grotesques.	198
Les *Arazzi* (tapisseries). [Van Orley est chargé d'en surveiller la fabrication à Bruxelles, t. II, p. 9].	200
Raphaël surnommé surintendant des édifices de Rome.	201
La *Transfiguration*. (Son influence à Naples, t. II, p. 52.)	202
Mort de Raphaël.	203
Exhumation en 1833.	204
De l'instantanéité dans l'action représentée.	205
Différence entre la poésie et la peinture.	206
Il n'est aucune des peintures de Raphaël qui ne gagne beaucoup à être analysée.	209
De sa méthode dans l'étude.	210
Nature de son talent.	213
Ses peintures ont poussé au noir, t. II, p. 93.	
Comparé au Titien, p. 106, 123.	
L'Espagne possède quelques-uns de ses plus grands chefs-d'œuvre, p. 120.	
Comparé à Fénelon, p. 148.	
Comparé avec le Correggio, p. 223.	
Comparé à Guido Reni. p. 261.	

ÉCOLE ROMAINE.

Ce qu'était l'école de Raphaël (t. II, p. 258).	215
Sa dispersion.	216
Nouvelle signification du mot école.	217
Résumé de ce que fut l'école romaine avant Raphaël.	218
JULES ROMAIN à Mantoue (t. II, 200).	220
Influence de la mythologie sur son talent.	222
PERINO DEL VAGA à Gênes.	224
Décadence. Les *maniéristes*.	229

	Pages.
Fédérigo Zuccaro.	229
Tomaso Lauretti.	230
D'Arpino (le Joséphin).	232
Nouvelle école littéraire des *seicentisti*.	232
Marini; son influence en France.	—
La réaction.	235
Baroccio.	236
Son *Extase de sainte Micheline*.	—
Michel-Ange de Caravaggio.	239
Son système.	240
C'est la vieille querelle du romantique et du classique.	242
L'école romaine s'était jetée dans le *maniérisme*, il l'entraine dans le naturalisme.	244
Son influence sur l'école de Naples, t. II, p. 53.	
Son caractère et sa vie à Naples, p. 54.	
Ses élèves, p. 55.	
Sa mort, p. 55.	
Abaissement des grandes fortunes dans les anciennes familles, fatale aux beaux-arts.	245
Influence du Bernini.	247
Le paysage seul fleurit au quinzième siècle.	248
Pierre de Cortone (Berrettino).	—
Carle Maratte. Restaure les *loges* de Raphaël.	250
Usages des peintres étrangers à Rome.	—
Le Bambocciato (Van Laar).	251
Le Borgognone.	—
Les batailles comparées à celles de Salvator Rosa.	252
Agostino Tassi.	—
Tempesta (Peter Mulier).	253
Raphael—Mengs.	253
Fondations des académies étrangères à Rome.	254
Influence d'Albert Durer.	255
A Florence.	302
Peintres étrangers à Rome.	255
N. Poussin est-il Français ou Italien.	256

TABLE DES MATIÈRES.

ÉCOLE DE FLORENCE.

	Pages.
Florence.	257
GHIBERTI. Concours pour les portes du Baptistère.	259
Importance de ces travaux au moyen âge.	260
ALBERTI de Bologne. Ses merveilleuses entreprises.	263
BRUNELLESCHI, modifications dans l'architecture.	264
Histoire du dôme de Santa-Maria del Fiore.	—
DONATELLO.	268
Dates des découvertes de quelques-unes des principales statues antiques, note.	269
Besoin de réforme à la fin du quinzième siècle.	270
Savonarole.	273
Sa réforme s'adresse directement aux artistes.	275
Les artistes sont ses disciples les plus dévoués.	278
Procession de 1496.	280
Procession de 1497, où il fait livrer aux flammes les œuvres profanes.	281
Sa fin.	283
FRA BARTOLOMEO.	284
Sa liaison avec Raphaël.	285
Son *Saint Marc* et son *Saint Sébastien*.	286
Il se rend à Rome.	287
Caractère de ses œuvres.	288
ANDRÉA DEL SARTO.	289
Ses malheurs.	291
La *Madone du sac*.	292
Le *Tribut à César* à Poggio a Cajano.	293
Le PONTORMO.	295
DANIEL DE VOLTERRA.	295
Le SODOMA.	295
Décadence.	299
Vue rétrospective jetée sur l'école de Florence.	300
Influence de Michel-Ange.	302
Uniformité du style des imitateurs de ce maître.	304
CARLO DOLCE.	305
SASSO-FERRATO.	—
Abaissement de la culture intellectuelle en Italie.	306

TABLE DES MATIÈRES.

TOME SECOND.

DU PAYSAGE.

	Pages.
Avant le seizième siècle il tient une place inférieure.	5
Le développement de la peinture de haut style amène la pratique du paysage et du *genre* proprement dit.	6
C'est l'école vénitienne qui ouvre cette nouvelle carrière.	—
Meurtre de saint Pierre, dominicain, par le Titien.	7
Abaissement de la ligne horizontale.	—
Ces premiers essais ne sont suivis presque d'aucun résultat.	8
Muziano introduit le paysage à Rome.	—
Paul Brill commence le paysage pittoresque.	—
Van Orley élève de Raphaël.	9
L'école des Carrache perfectionne le paysage.	—
Rivalité entre les Italiens et les Flamands.	—
Nicolas Poussin étudie en France Raphaël et le Titien.	10
Il s'établit définitivement à Rome.	11
Véritable créateur du paysage historique.	12
Son système. *Diogène jetant son écuelle.*	—
Nature de son talent.	13
Le *Déluge*.	15
Claude Lorrain. Son enfance.	16
Ce qu'il était lorsqu'il s'établit à Rome en 1630.	17
Développement subit de son talent.	18
Sa méthode pour étudier la nature.	—
Analyse des compositions de Claude Lorrain.	19
Choix des sites.	21
Dispersion de ses œuvres.	22
Comparaison entre Claude Lorrain et N. Poussin.	—
Différences entre leur style et ceux des écoles de Venise, de Bologne et de Flandres.	23
Sa mort, en 1682.	24
Gaspard Poussin. Ses débuts.	—
C'est à Rome que sont ses principales peintures.	25
Inférieur à N. Poussin et au Lorrain.	—
Son mérite.	26
Salvator Rosa.	27

	Pages.
Roman de Lady Morgan.	27
Sa jeunesse.	28
Il visite la Calabre.	—
Impression que produisent ses paysages.	29
Revient à Naples dans la misère.	30
Retourne à Rome.	—
Son *Prométhée*.	32
Ses débuts comme improvisateur.	—
Son caractère.	34
Anecdotes.	35
Son talent.	36
La *Grande bataille*.	—
Sa réputation.	37
Salvator, les deux Poussin et le Lorrain habitent le monte Pincio.	—
Les villa Médicis et Borghèse.	37, 38
Simplicité de N. Poussin; luxe de Salvator.	39
Ses œuvres littéraires.	—
Ses principaux tableaux.	40
Choix de ses sujets de paysage.	—
Insurrection de Masaniello.	41
Singuliers rapports entre cette époque et la nôtre.	—
Résumé.	42
La Hollande devient une pépinière de paysagistes.	44
En Italie, le paysage *historique* a pour maître Nicolas Poussin.	—
En Hollande, le paysage *naturaliste* a pour maître Vynantz.	—
Plus on avance, plus se rétrécit le domaine de l'artiste.	45
Le milieu du dix-septième siècle est l'époque la plus brillante pour le paysage.	46
Premiers essais en France.	—
La Hollande et la Flandre l'emportent sur toutes les autres écoles.	—
A la fin du siècle, le paysage est en pleine décadence.	47

ÉCOLE DE NAPLES.

Les arts étaient à Naples plus anciens qu'à Rome.	49
Le mérite de cette école n'est cependant qu'un mérite d'emprunt.	—

	Pages.
A vrai dire, il n'y a pas d'école napolitaine.	50
Le premier monument de la Renaissance est dû à Giotto.	—
Influence du Pérugin.	—
Le Zingaro.	51
Influence de Raphaël.	52
Influence du Tintoret et du Caravaggio.	53
Influence d'Annibal Carrache.	—
Corenzio, Carraciolo et *Ribera.*	—
Violence de la cabale.	54
Ce qu'était le Caravaggio.	—
Ses élèves.	55
RIBERA (*l'Espagnolet*).	—
Il veut chasser de Naples tous les artistes de talent.	56
Grands travaux alors entrepris à Naples.	—
Annibal Carrache, d'Arpino, Guido Reni, Gessi, sont successivement chassés de Naples.	57
Le Dominicain y est appelé.	58
Ses persécutions.	59
Il s'enfuit.	60
Revient à Naples et y meurt.	61
Études de Ribera.	—
Sa *Descente de croix*, et celle de Stanzioni.	62
Ses œuvres.	—
Mort de Carracciolo, de Corenzio et de Ribera.	—
ANIELLO FALCONE et SOLIMENE.	63
GIORDANO, imitateur.	64
Sa rapidité d'exécution. Anecdotes.	—

ÉCOLE DE VENISE.

De tous temps il y a eu des peintres à Venise.	67
Différence fondamentale dans l'origine de cette école comparée à celles de Rome et de Florence.	68 et 74
Besoins de l'Eglise en ce qui concerne l'art.	68
Esprit littéraire à Venise.	69
Influence des conquêtes des Vénitiens.	70
Deux systèmes de peinture chez les Vénitiens avant le seizième siècle.	71

TABLE DES MATIÈRES.

	Pages.
Ecole de Venise proprement dite.	71
Spontanéité du développement des beaux-arts dans toute l'Italie.	72
Les plus grands chefs-d'œuvre de la peinture sont des fresques.	73
Influence du procédé.	—
L'école vénitienne est aux autres écoles ce que l'éloquence moderne est à l'éloquence du quinzième siècle.	74
C'est à Venise que les Flamands prennent leur beau coloris.	75
Coloris vénitien.	76
Le dessin de l'école vénitienne est naturel, gracieux.	77
JACOPO BELLINI.	78
Relations entre les Pays-Bas et Venise.	—
La vie mercantile de Venise influe sur l'école.	80
JEAN BELLINI.	81
Ses rapports avec la reine de Chypre.	—
Il était déjà célèbre lors de la découverte de la peinture à l'huile.	82
Lui et le Titien font encore des chefs-d'œuvre après avoir atteint leur quatre-vingts ans.	—
A quatre-vingts ans Jean Bellini imite Albert Durer.	83
Son *Saint Jérôme dans le désert*.	84
Ses portraits.	—
Cassandra Fedele.	85
GENTILE BELLINI.	86
Son séjour en Orient.	87
Manque à la vérité historique.	88
Prédication de saint Marc.	—
Peintures des deux Bellini dans le palais des doges.	89
Carpaccio. Caractère de ses œuvres.	90
De la vérité historique.	91, 110, 140
La famille de Darius, par P. Véronèse et par Lebrun.	91
Le palais des doges.	92
Rapports entre Michel-Ange et le Titien, Raphaël et Giorgione.	93
Le GIORGIONE.	94
Meurt de chagrin.	—
Sa palette.	—
Sa peinture, celle du Titien, de P. Véronèse.	95
La prétendue Fornarina de Florence est le portrait de sa maîtresse, p. 96 et t. Ier 187.	

	Pages.
Giorgione est par excellence le peintre romantique.	97
Son *Moïse enfant découvert par la fille de Pharaon*.	—
Collaborateur du Titien.	101
Sébastiano del Piombo. Collaborateur de Michel-Ange, p. 98 et t. Ier 168.	
Son *Saint Lazare*, p. 98 et t. Ier 202.	
Ses portraits.	99
Torbido. *Il moro*.	—
Le Titien. Son premier maître est un peintre suisse.	100
Collaborateur de Giorgione.	101
Assomption de la Vierge.	—
Portraits des doges.	103
Son séjour à Ferrare.	104
Les *Bacchanales*	—
Portrait de Lucrèce Borgia.	105
L'Arioste, le cardinal Bembo.	106
Influence de ses relations à Ferrare.	—
Il est appelé à Rome du vivant de Raphaël, et refuse d'y aller.	107
Doit-on le regretter?	108
Martyre de saint Pierre, dominicain.	109
La Présentation au temple.	110
Manque aussi à la vérité historique.	—
Du mérite de ses portraits.	111
Il est appelé à Bologne.	112
Ses rapports personnels avec l'empereur Charles-Quint.	113
Portrait de Paul III.	—
En 1545 il va enfin à Rome, où il est reçu par Michel-Ange.	114
Jugement de Michel-Ange.	115
Les Danaë et les Vénus.	—
La *Vénus au petit chien*.	116
Dispersion de ses œuvres.	117
Lutte entre Michel-Ange et le Titien.	—
Ses relations avec l'empereur n'étaient pas purement artistiques.	118
Apothéose de Charles-Quint.	119
Suggère peut-être à l'empereur l'idée de célébrer ses propres funérailles.	—

TABLE DES MATIÈRES. 291

	Pages.
Insouciance de l'Espagne pour les chefs-d'œuvre qu'elle possède.	120
Tableaux peints pour Charles-Quint.	—
Il revient aux sujets religieux.	—
Il meurt devant son chevalet.	121
Du coloris et du clair-obscur du Titien.	122
Du *contraste simultané des couleurs*.	124
Comparé à Raphaël.	106 et 125
De la supériorité des sujets religieux.	126
Tous les chefs-d'œuvre de l'antiquité et de l'art moderne sont religieux.	128
L'Evangile est inépuisable pour la peinture, stérile pour la poésie.	
Emprunts faits par le Titien.	129
Son injustice envers le Tintoret. Manière honorable avec laquelle il la répare.	130 et 131
Veut procurer le chapeau de cardinal à l'Arétin.	138
Comparé à Balsac.	150
Son amitié pour Sansovino.	163
Le Tintoret. Sa jeunesse studieuse.	150
Le Titien voit en lui un rival.	151
Prend Michel-Ange pour modèle.	—
Gloire du Paradis.	132
Ses peintures se sont mal conservées.	133
Miracle de saint Marc.	—
Ses portraits.	134
Qualités de coloris qui distinguent les peintres vénitiens.	—
Décadence de son talent.	135
De nos jours on a beaucoup vanté la *furia* du Tintoret.	—
Elle répond aux nécessités de la *littérature facile*.	136
Le Tintoret n'a pas eu le tort d'ériger ses fautes en système.	137
Sa rencontre avec l'Arétin.	138
Paul Véronèse est le représentant le plus vrai de l'école vénitienne.	139
Ses festins.	—
Manque totalement de vérité historique.	140
Rubens a commis la même faute.	141
Systèmes opposés à celui de Véronèse.	—

TABLE DES MATIÈRES.

	Pages.
L'*Enlèvement des Sabines* de David.	142
Ce système dans la statuaire.	—
Magnificence de son coloris et correction de son dessin.	143
Ses *Noces de Cana*.	144
Sa mort.	—
L'*Enlèvement d'Europe* et l'*Apothéose de Venise*.	145
Le plafond de la salle du Conseil des Dix.	—
Comparé à Jodelle.	150
Horazio, fils du Titien.	145
Tintorella.	—
Carlo Véronèse.	146
LE BASSANO.	—
Il a le plus contribué à abaisser l'art.	147
Vulgarité de son style.	—
Contraste entre la marche de la peinture et celle de l'éloquence religieuse.	148
Le Titien, Paul Véronèse et le Bassano marquent trois phases dans la marche de l'art.	150
Son coloris et son clair-obscur.	151
Opposition calculée dans ses figures.	—
Grand nombre de peintres distingués dans l'école de Venise.	152
LE MORETTO.	—
BONIFAZIO.	153
Le coloris est un procédé.	154
Rapports entre les organes de la musique et de la couleur.	—
Anecdote à ce sujet.	155
Décadence de l'école.	—
PALMA LE JEUNE. Son style séduit.	156
Visite Rome sans en recevoir aucune influence.	—
L'individualité des écoles disparaît vers le milieu du dix-septième siècle	157
L'école de Venise perd jusqu'au mérite de sa couleur.	—
Les *Tenebrosi*.	158
CANALETTO.	—
SANSOVINO, sculpteur.	159
Collaborateur et rival de Michel-Ange.	—

TABLE DES MATIÈRES.

	Pages.
Chassé de Rome par les soldats du connétable de Bourbon.	160
Devient premier architecte de la république de Venise.	—
Escalier des géants; porte de la sacristie de Saint-Marc.	—
Catastrophe.	161
PALLADIO, le dernier et le plus illustre des architectes qui ont établi l'art moderne.	162
Ses relations avec le Trissino.	—
Santa-Maria della salute.	163
Il a coordonné les principes de ses prédécesseurs.	163
Ses écrits.	164, 165
Son style architectural.	164
Ses œuvres à Vienne.	—
Sa réputation en Angleterre.	166
CANOVA. Son enfance.	167
Betta Biasi.	—
Ses premiers ouvrages à Venise.	168
Dédale et Icare.	169
Il part pour Rome en 1779.	—
Thésée vainqueur du Minotaure.	170
Commence la réforme de l'art en même temps que David.	171
Dissemblances entre ces deux artistes dans leur talent et leur caractère.	172
Pour David, t. II, p. 251.	
Devient amoureux de Domenica, fille du graveur Volpato.	173
Hébé.	—
Visite à Possagno.	174
Construction de l'église de Possagno.	175
Trait de bonhomie de Canova.	—
Dernière visite à Possagno.	176
Sa mort. Ses funérailles.	—
Ses œuvres.	177
Terpsichore.	—
La Vénus.	—
Persée.	178
Les Lutteurs (les Boxeurs).	179
Vénus et Adonis.	—

	Pages.
Hercule et Lychas.	180
Les *Trois Grâces.*	—
Voyage à Paris en 1802.	181
Statue de Napoléon.	—
Statue de Napoléon, par Chaudet.	—
Second voyage à Paris en 1810.	182
La mère de Napoléon.	—
La *Statue de Marie-Louise.*	183
La *Statue de la princesse Borghèse.*	—
Troisième voyage à Paris en 1815.	—
Les chefs-d'œuvre de l'Italie sont enlevés du Louvre.	—
Les marbres d'Elgin.	184
La *Madeleine.*	—
Le philosophe Cousin et la sculpture moderne.	185
Monument de Clément XIII.	—
Essai de peinture de Canova.	186
Michel-Ange, Raphaël et Canova ont commencé de même.	—
Honneurs décernés à Canova.	187
Ses profusions pour les beaux-arts.	—
Son caractère.	188
Son mérite.	—

ÉCOLE LOMBARDE.

Avantages du plan que nous suivons.	191
L'art est cultivé dans les villes lombardes.	192
Padoue.	—
Le *Squarcione.*	193
ANDRÉA MANTÉGNA est le Masaccio de l'école lombarde.	194
Témoin de la révolution qu'amène la découverte de la peinture à l'huile.	195
Madone de la Victoire.	—
Ses œuvres au Louvre.	196
Il est appelé à Rome pour peindre la chapelle d'Innocent VIII.	197
Rome est sans influence sur lui.	—
Très-petit nombre de peintres lombards qui aient embrassé plusieurs branches.	198

TABLE DES MATIÈRES.

	Pages.
Mantégna, graveur.	198
GAROFALO.	199
Supériorité de Mantegna.	200
Vingt ans après lui Jules Romain s'établit à Mantoue.	—
Écoles de Mantoue et de Modène.	201
Nicolo del Abate, Lelio de Novella.	202
École de Milan. Léonard de Vinci.	—
Système de l'académie.	203
BERNARDINO LUINI.	204
Il est le meilleur imitateur de Raphaël et de Léonard de Vinci.	205
GAUDENZIO FERRARI.	206
Frédéric Borromée rétablit l'Académie de Milan.	207
Jean Breughel y introduit le paysage.	208
Statue colossale de saint Charles Borromée.	209
APPIANI.	210
BOSSI.	—
LE CORREGGIO, véritable chef de l'école lombarde.	211
A-t-il visité Rome.	212
Sa prétendue pauvreté.	213
Du prix de quelques tableaux.	214
Le Saint-Jérôme.	215
Caractère dominant dans la peinture du Correggio.	216
Son procédé de peinture.	217
Ébauche dans la galerie Doria à Rome.	218
Aspect riant et plénitude des formes de ses figures.	219
Ses figures sont plutôt flamandes qu'italiennes.	—
Coupole de San-Giovanni.	220
Assomption de la Viérge (coupole de la cathédrale).	221
Influence de la mythologie sur le style du Correggio.	223
Le peintre français David se convertit à la vue de l'*Assomption*.	224
Le Correggio comparé aux grands maîtres.	225
Il excelle dans la représentation des enfants.	226
Fresques du couvent de San-Ludovico.	227
Abus des raccourcis.	228
Ses principales œuvres.	255
LE PARMIGIANINO opposé au Correggio.	229

	Pages.
Ses qualités distinctives.	230
Sa triste mort.	231
Il invente la gravure à l'eau-forte.	232

ÉCOLE DE BOLOGNE.

Son origine et son développement.	235
Elle manque d'originalité.	237
Caractère mystique de ses premiers peintres.	—
OEuvres de Francia. Note.	238
Le *Zoppo*.	239
LOUIS CARRACHE.	—
Ses études.	240
Augustin résume son système en un sonnet.	—
A quoi aboutit l'esthétique dans les beaux-arts.	241
AUGUSTIN et ANNIBAL CARRACHE.	242
Obstacles que rencontrent les Carrache.	243
Leur académie.	—
Les artistes qu'elle a produits.	244
Dissentiments entre les Carrache.	245
Les principaux ouvrages de Louis et d'Augustin sont à Bologne.	246, 248
Réforme des Carrache, jugée par Viardot.	247
Les principaux ouvrages d'Annibal sont à Rome.	248
La galerie Farnèse.	249
Annibal n'admet pas plus de douze figures dans un tableau.	251
Aumône de saint Roch.	—
Dissentiments entre les élèves des Carrache.	252
LE DOMINIQUIN.	—
La *Communion de saint Jérôme*.	253
Meurtre de saint Pierre, dominicain.	254
Ses emprunts.	—
Le *Martyre de sainte Agnès*.	255
Fano. Les fresques du Dominiquin dans cette ville.	256
GUIDO RENI.	258
Artiste très-incomplet et très-inégal.	259

	Pages.
Le *Char des Heures*.	260
Ses principales peintures.	—
Appréciation de son talent par Lanzi.	—
Son infériorité comparé à Raphaël.	261
Son talent s'éteint dans la misère.	262
L'ALBANO.	—
Mérite d'être étudié comme paysagiste.	263
LE GUERCHIN.	—
La *Sainte-Pétronille*.	264
Coupole de la cathédrale de Plaisance.	266
L'imitation est la base du système des Carrache, elle en fait l'infériorité.	267
Paroles de M. Vinet sur l'esprit littéraire, également applicables aux beaux-arts.	268
Tentative de réforme vers la fin du dix-huitième siècle.	269
Greuze, Vien et David, réformateurs en France.	—
BATONI.	270
Influence de David en Italie.	271
PIETRO BENVENUTI.	272
CAMUCCINI.	—
MASSIMO AZEGLIO.	—
Complète décadence de l'art en Italie.	273
Ses causes.	274